聚光灯下话三农

农业农村部新闻发布会实录

2021

农业农村部新闻办公室　编

中国农业出版社

北　京

党的十九大以来，农业农村部不断加大新闻发布工作力度，部领导带头出席，各司局积极参与，通过各类发布活动，全面解读农业农村政策，及时回应舆论热点，新闻发布工作取得了良好的宣传效果。

本书收录了2021年度农业农村部参加全国两会"部长通道"、中共中央宣传部庆祝中国共产党成立100周年中外记者见面会、国务院新闻办公室新闻发布会及政策例行吹风会，以及农业农村部新闻办公室新闻发布会共20场发布会的现场实录。

CONTENTS

目录

第四部分　农业农村部新闻办公室新闻发布会

第一部分
全国两会

1. 部长通道采访

一、基本情况

部长通道采访

时 间	2021年3月5日（星期五）上午	
地 点	人民大会堂新闻发布厅	
主 题	粮食安全　乡村建设行动　种业翻身仗	
发布人	农业农村部部长	唐仁健
主持人	十三届全国人大四次会议新闻报道组现场管理组组长	朱恒顺

二、现场实录

2021年3月5日上午，第十三届全国人民代表大会第四次会议在人民大会堂举行开幕会。会议结束后，举行首场"部长通道"采访活动，农业农村部部长唐仁健通过网络视频方式接受采访。

朱恒顺：

大家好！感谢大家关注十三届全国人大四次会议首场"部长通道"采访活动。在昨天晚上举行的新闻发布会上，大会新闻发言人张业遂先生说过，今年的会期虽然有所压缩，但要素不减、质量不降。为积极回应公众对政府工作的关切，大会新闻中心将继续邀请列席全体会议的国务院部委负责人在"部长通道"上回答媒体朋友的提问。下面，我们有请农业农村部部长唐仁健先生，请大家提问。

人民日报社记者：

唐部长您好，向您请教有关粮食安全的问题。长期以来，粮食安全都是备受关注的问题，我们注意到，去年以来，很多国家对粮食出口进行了限制，李克强总理刚刚在政府工作报告中对粮食生产进行了强调。所以我想请问，当前粮食生产形势是怎么样的？我们的粮食安全有没有保障？谢谢。

唐仁健：

感谢这位记者对粮食安全问题的关注和提问。大家都注意到，刚才总理在政府工作报告中明确提出，不仅今年，也包括"十四五"，粮食产量都要保持在1.3万亿斤以上。确实，在我们这么一个有着14亿人口的大国，吃饭问题始终是治国理政的头等大事，也是我们农业农村工作的一个永恒主题。对粮食安全问题，社会各界很关注，党中央、国务院始终高度重视，在去年年底中央经济工作会议、中央农村工作会议上和这次政府工作报告中，

都予以重点强调。总书记告诫我们，要牢牢把住粮食安全主动权，粮食生产年年要抓紧。"紧"字凸显了粮食安全问题在新阶段、新征程中的极端重要性。

前不久，国务院专门召开了全国春季农业生产工作会议，进行了系统部署。农业农村部根据党中央、国务院的要求，作了3条具体的安排。

一是压实责任。总书记重要讲话和今年中央一号文件都非常明确地要求，粮食安全要实行党政同责。我们正和国家发改委一起，会同有关部门制定相关的考核办法。另外，经国务院同意，我们向各省也下达了今年粮食面积和产量的任务。

二是制定出台了一系列支持粮食发展的政策措施。包括籼稻和小麦最低收购价，在去年每斤提高1分钱的基础上，今年继续提高1分钱。另外，玉米大豆生产者补贴政策也继续保持稳定，完全成本保险、收入保险试点也扩大到了三大粮食作物。

三是总书记要求实施"藏粮于地、藏粮于技"战略。我们大力推进高标准农田建设和黑土地保护工程，今年还计划建设1亿亩*高标准农田。

* 亩为非法定计量单位，1亩≈666.7平方米。——编者注

这些努力没有白费。最近我们调度了一下全国的情况。记者朋友们可能也注意到，今天正好是二十四节气的"惊蛰"，草长莺飞，万物复苏，春耕生产正在从南向北梯次展开。我们调度全国的冬小麦生产情况，比去年增加了300多万亩，尤其是苗情和墒情非常好。我前不久到河南的漯河和许昌，实地看了一下情况，当地的农民和专家都跟我讲，今年小麦的苗情好于去年、好于常年，是近几年最好的。目前，小麦已大面积返青，一、二类苗大概是87.5%，比上年提高了1个百分点。大家可以稍微舒口气，但是也不能太乐观，夺取夏粮丰收还要过五关斩六将，还要防倒春寒、春旱、倒伏、病虫害，后面还有"干热风"，最后还可能出现"烂场雨"。总之，我们要一关一关过，一个环节一个环节抓，力争在建党100周年华诞之前，夏粮能够获得丰收。

总的情况我也简单说一下，粮食已经保持了17连丰，最近6年一直稳定在1.3万亿斤以上。目前我们人均粮食的占有量474公斤，国际通常认为400公斤是粮食安全的一个标准线，我们已经连续多年超过了。所以总的情况我想告诉各位的是，我国的粮食安全是有保障的，我们完全能端牢中国人的饭碗。谢谢。

📷 光明日报社全媒体记者：

请问唐部长，"十四五"时期我们将全面推进乡村振兴，实施乡村建设行动，对于这项工作，将有哪些具体的考虑？谢谢。

🎙 唐仁健：

党的十九届五中全会明确提出要实施乡村建设行动，今天总理作政府工作报告又予以了强调。我们经过8年的努力，脱贫攻坚已经完成，"两不愁三保障"都解决了，农村的基础设施和社会面貌变化很大。但是目前，农村基础设施很多只是到了行政村，村以下到户还有很多卡点和堵点，短板、弱项主要在这块。

下一步，总体上讲，乡村建设行动要做好3个方面的工作。

第一方面，编好规划。 按党中央、国务院的要求，今年县一级的国土空间规划要基本编制完成，完成以后，要在此基础上编制"多规合一"的实用性村庄规划。之所以强调实用性，就是要照顾农村的特点和农民的需要，方便他们改善生产生活。

第二方面，建好"硬件"。"硬件"主要是水、电、路、气、讯，这方面以前也在搞，往后我们主要倡导和推动向村去覆盖、向户去延伸。尤其是推动那些既有利于生活方便、又有利于生产条件改善的设施建设，"一篇文章两做"。比如行政村以下的路，通村的道路、村里面的主干道，还有连接周边那些基地的资源路、产业路、旅游路。还要建设仓储设施和冷链物流，解决好农产品上行和工业品下行的问题。

第三方面，抓好"软件"。"软件"主要是社会服务和乡村治理。社会服务这几年变化非常大，今后要继续提升，力求让农村的上学条件、医疗条件、养老条件更好一点，保障水平更高一点。乡村治理主要是乡风文明和社会事业发展，力求通过努力，形成文明的乡风、良好的家风和淳朴的民风，让农村的社会风貌和农民的精神面貌再上一个新台阶。

前段时间一些地方搞乡村建设出了一些问题，我想强调的是，在今后工作中一定要明白，乡村建设是为农民而建，这是总书记在中央农村工作会议上明确提出的。所以搞乡村建设，一定要照顾农民的感受，体现他们的需求，不能主观意志，更不能搞形式主义、官僚主义，要把好事办好，把实事办实。谢谢。

📷 中央广播电视总台CGTN记者：

种子是农业的芯片，在农业快速发展的过程中，种子问题也越来越受关注，我想请问部长，对打好种业翻身仗有哪些考虑和安排？谢谢。

📇 唐仁健：

谢谢你对这个问题的关注。去年中央经济工作会议、中央农村工作会议和今年的政府工作报告都强调了确保粮食安全和重要农产品供给，关键是"藏粮于地、藏粮于技"，要害是种子和耕地。我想讲这样3层意思。

第一个，我们的种子有基础。我想告诉大家，我们的种子在很大程度上，立足国内是能够满足的，尤其是在"有没有、保生存"这个问题上。比如粮食，水稻、小麦两个最基本的口粮，就完全用的是自主选育品种，而且产量还不低。外资企业占我国种子市场份额只有3%左右，进口种子占全国用种量只有0.1%。所以我想告诉大家，我们的种子不像很多方面想象的那样有那么大的危机。

第二个，有差距。我们有些品种、有些领域和有些环节，跟国外的差距还非常大。刚才我讲水稻、小麦问题不大，但是玉米、大豆单产水平目前只有世界先进水平的60%左右。像蔬菜，大家经常吃的甜椒、耐储番茄等种子从国外进口还比较多。另外，生猪的饲料转化率、奶牛产奶量，都只有国际先进水平的80%左右。还有白羽肉鸡祖代种鸡，主要也是靠进口。所以我讲，我们确实有差距，但是这些是"好不好、高质量"方面的差距。

第三个，有行动。总书记明确提出，要立志打一场种业翻身仗。我们正在会同有关部门，研究制定打好种业翻身仗行动方案。力求用10年左右的时间，实现重大突破。具体有这么几个方面。一是种质资源，因为没有种质资源就没有基础。目前畜禽种质资源库正在立项，有两个方面的好消息可以告诉大家，海洋渔业种质资源库已经开建。新的农作物种质资源库今年9月份就能建好，建成后保存能力达到150万份，位居世界第一。二是关键核心技术攻关，在原创技术、底盘技术上尽可能突破，争取把这些技术掌握在我们手上。三是培育一批育繁推一体化种子企业，建立健全商业化育种体系，我们现在的种子企业还存在"小散弱"问题，今后要重振、要规范、要提升。四是抓好海南南繁基地和甘肃、四川等地的国家种子基地建设。五是管好种子市场，保护好知识产权，尤其要严厉打击套牌侵权行为。

通过这几方面的努力，我们共同打好种业翻身仗。希望大家继续关注。谢谢。

📷 **朱恒顺：**

　　谢谢唐部长。由于时间关系，今天的"部长通道"采访就到这里。会议期间，大会新闻中心将继续安排列席会议的国务院部委负责人到"部长通道"接受采访，敬请大家继续关注。谢谢。

第二部分

中共中央宣传部庆祝中国共产党成立100周年中外记者见面会

2. "我把丰收献给党"中外记者见面会

一、基本情况

"我把丰收献给党"
中外记者见面会

时　　间	2021年6月25日（星期五）下午3时	
地　　点	国务院新闻办公室新闻发布厅	
主　　题	我把丰收献给党	
发布人	中国工程院院士，中国农业科学院党组副书记、副院长	吴孔明
	黑龙江省桦川县双兴村村民， 桦川县玉成现代农机专业合作社理事长	李玉成
	内蒙古自治区通辽市扎鲁特旗巴彦塔拉苏木东萨拉嘎查（村） 党支部书记、村委会主任，玛拉沁艾力养牛专业合作社理事长	吴云波
	湖南省永顺县委常委、副县长	李玉芳
	河北绿岭果业有限公司董事长	高胜福
主持人	中共中央宣传部对外新闻局副局长、新闻发言人	寿小丽

二、现场实录

女士们、先生们，大家下午好！欢迎出席中共中央宣传部中外记者见面会。近日，农业农村部宣布，今年夏粮增产已成定局，产量将再创历史新高。我们在分享丰收喜悦的同时，不能忘记有这样一个群体，他们根植厚土，默默耕耘，汗滴禾下，春种秋收，他们把丰收献给党，让粮食压满仓，为保障国家粮食安全作出了重要贡献。他们就是平凡而质朴的三农工作者。今天我们非常高兴邀请到5位农业农村领域的党员代表，请他们围绕"我把丰收献给党"与大家进行交流。他们是：中国工程院院士、中国农业科学院党组副书记、副院长吴孔明先生；黑龙江省桦川县双兴村村民，桦川县玉成现代农机专业合作社理事长李玉成先生；内蒙古自治区通辽市扎鲁特旗巴彦塔拉苏木东萨拉嘎查（村）党支部书记、村委会主任，玛拉沁艾力养牛专业合作社理事长吴云波先生；湖南省永顺县委常委、副县长李玉芳女士；河北绿岭果业有限公司董事长高胜福先生。下面我们就请他们5位作一个简要的自我介绍，首先有请吴孔明先生。

🎙 **吴孔明：**

我叫吴孔明，来自中国农业科学院植物保护研究所，我主要从事农作物病虫害防治研究，我们这个科研团队有50多人。病虫害防治，关键就在于监测预警。如果说我们能够早知道、早预警、早防治，那我们对病虫害的防治就非常主动。我们这个团队主要是围绕迁飞性害虫开展监测预警研究工作。最近几年，有个世界性的重要农业害虫——草地贪夜蛾，它原产在美洲，后来从美洲传到非洲，再从非洲传到东南亚，然后迁入我们国家。每年春季，它从东南亚国家进入我国，给我们的玉米以及其他作物的生产造成非常严重的影响。我们的科研团队主要就是在中缅边境围绕这个害虫的监测预警开展工作，希望利用我们的科学研究来支撑我国对这个重要害虫的防控工作，确保粮食生产安全。谢谢。

寿小丽：

谢谢吴院长。下面，请李玉成先生作介绍。

李玉成：

大家好，我叫李玉成，来自黑龙江省桦川县双兴村，现任桦川县双兴村玉成合作社理事长。我曾经是一个爱折腾的普通农民，我的努力只是为了摆脱贫穷。2013年，我组织双兴村5户种地大户成立了玉成水稻专业合作社，通过降低成本，增加了收入。村民看我们赚钱了，加入的人就多了，于是我带领双兴村89户农民，集资500万元，成立了玉成现代农机专业合作社。2016年，合作社户数达到410户，土地面积达到12 000亩，其中有机水稻4 000亩，绿色水稻8 000亩。在秸秆禁烧的情况下，我又购进大型打捆机20台、搂草机10台，有效地解决了秸秆禁烧带来的问题。目前我们合作社拥有大型农机具230台套、固定资产1 500万元、2个绿色产品标识。多年来，合作社实行"公司＋基地＋订单＋农户"的发展模式，通过入股分红、提供工作岗位等方式，促进贫困户增收，带领双兴村16户贫困户在原收入基础上，每户每年增加收入2 500元，成为集水稻种植、有机大米加工、秸秆综合利用为一体的稻米企业。这个就是我们种植的星火大米，采用松花江水灌溉，口感香甜，籽粒饱满，剩饭不回生，希望大家品尝。谢谢。

寿小丽：

谢谢玉成的介绍，下面请吴云波先生作介绍。

吴云波：

大家好，我叫吴云波，来自内蒙古通辽市扎鲁特旗。2013年6月18日，我带着两委班子成员在我们指定的山坡上插上党旗，宣誓"党旗不倒心不倒"，破土动工开始苦干，终于在干了半年以后，我们拿出了10天时间，让我们的牧民拿牛、现金、耕地，折成现金入股，入股率达到90%，我们的总资产达到550万元。通过这几年的努力，到2020年年末，我们合作社的总资产达到6 000万，累计分红达到890万元。我们解决就业68人，其中12名是本科以上大学生。我们的牧民变股民，股民再就业变工人，我们的牛产业也

形成了从草原到餐桌的全产业链。通过合作社分红、就业，还有牧民们自身的努力，我们全村1 000个牧民人均年收入突破了2万元。

通过合作社产业帮扶，我们帮扶了132户贫困户稳定脱贫，形成了"党支部＋合作社＋基地＋牧户"抱团取暖、共同富裕的模式，也打造了"玛拉沁艾力"这个全国关注的品牌。2020年新冠肺炎疫情防控期间，在快手直播上，我也成了有百万粉丝的"网红书记""牛书记"，一年的视频点击量达到5.7亿，大大地宣传了我的家乡，大大地宣传了我们的品牌。要是朋友们想更多地了解我们玛拉沁艾力，可以百度一下输入"玛拉沁艾力""去嘎查的路怎么走""印象很深的牛肉""玛拉沁艾力胸牌"。

说到胸牌，我情不自禁地想介绍一下我这个胸牌，我今天带过来了。我这个胸牌意义很大。这个胸牌上面有"玛拉沁艾力养牛专业合作社"12个字，玛拉沁艾力是什么意思呢？这是我们品牌的名字，汉语意思是"牧民之家"的意思。这个"家"的概念，就是全村人只有一个"家"，全村人就一个合作社。还有我们的Logo也有含义，Logo的颜色以绿色和黄色为主，绿色代表绿色发展，黄色代表丰收，整体构思就是"绿水青山就是金山银山"。我有信心，把我们玛拉沁艾力这个经营理念变成真正的农村牧区可复制、可持续发展的模式，带动更多的农牧民抱团取暖、共同富裕。谢谢大家。

李玉芳：

大家好！我叫李玉芳，来自湖南省湘西自治州永顺县，非常高兴有这样的机会和大家一起交流。大学毕业后，我一直在基层工作，脱贫攻坚战打响以来，我时刻牢记习近平总书记的殷切嘱托，坚持把培育产业作为推动脱贫攻坚的根本出路，组织和带领广大干部群众，形成了我们的山茶油、猕猴桃、优质稻等特色农产品。今天，我给大家带来一件特色农产品就是"永顺莓茶"。莓茶又叫"土家神茶"，是一种野生的、药食同源的藤本植物，具有消炎杀菌的作用。我们通过发展这样的特色产业，使我们县3.7万户14.5万贫困人口实现了脱贫增收，高质量地打赢了脱贫攻坚战。如今的永顺，村村有特色产业，户户有致富门路，人人有产业收入。在这里，我真诚地邀请各位朋友到丰收的永顺看一看、走一走，优质的农产品是我们给您最好的礼物。谢谢。

高胜福：

各位记者朋友，大家好，我叫高胜福，来自河北省临城县，是一名老党员，今年61岁了。我专种核桃已经20多年了，大家都叫我"核桃哥"，在我们那一带，大家都说，吃核桃就找"核桃哥"。我从1999年开始，在"人民楷模"李保国老师的带领下，开荒种树，发展核桃产业，带动老百姓脱贫致富。在这期间，我们攻克了太行山浅山区荒山治理难题。那里都是鹅卵石加黄泥土，什么都不长，我们挖走了500多万立方米的鹅卵石和黄泥土，用黄土进行回填，栽上了核桃树。"天当被，地当炕，坐在地上吃干粮"，这是我们当时的真实写照。

为了给荒山栽上核桃树，变成核桃林，我们在公司成立之初，就把公司命名为"绿岭"，并发誓要把荒山变成绿岭。后来我们研发出综合性状非常好的核桃新品种，我们把这个新品种也命名为"绿岭"。我们通过推广核桃

新品种，让更多的荒山栽上核桃树，变成绿岭。在我们的带领下，临城县的核桃种植面积达到了20多万亩，带动临城县100多个村、1万多户农民通过发展核桃产业走上了脱贫致富的道路。

今天，我把我们生产的绿岭核桃带到了现场。这是我们研发的绿岭核桃，特点就是个大、皮薄、好吃、好看，用手一捏就开，吃起来非常方便。我们用特殊的工艺将它加工成了烤核桃，彻底改变了大家过去对吃核桃的认知。这个核桃吃起来特别方便，口感还特别好，吃过咱们核桃的人都说从没吃过这么好的核桃。我们除了在国内销售之外，还远销美国、新西兰和东南亚一带。今后我们要继续把核桃产业做大做强，在乡村振兴当中，发挥更大作用。谢谢。

📷 寿小丽：

谢谢高董事长。我们从5位代表的介绍过程中能感受到，他们的话语中都洋溢着丰收的喜悦。下面请记者朋友们与他们进行交流，大家可以提问，提问前请通报一下所在的新闻机构。请媒体朋友们开始提问。

📷 中央广播电视总台央视记者：

去年，我国粮食生产实现了"17连丰"，今年的夏粮又喜获丰收。在座的各位都是长期奋斗在农业一线的农业工作者，能不能跟我们分享一下丰收的喜悦，讲讲你们丰收的故事呢？谢谢。

🎙 吴孔明：

前天，农业农村部部长唐仁健同志在河北宣布今年夏粮取得丰收。我们听到这个消息非常振奋，也深感今年丰收的来之不易。我想，今年的小麦丰收主要有两个特点。

第一，科技服务支撑做得非常好。广大的农业科技工作者围绕小麦生产做了大量工作，他们到基层去，到生产一线去，建立示范基地。他们围绕种子使用、土壤肥料、植物保护，还有农机使用，做了很多技术指导和培训工作。小麦病虫害是影响小麦生产的一个重要因素，比如条锈病、赤霉病，广大基层科技工作人员围绕这些病害监测预警，做了很多具体的工作。他们及时发布测报信息，指导农民进行防控，把病虫害损失控制在5%以内，这是非常不容易的工作。另外，小麦机收损失也是影响小麦单产的主要因素，通过人员培训以及标准化生产技术的推广，今年小麦的机收损失率降低了1个百分点，这个成绩也是来之不易的。

第二，今年我们政策非常好，农民种粮的积极性也非常高。小麦的种植面积已经连续4年呈下降趋势，从全国来看，今年总体上小麦种植面积增加了300多万亩，对粮食的增产增收发挥了重要作用。谢谢大家。

李玉芳：

我也来回答一下这个问题。喜悦的心情，我和大家一样。在永顺有首打油诗可以形容喜悦的心情："一棵树一斤油，百亩油茶万斤油，又娶老婆又盖楼，幸福的日子不用愁。"我们永顺好山好水，孕育出了一大批优质农产品。目前我们已经建成产业基地132万亩，有50万亩的油茶、15万亩的猕猴桃、23万亩的优质稻，并且我们已经获得了4个国家地理标志，有永顺猕猴桃、永顺柑橘、永顺莓茶和松柏大米，同时我们成功创建了全国一二三产业融合发展先导区，目前我们正在创建国家现代农业产业园和国家农产品质量安全县。我们还在全国"网红打卡地"千年古镇——芙蓉镇实施了农旅结合的模式，发展势头非常好。可以说，我们已经探索出了一条山区怎么发展农业的新路子。

目前，我们全县45万的农业人口，人均特色农产品种植面积已经达到2亩以上，我们的农村居民人均可支配收入由2013年的4 361元增加到了2020年的10 120元，年均增长了12.9%。谢谢。

李玉成：

我也回答一下这个问题。我作为一个农民，粮食丰收、农民增加收入是我最开心的事。今年由于雨水大，给我们黑龙江育苗带来很大的困难，社员和党员抓紧时间排水排涝，利用大型粉土机、运土车提高了育苗效率，在4月15日，育苗全部结束。合理利用人力、无人驾驶插秧机、手扶插秧机，不同插秧机分布在不同的地域，提高了插秧效率。在5月25日，结束了全部插秧工作。虽然今年雨水大，春播时间短，给我们育秧插秧带来很大困难，但由于我们及时补种，没有耽误农时。

进入6月，气温逐渐回升，我们以有机肥代替化肥，以鱼稻除草代替人工除草，减少农药用量，提高了土壤有机质含量，目前水稻长势良好，社员又露出了笑容。可以说，今年又是一个丰收年。谢谢。

吴云波：

今年我们科尔沁草原风调雨顺，风吹草低见牛羊，希望大家跟我们共享丰收的喜悦，我在草原等你们。谢谢大家。

高胜福：

我来回答一下这个问题。今年，我们核桃长得非常好，现在已经过了核桃的膨大期，马上就到了核桃的丰收季节。再过1个多月，核桃就能够采摘了，我期待着大家能够到我们核桃基地采摘核桃，和我们一起庆祝丰收。谢谢。

北京青年报社记者：

我的问题提给吴云波书记。您提到在新冠肺炎疫情防控期间，为了解决当地牧民牛肉滞销的问题，尝试了短视频直播带货。我想问您当时为什么想到了这种方式？另外，您之前也提过，希望用短视频直播带货的形式帮助农民都过上好日子，我想问一下您具体打算怎么实现？能不能现场展示一下您是怎么直播带货的？谢谢。

吴云波：

谢谢记者关心。说起快手直播，在我们这个小村庄，2020年是不平凡的一年，新冠肺炎疫情防控期间，我们村跟别的嘎查村一样，守护村庄，抗击疫情。但是也面临一个问题，就是我们从草场到餐桌的全产业链牛肉产品，全国13家直营加盟连锁店1斤牛肉都卖不出去。我们就琢磨，怎么才能给我们牧民分红、增加收入，怎么办？很挠头。我们研究之后，就决定用快手直播来实现我们的梦想。但是，事情不是那么简单，还有很多村民笑话我说，吴书记，你连普通话都说不好，怎么实现卖牛肉呢？你还能当网红呢？也有人说，吴书记，你的知名度、你的执着精神没问题啊。我们就鼓起勇气，先自制一些短视频，看看点击量能不能上去。点击量看着还好，慢慢上去了。我就鼓起勇气，拿上手机，开始面对消费者，一天十几个小时地直播"喊话"，有时候喊来喊去，都忘了自己的语言很笨拙。慢慢地，半年以后，我们的粉丝量也上来了，有几十万，我们的销量也渐渐多了。

在新冠肺炎疫情防控期间，我们不但没有被困难难倒，反而迎难而上，销量比往年还要可观，还要好。说实话，像快手这样的平台，对我们农村来说有几个优点。第一个优点就是无成本。我们的牧民通过我的带动，现在都做得挺好的。一个人，只要有一部手机，就有他的市场。有几个卖牛的人已经卖出了100万元。还有几个卖羊皮大衣的，这都是日常消费的东西，也卖出了100万元。所以，我很欣慰，这是无成本的创业。第二个优点就是我们国家的物流非常发达，只要你有订单，无论是在新疆还是西藏，或者内蒙古，都可以到达。我们国家的物流体系非常健全。第三个优点就是农村的产品直接面向消费者，去掉了中间环节，没有中间商赚差价。而且反馈也快，我今天卖出去，7天之内就拿到货款。我们嘎查的鸡蛋或者牛肉，还有其他各类东西，都走出去了。很多生活需要的东西，也走进来了。

下面，我给大家展示一下我这个语言表达方面不强的蒙古族主播的直播。其实，我这个毅力要是有那么强的话，我的语言要比现在还要好，今天我就努力努力。首先，快手经济也是"老铁经济"，我们都喊"老铁"，接下来我就面对屏幕，给大家展示一下。首先，我介绍自己："老铁们好，我是来自内蒙古的天天骑马在草原上奔跑的网红主播，我叫吴云波。我从小在农村长大，我没有太多华丽的语言，但是我有真情，给你们介绍一下我们家乡的美。你看，蓝蓝的天空，绿绿的草地，还有那个姑娘唱着情歌，拿哈达给你敬酒。老铁们来吧，你是我的安达，来草原上享受我们草原的生活吧。"

然后我介绍我们"玛拉沁艾力"品牌。"玛拉沁艾力是什么意思呢？玛拉沁艾力就是'牧民之家'的意思。绿色牛肉来自哪里？来自牧民之家，牧民的牛肉最好。老铁们，一定要相信我们的牧民。还有我们企业的宗旨是什么呢？我有多少草原，就养多少牛；有多少牛，就去做多大的市场。不是市场有多大，我们争取做多大。我们宁愿市场上缺肉，我们也不做缺德买卖，'一生只做绿色好牛肉'。老铁们，你们需要健康，我们需要经济发展，我们是双赢的，我们是结拜安达（安达就是朋友的意思）。我们给你们提供良好的产品，你们给我们提供优质的经济收入，所以我们是共赢的，老铁们，快快抢购吧！"

就这样，我表述得不太好，希望大家多多理解。谢谢大家。

寿小丽：

吴书记讲得特别有感染力。你的语言能力提升得很快，讲得很好。我们继续提问。

中国新闻社记者：

我这个问题继续提给吴云波书记。咱们都知道，新冠肺炎疫情以来，很多农产品都不好卖。咱们合作社的产品销售是否受到影响？受到了怎样程度的影响？具体是怎么应对的？谢谢。

吴云波：

新冠肺炎疫情防控期间，我们全国的直营连锁加盟店全部关门，跟别的商店一样，都关门了。一些专营渠道的销售也都没有了，1斤牛肉都卖不出去，所以我们就用网络平台去宣传。去年一年，我们的快手宣传短视频点击量达到5.7亿（个人的点击量），对品牌还有家乡的宣传，起到了一定作用。

我们直播宣传了以后，很多消费者认同我们。本来我们家乡就是一个品牌，认同了我们家乡，在我们的产品质量绝对过关的情况下，就很好地形成了一个品牌，形成了一个全产业链——养殖、屠宰、加工、销售、线上线下。这能提升消费者的食品安全感，而且销量比平时翻了三倍还多。谢谢。

中国日报社记者：

高董事长，我们知道培育一个产业其实是挺难的，现在临城县小核桃已经变成了大产业，请问其中有什么成功的秘诀能跟我们分享？谢谢。

📟 高胜福：

临城的核桃是在"人民楷模"李保国老师的带领下开发荒山，种植发展起来的产业。这个产业的发展从1999年开始，那时候我就追随李保国老师，开始开荒种核桃树。后来我们又研发了核桃的新品种，把它命名为"绿岭"，寓意就是要把荒山野岭改造成绿意葱葱的绿林，既能增加农民的收入，又能绿化荒山，改善生态环境。我们一干就是20多年，在这20多年当中，除了我们本身18 000亩的核桃之外，又带动了临城县20多万亩核桃的种植，还带动了太行山400多万亩核桃的种植，这个对农村的脱贫致富以及生态环境的改善作出了一定的贡献。这个时候，我们最不能忘记"人民楷模"李保国老师。谢谢。

📷 中国农业电影电视中心中国三农发布记者：

在座的各位都是农业农村系统的优秀代表，作出了不凡的业绩。当前正在全面推进乡村振兴，加快农业农村现代化，我想问问大家，如何继续发挥好党员先锋模范作用，作出新的贡献？谢谢。

📷 寿小丽：

这个问题我想5位代表都有话讲。

📟 李玉成：

习近平总书记在2018年考察黑龙江时说，黑龙江要成为维护国家粮食安全的"压舱石"。作为一名党员，我积极响应总书记的号召，充分利用自身能力，发挥合作社作用，落实"藏粮于地、藏粮于技"战略，为"中国饭碗"装满"中国粮食"作出积极贡献。在"藏粮于地"方面，黑龙江地处世界三大黑土地之一，常年施用农药化肥，使黑土层变薄，我们采用秸秆综合利用技术，秋翻地，有机肥摄入，有效地保护了东北珍贵的黑土。在"藏粮于技"方面，我们桦川县搭建了"院县共建"平台，引进新的技术、新的品种，减少水稻病虫害，采用无人机施肥施药、北斗导航无人驾驶插秧机和拖拉机，减少人力，提高效益。同时，我们玉成合作社还要扩大水稻面积，带领双兴村村民及周边村民运用科技，共同发财、共同致富。谢谢。

🎙 吴云波：

其实，乡村振兴主要是人才振兴和产业振兴。作为一名基层干部，一定要谋划好、规划好。在人才振兴方面，我们引进了内蒙古农业大学的教授、博士生导师，给我们作指导。我们又为合作社底下的一个农业公司聘请了一个博士生经理，解决了12名本科以上的人才就业。在产业振兴方面，我们已经做好了村里的总体规划。我们嘎查有11.4万亩土地、1 000多牧民，把规划做好了，一二三产业融合的产业规划也就做好了。我作为一名基层党员干部，一定要因地制宜，把嘎查的规划做好，然后用自己的智慧引领农牧民听党话、感党恩、跟党走，一起抱团取暖，在共同富裕的道路上前行，实现乡村振兴。谢谢。

🎙 吴孔明：

我是一名科技工作者，科技是支撑我们农业农村现代化的一个重要因素。发挥科技工作者的先锋模范带头作用，我想从两个方面讲：第一点，科研工作要做到"顶天"；第二点，科研工作要做到"立地"。

所谓"顶天"，就是要有探索精神，要对农业的一些科学理论，尤其是具有前沿性的工作有所创新、有所探索，要用最先进的植物保护理论，来指导我们的植保科学研究和植保工作。

所谓"立地"，就是要把我们的工作和我们国家的产业需求，和病虫害的主要发生区结合起来。我的科研团队现在主要是在云南等一些重要害虫的源头基地开展工作。我想，接下来我们还要发挥艰苦奋斗的精神，在科研一线，在艰苦的地方，围绕病虫害防治的一些重大需求，一步一步地做下去。我们要把草地贪夜蛾作为一个重要的研究目标，不仅要把这个虫子在我们国家的发生规律和防治技术研究清楚，保障我们农业生产安全；同时我们要把一些科研技术成果用于东南亚和其他国家草地贪夜蛾的防控，为全球的植保工作、全球的粮食安全，作出我们中国科学家的贡献。谢谢。

高胜福：

我作为一名老党员，追随"人民楷模"李保国老师从事核桃产业已经20多年了。在这个过程当中，我们带领老百姓开荒种树，发展核桃产业，为老百姓的脱贫致富作出了一定的贡献。今后，我们要继续把核桃产业做深做透，在核桃产业的前端，研发一些更新的核桃品种；在核桃加工端，要把核桃"吃干榨净"，发挥它的价值，通过核桃产业，在乡村振兴当中发挥更大作用，贡献出我们的一份力量。谢谢。

李玉芳：

我也来回答一下这个问题。我认为，作为一名基层的党员干部，在全面推进乡村振兴过程中，要做到"三个带头"。第一，要带头弘扬脱贫攻坚精神，不忘初心，牢记使命，要像抓精准扶贫一样，抓乡村振兴工作，组织和带领广大干部群众，积极地投入乡村振兴工作中。第二，要带头深入基层，要了解真实情况，使我们县的各项政策落实，工作开展符合实际，顺应群众的意愿。同时，解决老百姓"急难愁盼"的一些问题。第三，带头创新实践，要立足我们县的实际，科学谋划产业，要延长产业链条，使我们的特色农产品提质增效，使永顺从农业大县向农业强县转变，以产业振兴推动乡村的全面振兴。我相信，通过努力，坚决守住不发生规模性返贫的底线，老百姓的日子就会越过越红火。谢谢。

农民日报社中国农网记者：

我想问种粮大户李玉成董事长一个问题。很多人说种粮不赚钱，请问您为什么这么多年来一直坚持种粮，又是怎样实现种粮有好收益的呢？谢谢。

李玉成：

谢谢您的提问。作为一个在黑土地上长大的农民，我对粮食有天然的感情，我从小就听歌词说"黑土绿浪黄金海，好一个中华大粮仓"。对我来说，种粮是自然而然的事。在粮食收益下滑的情况下，我的第一反应不是转行，而是想办法增加种粮收益。刚才也说过，我是个爱折腾的农民，通过多次学习和掌握现代技术，2013年，我组织5户种地大户成立了玉成水稻种植合作社，通过合作经营，降低成本，增加收入，第一次在规模种植中尝到了甜头，就这样坚持下来了。种植规模增加了，还要在品质上下功夫，桦川县生态环境良好，是优质水稻产区，多年来在农业技术推广中心指导下，我们采取秸秆还田、综合利用、秋翻地、测深施肥、农药"三减"、有机质育苗等措施，提高了黑土地有机质含量2.37个百分点。

我们同时借鉴省内知名大米品牌成功的经验，从事绿色有机水稻研发、种植、销售。2016年，我们采取新的管理模式，将合作社12 000亩地分成15个大区，每个区设1个区长，匹配一定资金，由区长自由支配，分区、分量、分品种定量定产，每个区长都能愈加精心地照顾好自己的责任区域，粮食产量也大幅提高，年底分红比2015年每户多分1 800元。

能够实现种粮有好的收益，我得感谢我们桦川县委、县政府，县政府回购"星火大米"和"桦川大米"两个品牌，免费提供给符合条件的合作社和经营主体使用，还成立了国有富桦农业有限公司，建立了不以营利为目的的"黑土稻香、有机桦川"电商平台。县委、县政府还构建了一系列农产品质量保障和营销体系，我们玉成合作社产出的大米，通过县里的营销体系，逐渐由"种得好"转向"卖得好"。谢谢大家。

封面新闻记者：

我的问题想提给高胜福先生。您曾经放弃稳定的工作，响应开发荒山号召。请问这些年，您是如何践行自己的初心的？另外，开荒工作对于企业来说可能很长时间没有收益，您是否产生过动摇？又是如何坚持的？您如何理解当代企业家精神？谢谢。

高胜福：

我大学毕业后，被分配到邮电局工作。1999年，我们县委、县政府发出了治理"四荒"、再造一个"新临城"的号召，我积极响应，就把李保国老师请过去，给我们进行谋划。一开始我们承包了3 000亩的荒山，在李保国老师精心的规划下，开始发展核桃产业。在这个过程当中，我们也克服了很多困难，比如说，我们一开始采购的苗木栽上以后，成活率不到40%，出现了大量死苗的现象。后来我们还遇到了一些"倒春寒"、下雪比较早的年份，冻死了我们一大片的核桃树，给我们造成了非常大的困难。在这个过程当中，还是"李保国精神"给了我们极大的鼓励，激励我们把产业做下去。在"李保国精神"的鼓舞下，我毅然把原来的工作辞去，跟随李保国老师开始从事荒山开发，带动一方老百姓致富。

今年我也被评为"全国脱贫攻坚先进个人"，获得了一个非常高的荣誉。在这期间，我应该感谢李保国老师对我的带领和指引。在这里，我也借此机会，再次感谢李保国老师。谢谢。

📷 **红星新闻记者：**
我的问题是，各位代表都是农业农村领域的优秀代表，这些年来，对于农村发生的变化，你们有哪些深切的体会？你们梦想中的农村是什么样子？谢谢。

📇 **吴云波：**
我向往的农村，就是城里人都向往的大草原，夏天可以到那去养老。农村变得能够吸引城里人了。谢谢。

📇 **李玉成：**
我也来说说我们村的面貌变化。我是从小就长在农村，现在也住在农村。我们农村以前是晴天一身灰，雨天一身泥。建设美丽乡村之后，修上了水泥道，道边都铺了路边沟，都种了果树，并且我们村还通了公交车，到县里也就是10多分钟。现在各个家门口都有了垃圾桶，我感觉现在我们农村挺好，唯一的问题就是取暖，如果能改成电取暖，不用生锅炉，就更好了。谢谢大家。

📇 **高胜福：**
我虽然没有在农村住过，但是我们从事核桃产业，跟农村打交道比较多，我们也经常到农村去。现在看到农村的路通畅了，环境也变美了，心里感到高兴。很多农村通上了天然气，基础条件都得到了大大改善。今后，我们想，通过我们的核桃产业，带动老百姓增加收益。我们的核桃产业，是我们临城县在脱贫攻坚当中的一个支柱产业，核桃种植面积达20多万亩，带动了1万多户农民100多个村从事核桃产业，在农村脱贫攻坚当中发挥出它的作用。今后，我们将继续引领老百姓，把核桃产业发展好，把核桃的精加工和深加工做好，增加收益，带动更多的老百姓通过核桃产业走上更加富裕的道路，实现乡村振兴。谢谢。

📻 吴孔明：

尽管我现在没有生活在农村，来北京已经有20多年了，但是小的时候农村的场景时刻在我的脑海里面浮现。那时候的农村非常落后，我们那个地方没有自来水，也没有电，但是自然的田园风光是非常美的。所以，我非常希望现在的农村，农民能够享受城市人享受的科技支撑的服务，有城市环境等方方面面的保障；另外能够留住我们的乡愁，能够把我们的田园风光融入我们的文化，融入我们的自然生态，形成和谐美好的现代化农村。谢谢。

📷 寿小丽：

吴院长讲的，我特别有感触。虽然我小时候没有生活在农村，但是大概在20年前，我嫁到了农村，我的先生是一个从农村出来的孩子。我记得在20年前的时候，农村里面没有自来水，而且供电不稳定，一到春节，看电视的时候就开始停电。第一次去的时候，我记得这个路在大别山里，大概花了1天多的时间才到他们家。现在只需要几个小时，到了省会城市之后开着车就能到他们家门口，非常方便。应该说，农村这么多年来确实发生了翻天覆地的变化。

📻 李玉芳：

现在农村面貌变化非常大，我们那儿有个老百姓盖了新房子，贴了一副对联，是这样说的，"翻身不忘毛泽东，致富感谢习近平"，横批是"共产党好"。所以我感觉农村的变化是非常大的。因为我一直是个基层干部，我觉得现在的农村，只要把公共服务搞好，教育和医疗再加强一点，农村就是一幅美丽的画卷。我想，"村在园中，房在景中，人在画中"就是一幅美丽的农村画卷。谢谢。

寿小丽：

非常感谢今天几位党员代表的分享。大家可以看到，从我们5位代表非常质朴的话语中，咱们一起感受到了丰收的喜悦和他们对三农工作的深厚情怀。我们广大的三农工作者在乡村振兴的大道上，脚踏实地、奋力拼搏、甘于奉献、勇往直前，用双手造就美好，用辛劳与智慧来造就幸福。他们端牢了中国人的饭碗，筑牢了国家现代化的基石。他们的心声就是"我把丰收献给党"。

今天的见面会就到这里，谢谢各位的参与。大家再见！

第三部分

国务院新闻办公室新闻发布会及政策例行吹风会

3. 《关于全面推进乡村振兴加快农业农村现代化的意见》新闻发布会

一、基本情况

《关于全面推进乡村振兴加快农业农村现代化的意见》新闻发布会

时　间	2021年2月22日（星期一）上午10时	
地　点	国务院新闻办公室新闻发布厅	
主　题	解读《关于全面推进乡村振兴加快农业农村现代化的意见》	
发布人	中央农办主任、农业农村部部长	唐仁健
	农业农村部副部长	张桃林
	农业农村部党组成员兼中央农办秘书局局长	吴宏耀
主持人	国务院新闻办公室新闻局局长、新闻发言人	陈文俊

二、现场实录

陈文俊：

女士们，先生们，上午好！中共中央、国务院《关于全面推进乡村振兴加快农业农村现代化的意见》已经公布，这就是大家关心的中央一号文件。为了帮助大家进一步了解这份重要文件的内容，准确理解这份文件，我们今天邀请中央农办主任、农业农村部部长唐仁健先生出席发布会，介绍有关情况，并回答大家关心的问题。同唐主任一起出席今天发布会的有，农业农村部副部长张桃林先生，农业农村部党组成员兼中央农办秘书局局长吴宏耀先生。下面，先请唐主任介绍情况。

唐仁健：

女士们，先生们，大家上午好。春节刚过，农事渐忙。昨天，新华社受权播发了中共中央、国务院《关于全面推进乡村振兴加快农业农村现代化的意见》，也就是2021年中央一号文件。这是21世纪以来，中央连续发出的第18个一号文件，为广大农民群众送去了牛年新春的"政策大礼包"。下面，我向大家简要介绍文件有关情况。

一、文件起草背景。2020年，在以习近平同志为核心的党中央坚强领导下，农业农村发展克服疫情灾情严重影响，保持了稳中有进、稳中向好的势头，为"十三五"画上圆满的句号。主要表现在：**一是农业生产能力迈上新台阶。**粮食产量连续6年保持在1.3万亿斤以上，农业科技进步贡献率超过60%，主要农作物良种基本实现全覆盖，农作物耕种收综合机械化率达到71%，农作物化肥农药施用量连续4年负增长。**二是脱贫攻坚战取得决定性胜利。**现行标准下农村贫困人口全部脱贫，832个贫困县全部摘帽，消除了绝对贫困和区域性整体贫困，创造了人类减贫史上的奇迹。**三是农民收入持续较快增长。**农民收入增速连续11年快于城镇居民，城乡居民收入差距由上年的2.64∶1缩小到2.56∶1，农民人均收入提前1年实现比2010年翻一番目标。**四是农村面貌焕然一新。**农村人居环境明显改善，基础设施和公共服务突出短板加快补上，农村改革向纵深推进，乡村发展活力明显增强。农

业农村发展取得新的历史性成就，为如期全面建成小康社会奠定了坚实的基础。

"十四五"时期，是乘势而上开启全面建设社会主义现代化国家新征程、向第二个百年奋斗目标进军的第一个5年。党的十九届五中全会对优先发展农业农村、全面推进乡村振兴作出战略部署。去年年底，习近平总书记在中央农村工作会议上发表重要讲话，向全党全社会发出鲜明信号：新征程上三农工作依然极端重要，须臾不可放松，务必抓紧抓实。总书记立足"两个大局"，指出，民族要复兴，乡村必振兴，稳住农业基本盘、守好三农基础是应变局、开新局的"压舱石"，强调，全面建设社会主义现代化国家，实现中华民族伟大复兴，最艰巨最繁重的任务依然在农村，最广泛最深厚的基础依然在农村。总书记的重要讲话，为起草2021年中央一号文件、做好新发展阶段三农工作指明了前进方向、提供了根本遵循。

二、文件主要内容。今年中央一号文件就是不折不扣贯彻落实习近平总书记重要讲话精神，落实党的十九届五中全会部署，围绕全面推进乡村振兴、加快农业农村现代化，对三农工作作出全面部署。文件包括5个部分26条，主要内容可以概括为"两个决不能，两个开好局起好步，一个全面加强"。

"两个决不能"就是巩固拓展脱贫攻坚成果决不能出问题、粮食安全决不能出问题。强调设立衔接过渡期，实现巩固拓展脱贫攻坚成果同乡村振兴的有效衔接，确保守住不发生规模性返贫底线。明确要求"十四五"各省（自治区、直辖市）要稳定粮食播种面积、提高单产水平，确保粮食产量稳定在1.3万亿斤以上。

　　"两个开好局起好步"就是农业现代化、农村现代化都要开好局起好步。农业现代化方面，突出部署解决种子和耕地两个要害问题，强化现代农业科技和物质装备支撑，着力构建现代乡村产业体系、现代农业经营体系，推进农业绿色发展。农村现代化方面，以实施乡村建设行动为抓手，部署一批农村人居环境、基础设施和公共服务、农村消费、县域内城乡融合发展等方面的重点工程和行动。

　　"一个全面加强"就是加强党对三农工作的全面领导。对健全党的农村工作领导体制和工作机制、加强党的农村基层组织建设和乡村治理等方面提出明确要求，强调要强化农业农村优先发展投入保障。可以说，今年的文件既立足当前，突出年度性、时效性，部署好今年必须完成的任务，是管今年的"任务书"；也兼顾长远，着眼"十四五"开局，突出战略性、方向性，明确"十四五"时期的工作思路和重点举措，因此它也是管5年的"施工图"。

　　我就先介绍这些，下面，我和我的同事愿意回答大家提出的问题。谢谢。

　　📷 **陈文俊：**
　　下面欢迎各位提问，提问前请通报一下自己代表的新闻机构。谢谢。

　　📷 **中央广播电视总台央视记者：**
　　去年粮食价格普遍上涨，国际上许多国家纷纷捂紧自己的"粮袋子"，社会上对粮食安全问题十分关注，请问当前我国粮食安全形势如何？今年在保障粮食安全方面有什么举措？谢谢。

唐仁健：

谢谢记者的提问。首先提出粮食问题，表明社会各界对这个问题非常关注，所以我愿意首先回答一下这个问题。

去年在中央农村工作会议上，习近平总书记明确讲，粮食安全是国之大者！悠悠万事，吃饭为大。对于中国这样一个有着14亿人口的大国来讲，保障粮食安全是一个永恒的课题，我觉得怎么强调都不过分。这些年，我国粮食年年丰收，去年达到了13 390亿斤，创了历史新高，比上一年增了100多亿斤。全社会的库存目前非常充裕，所以产销也好，库存也好，我可以非常负责任地告诉大家，中国的粮食安全是完全有保障的，我们有能力端牢自己的饭碗。去年应对新冠肺炎疫情，粮食和重要农副产品产得出、供得上、卖得好，我们经受住了一次大考。

但是，另一方面，确实也要看到，我国的粮食供求不宽，一直是一种紧平衡的状态或者说格局。未来"十四五"也好，更长时期也好，随着人口还有一点增长，特别是消费的升级，粮食的需求还会有刚性的增长。同时，再加上外部形势的不确定性不稳定性也明显增加。所以在粮食安全问题上，我们一刻也不能掉以轻心，而且还必须尽可能把安全系数打得高一些，尽可能多产一些粮、多储一些粮。我们讲以国内稳产保供的确定性来应对外部环境的不确定性，真正做到手中有粮、心中不慌。

习近平总书记也强调，要牢牢把握粮食安全主动权，粮食安全的弦要始终绷得很紧很紧，粮食生产必须年年抓紧。大家注意这里用了3个"紧"，充分表明粮食安全在我们国家统筹发展与安全这个战略全局和大局中极端重要地位。保障粮食安全，重点是做好"两藏"，就是"藏粮于地、藏粮于技"，这是确保国家粮食安全的物质基础。耕地是粮食生产的命根子，如果皮之不存，粮将焉附。下一步，我们将采取"长牙齿"的硬措施，落实最严格的耕地保护制度，坚决遏制耕地"非农化"和防止耕地"非粮化"，牢牢守住18亿亩耕地红线，同时还要确保15.5亿亩永久基本农田主要种植粮食及瓜菜等一年生的作物。另外，我们还要确保规划要建成的高标准农田，要努力种植粮食。说到高标准农田，这是我们提高地力和提高单产的一个关键抓手，具体是提高建设的标准和质量，确保一季能够产1 000斤，两季能够产1吨粮，这就是高标准。同时保护好、利用好黑土地这个"耕地中的大熊猫"，尤其是把东北这个大粮仓保好、建好。我国的地就这么多，水也就这么多，所以下一步增加粮食产量根本的出路还是要向科技要单产、要效益，坚持农业科技要自立自强，下决心打好种业翻身仗，用现代的农业科技和物质装备来强化粮食安全的支撑。

同时，我们还要建立"两辅"的机制保障，"辅之以利、辅之以义"。"辅之以利"就是要让农民种粮有钱赚，能够多得利，在政策手段上要坚持和完善农业的价格和补贴政策。"辅之以义"就是要压实地方党委政府在粮食安全上的义务和责任，所以这次中央农村工作会议和一号文件都明确下一步粮食安全要实行党政同责，以前主要强调的是省长负责制。通过这些努力来确保各省（自治区、直辖市）粮食播种面积和产量能够保持稳定，有条件的还要不断提高。

保供给既要保数量，下一步还要考虑保多样、保质量，因为多样和质量同时保，既是满足我们市场消费需求的需要，同时也是增加农民收入、提高农业效益的需要。所以，要把农业供给侧结构性改革这篇文章继续做深、做细、做实，进一步调整和优化农业的生产结构，包括区域布局和产品结构，推动品种培优、品质提升、品牌打造和标准化生产，这句话是中央农村工作会议上习近平总书记讲到的，我们理解叫"三品一标"，让生产出来的农产品种类更多、质量更优、销路更畅、效益更好，更好地满足城乡居民多样化的消费需求。谢谢。

📷 **红星新闻记者：**

种子是农业的芯片，中央提出要打好种业翻身打仗。请问，当前我国种业形势如何，这场翻身仗如何打？谢谢。

🎙 **张桃林：**

刚才唐部长讲了保障粮食安全还是要大力实施"藏粮于地、藏粮于技"。在"藏粮于技"上，种业包括种子的科研是最重要的方面。农业现代化，种业是基础，处在我们整个农业产业链的源头。保障粮食安全，种子是要害，当然耕地也是要害。党中央、国务院高度重视，社会各界也十分关注，特别是最近一段时间，大家对种业发展的情况怎么样，包括总体形势怎么看以及

下一步种业工作怎么抓，都很关注。中央经济工作会议明确提出要立志打一场种业翻身仗，刚刚发布的中央一号文件对种业工作作了全面部署。这是党中央作出的重要决策部署，是牢牢把住粮食安全主动权、筑牢农业农村现代化和人民美好生活根基的重大行动。

种业发展情况怎么样？总的来讲，我们国家农业用种安全是有保障的，风险也是可控的。特别是党的十八大以来，我国种业科技和产业发展取得了明显成效。当前，我们国家农作物，特别是粮食种子能够靠我们自己来解决，我国自主选育的品种种植面积占到95%以上，做到了"中国粮主要用中国种"。猪、牛、羊等畜禽和部分特色水产种源立足国内有保障，现在畜禽、水产的核心种源自给率分别达到了75%和70%，这些都为粮食和重要农副产品的稳产保供提供了关键保障和支撑。

对于当前种业形势怎么看？立足新发展阶段、构建新发展格局，与国际先进水平相比较，还是要看到我们的种业发展还有不少的不适应性和短板弱项，迫切需要我们下功夫来解决。

第一，从品种水平看，差距比较明显。 大家都知道，我们的大豆、玉米现在的单产水平还不高，只有美国的60%不到，蔬菜国外品种种植面积占比达到13%，当然不同的品种比例不同。其中，耐储的番茄、甜椒等少数专用品种进口比例还比较大，超过了50%。生猪繁殖的效率、饲料转化率和奶牛年产奶量都只有国际先进水平的80%左右，特别是白羽肉鸡，它的祖代种鸡主要还是依靠进口，这些品种的发展水平直接关系到我国农业相关产业发展的质量、速度和效益。

第二，从种业自身来看，问题也还比较突出。主要表现在种质资源保护利用不够，包括有些地方土种，还有一些珍稀、濒危的种质资源消失风险还在加剧。自主创新能力还不强，特别是在育种的理论和关键核心技术方面，我们和先进水平相比还有比较大的差距，种业创新的主体企业竞争力不强，存在"小、散、低、重"这样一些问题。

第三，从时代要求看，我们认为形势紧迫。立足国内保障粮食和重要农产品用种安全的要求更加迫切，人民美好生活对农产品多样化需求日益增长，特别是一些高品质的、有特殊功能的品种和产品，我们还比较缺乏，需要培育更多的高产高效、绿色优质、节水节饲、宜机（适宜机械化）的专业优良品种。目前，世界种业正迎来以基因编辑、合成生物学、人工智能等技术融合发展为标志的现代生物育种科技革命，需要我们抓住机遇、加快创新，打好种业翻身仗，从而实现种业的跨越式发展。

关于下一步怎么办？中央一号文件已经对打好种业翻身仗做了顶层设计和系统部署，涉及种质资源保护、育种科研攻关、种业市场管理，就是整个种业全链条各个环节。总的来讲，必须要坚持底线思维和问题导向，围绕国家粮食安全和重要农副产品的保数量、保多样、保质量的"三保"要求，遵循种业创新发展规律，破卡点、补短板、强优势。具体来讲，主要是5个方面的工作。

一是种质资源要保起来。这也是我们种业科技创新的源头。要抓紧开展农作物和畜禽、水产资源的调查收集，把这些基础性工作要做好。实施种质资源的精准鉴定评价，建好国家种质资源库，建立健全种质资源保护利用体系。

二是自主创新要活起来。这是我们种业发展的关键。要加强种业核心关键技术攻关，特别是当前要加快实施现代农业生物育种重大科技项目，深入实施农作物和畜禽育种联合攻关，有序推进生物育种产业化应用，同时要加强基础性前沿性研究，特别是要推进南繁硅谷等创新基地的建设。

三是种业企业要强起来。我想这是我们种业科技，包括整个种业产业发展的一个关键主体。要遴选一批优势企业予以重点扶持，深化种业"放管服"改革，促进产学研结合、育繁推一体，建立健全商业化育种体系。

四是要把基地水平提起来。这是种源保障的基础。要发展现代化农作物制种基地，建好国家畜禽核心育种场和水产原良种场，健全良种供应应急保障体系。

五是市场环境要优起来。这是种业创新的保障。净化种业市场，我想核心是要加强知识产权保护，保护知识产权就是保护创新，严格品种管理和市场监管。

概括起来，就是要加快构建种业创新体系，包括种质资源保护利用，产业体系和治理体系三大体系，全面提升自主创新、企业竞争、供种保障和依法治理4种能力。我就回答这些，谢谢。

唐仁健：

种子市场、种业发展情况不像前一段外界一些舆论认为的那么严峻。但是另一方面，我们在有些品种、有些领域和有些环节确实和国外先进水平有较大差距。总之，在有没有、保生存的一些品种方面，我们没有问题；但是在好不好方面，有很多品种我们确实差距很大。怎么办？就是打好种业翻身仗。

封面新闻记者：

猪肉价格一直是民生关注的焦点问题，我们注意到近期猪肉价格又出现了上涨的趋势。请问农业农村部在保障生猪生产和供应方面做了哪些工作，今年民众能否吃到比较便宜的猪肉？谢谢。

唐仁健：

农产品的价格，特别是"菜篮子"产品的价格，一直消费者都非常关心，这是民生关注的一个焦点。猪肉从去年开始我们就采取多项措施支持恢复生猪产能，稳定生猪生产和市场供应。按原计划，去年年底生猪存栏要恢复到正常年景，也就是2017年水平的80%。截至去年底，已经恢复到92%以上，超过预期12个百分点。所以最近，尤其在"两节"前后，感到价格水平没有像前期那样大幅度的增长。现在市场供求总体势头是好的。

下一步，随着新增的生猪产能陆续兑现为猪肉产量，猪肉市场供应最紧张的时期已经过去，后期供需关系将会越来越宽松。预计今年一季度将比上年同期增长四成左右，二季度生猪存栏可以恢复到2017年正常年景的水平。下半年，生猪出栏和猪肉供应将逐步恢复到正常年景水平。

今年中央一号文件对这个问题非常重视，要求保护生猪基础产能，健全生猪产业平稳有序发展长效机制。所以我们既要立足当前抓恢复，同时也要着眼长远稳生产。猪周期大家都非常熟悉，前一轮我们被这个周期折腾了，今后不能再被这个周期折腾得厉害了。所以现在我们在研究和考虑，除了综合施策以外，下一步怎么储备好生猪的产能？就是到数量多、价格低的时候，有些企业可能还不了款的时候，不能杀母猪、砍猪场。抓住这个关键，把产能储备好，应对刚才我讲的这些年的猪周期。我们将密切监测生产发展的动态，抓紧研究刚才讲的稳住和储备产能的具体办法，以确保生猪产业能够平稳地发展。

我顺便也讲一个看法，因为在春节前到北京、天津等地，看"菜篮子"产销的状况。当时第一个概念，我们总体上感觉是踏实的。虽然大家留在当地过年，但是生产的增长完全够，市场的堵点，我们当时也在想各种办法把它打通。但另一方面也看到，有些品种，比如当时我看到的禽蛋就跌到了4元左右，而成本就是4元。所以农产品，包括"菜篮子"产品，也希望消费者有个概念，不是越低越好，因为再低了，农民不种、不养了，下一轮周期又会大起大落，折腾我们，所以要把利益的均衡点找好。谢谢。

> **中国农业电影电视中心中国三农发布记者：**
> 我们发现近期一些地方蔬菜价格不同程度地上涨，老百姓很关心自己的"菜篮子"。我想问农业农村部，"菜篮子"产品生产供给以及市场走势方面如何？谢谢。

张桃林：

"菜篮子"确实和百姓的生活关系密切，刚才唐部长就猪肉的问题作了回答，我主要就蔬菜方面作一些回答。蔬菜生产的季节性很强，特别是每年

3—4月，也是冬春蔬菜和夏季蔬菜倒茬的季节，上市的蔬菜数量、品种减少，价格相对上涨，这也是我们通常讲的"春淡"。近期一些地方受前期寒潮低温的影响，还有生产流通成本上升等因素影响，蔬菜价格上涨，我想这还是属于季节性、规律性的波动。

农业农村部为此专门成立了"菜篮子"产品稳产保供的工作专班，一是加强生产和价格监测；二是组织专家和各级农技人员及时深入到田间地头开展技术指导服务，保障蔬菜稳定生产；三是指导各地筛选确定一批蔬菜应急供应的储备基地，设立热线电话，加强产销衔接，协调解决生产中存在的突出堵点难点问题。

根据我们现在的调度，全国冬春蔬菜的播种面积是8 500万亩，和常年相比，增加了100万亩，特别是去年11月份以来，蔬菜产品月均上市量保持在5 400多万吨，同比增加2%。目前这一段天气波动比较大，随着天气回暖，蔬菜生产将逐渐进入旺季，所以从后期走势看，主要蔬菜品种的产能和供给是有保障的，预计价格也将遵循常年季节性波动的规律，以总体走低为主。

下一步，我们将继续加大蔬菜稳产保供工作力度，及时指导各地一手抓疫情防控，一手抓蔬菜生产，确保蔬菜产得出、供得上。谢谢。

> **📷 香港中评社记者：**
>
> 2020年是脱贫攻坚的收官之年，全国832个贫困县全部脱贫摘帽，有些贫困县在脱贫之后还存在一定的返贫风险，接下来关键是做好巩固拓展脱贫攻坚成果同乡村振兴的有效衔接。请问具体该如何衔接？有哪些规划？谢谢。

🎙 唐仁健：

这个问题恐怕是当下和今后除了粮食安全外各方关注的又一个重大问题。农业农村部对今年和"十四五"工作的目标提了"两个确保"，一是确保粮食稳定在1.3万亿斤以上，二是确保不出现规模性返贫，我认为就是提的这个问题。

其实习近平总书记早就提醒我们，脱贫摘帽不是终点，而是新生活、新奋斗的起点。在新时代脱贫攻坚目标任务完成以后，三农工作重心要历史性地转向全面推进乡村振兴。中央要求巩固拓展脱贫攻坚成果，并且与乡村振兴有效地衔接好。刚才讲守这个底线，就是为了确保不发生规模性返贫。因为脱贫地区脱贫群众虽然总体上已经脱了贫，也就是"两不愁三保障"的问题已经基本解决，但是他们发展的基础，尤其是自我发展的能力还不强，也包括产业这个支撑的根本，它的基础也不那么牢固。所以，下一步巩固脱贫成果，防止返贫的任务依然很重。我们要求，今年和"十四五"期间，要把巩固拓展成果，实现同乡村振兴的有效衔接摆在首要的位置，继续压实压紧责任，一定要确保工作不留空档，政策不留空白。

总的要求是，对摆脱贫困的县，从脱贫之日起，设立5年的过渡期，习近平总书记和今年中央一号文件要求，要保持主要政策总体稳定，同时逐项分类优化调整，做到"扶上马送一程"。具体来讲，对脱贫的群众，关键是要做好防止返贫的动态监测和帮扶，就是一个要求，早发现、早干预、早帮扶，因为时间一长没发现，到时来不及。产业帮扶还是帮助群众脱贫致富、巩固成果的根本之策，要抓住这个关键，继续强化，主要是补上技术、设施、资金等等短板，推动脱贫产业能够提档升级。对易地搬迁的960万人口，继续做好后续的扶持，关键还是发展产业，促进就业，增加他们的收入，让他们尽快富起来。同时，还要做好完善基础设施和公共服务，引导搬迁群众融入社区等工作。此外，还要注意加强对农村低收入人口的常态化帮扶，本来就在槛儿上晃晃悠悠，要搞好常态化帮扶。

对脱贫地区，要作为乡村振兴帮扶重点加大支持力度，我们一个重要举措就是在西部地区继续考虑确定一批国家乡村振兴重点帮扶县。从财政、金融、土地、人才、基础设施、公共服务这些方面，集中予以支持。另外，也支持各地自己再选一批乡村振兴重点帮扶县进行帮扶。

刚才是确保"一个底线"，我们还要推进"一个转型"，就是推进工作体系平稳转型。在脱贫攻坚过程中，中央有关部门在这期间一共出台了200多个相关政策文件，在组织动员、要素保障、政策支持、协作帮扶、考核督导等方面形成了一套行之有效的政策和工作体系。脱贫攻坚任务完成后，我们要适应向全面推进乡村振兴的工作重心转移，推动脱贫攻坚的工作体系有效衔接到全面推进乡村振兴的方面上来，逐步实现从原来集中支持脱贫攻坚，向全面推进乡村振兴的平稳过渡。谢谢。

中共十九届五中全会提出实施乡村建设行动。请问乡村建设行动有哪些重点，建设思路有哪些？谢谢。

吴宏耀：

很高兴回答这个问题。在快速推进工业化、城镇化进程中，乡村的形态正在快速演变，村庄格局也正在转型重塑。建设什么样的乡村，怎么建设乡村，这都是我们面临的也必须回答的时代问题。正如你所说，党的十九届五中全会提出实施乡村建设行动，并且强调要把乡村建设摆在社会主义现代化建设的重要位置，今年中央一号文件也对此作出了全面部署。刚才仁健同志强调，今年要确保"两个开好局起好步"，其中农村现代化开好局、起好步，一个重要的抓手就是要谋划好、实施好乡村建设行动，乡村建设行动应该包括"硬件"和"软件"两个方面，"硬件"就是要加强农村的基础设施建设，"软件"就是要加强农村的公共服务，同时要推进城乡融合发展。我想从下面4个方面来讲一下乡村建设行动的具体部署。

一是要抓好规划编制。 乡村规划是乡村建设的施工图，没有规划，乱搭、乱建、乱占就会冒出来，治理起来成本会很高，代价会很大，所以要坚持规划先行，先规划、后建设，合理确定村庄的布局分类，有条件、有需求的村庄可以先干起来。同时，我们要强调编制村庄规划要在现有的基础上展开，注重实用性，不能都推倒重来，搞大拆大建。村庄要保持乡村独特的风貌，要留住村庄的乡情味和烟火气，防止千村一面。同时，要严格规范村庄的撤并，不得违背农民意愿，强迫农民上楼。

二是要抓好农村人居环境的整治提升。 2018年启动的农村人居环境整治行动搞了3年，应该说农村的脏乱差现象有了明显改变，特别是农村垃圾问题基本上得到了解决，现在的主要短板还是厕所和污水处理，特别是污水处理。下一步，我们将启动实施农村人居环境整治提升五年行动，要有序推进、分类推进、因地制宜推进农村改厕，重点抓好农村污水处理，切实增强农村宜居性和提高群众满意度。

三是抓好村庄基础设施建设。 这些年，农村基础设施有了明显改善，农

村的水、电、路、气等基本都通到了行政村。但村庄内部基础设施还存在明显的薄弱环节。下一步，要继续把公共基础设施建设的重点放在农村，着力推进往村覆盖、往户延伸。这里的往村覆盖是指向自然村（组）覆盖。比如，农村的饮水安全问题现在基本解决了，接下来要着力提高供水保障能力；生活用电问题基本解决了，接下来要提高供电的稳定性，重点要解决生产用电问题；行政村基本都通了硬化路，接下来要加快建设通自然村（组）路和村内主干道，包括产业路、旅游路、资源路等。同时，打通仓储、冷链、物流配送从乡到村的"最后一公里"。还要健全长效管护运营机制，让老百姓真正用得上、长期受益。

四是抓好农村公共服务的提升。目前，农村基本公共服务有没有的问题基本得到了解决，但服务的水平和质量与城镇相比、与农民实际需要相比还存在很大差距。下一步，需要建立城乡公共资源均衡配置机制，聚焦教育、医疗、养老、社会保障等农民群众反映的突出问题，持续推进城乡基本公共服务均等化，实现从形式上的普惠向实质上的公平转变。

最后，文件也强调，乡村建设不是呼啦一下都去搞建设，要强化统筹、突出重点，把县域作为城乡融合发展的重要切入点，对基础设施和公共服务实行县乡村统筹，不同层级明确不同建设重点，满足农民不同层面的需要，实现功能衔接互补、资源统筹配置。习近平总书记强调，乡村建设是为农民而建，一定要尊重农民的意愿，坚持实事求是、因地制宜、自下而上、量力而行，真正把好事办好，把实事办实。

唐仁健：

"为农民而建"这5个字非常重要，这是习近平总书记强调，也是这次一号文件的明确要求。乡村建设，不是为你，也不是为我，是为农民而建的，一定要考虑他们的需要，照顾他们的感受，一定要从农村的实际出发。"十四五"期间，我们在这方面一定要把握好，不能干那些主观意志、形式主义、官僚主义的事儿，最后把好事办坏，把好事办砸，这点非常非常重要。谢谢。

中央广播电视总台央视农业农村频道记者：

这个问题是关于宅基地的。现在我们能看到有一部分农民进城落户之后，他们的宅基地其实是被低效利用的，既没有突出住宅的作用，也是对土地资源的一个浪费。我想问一下，中央一号文件也提出，要保证进城落户农民的宅基地使用权，如何保证他们使用权的同时盘活这部分宅基地？

吴宏耀：

近年来，中央出台了一系列政策，依法加强农村宅基地的管理，总体是稳慎推进农村宅基地制度改革，切实保护农民合法权益。去年，中央农办、农业农村部会同有关部门，在全国104个县（市、区）和3个地级市启动了新一轮农村宅基地制度改革试点。试点的核心是要探索宅基地所有权、资格权、使用权分置实现形式。在试点中，着眼保护进城落户农民宅基地权益，要探索农户宅基地资格权的保障机制，同时，通过探索宅基地使用权的流转、抵押、自愿有偿退出、有偿使用等，来增加农户的财产性收入。

宅基地制度改革涉及农民的切身利益，十分敏感和复杂，必须按照中央的要求，要保持足够的历史耐心，坚守土地公有制性质不改变、耕地红线不突破、农民利益不受损这三条底线。同时也要明确，严格禁止城里人下乡利用农村宅基地建设别墅大院和私人会馆等，也不能以各种名义强制农民退出宅基地和强迫农民"上楼"，要确保改革始终朝着正确的方向向前推进。谢谢。

📷 **每日经济新闻社记者：**

近日农业农村部发布了《关于鼓励农业转基因生物原始创新和规范生物材料转移转让转育的通知》（简称《通知》），鼓励农业转基因生物原始创新，这是否意味着农业转基因产业化将迈入快车道，农业农村部出台该政策是基于怎样的考虑？谢谢。

张桃林：

谢谢您对这个问题的关注。关于转基因问题，部里面同志多次在多种场合，以多种方式作过回答。我国对转基因的方针是一贯的、明确的，就是研究上坚持自主创新、推广应用上确保安全、管理上严格监管。关于《通知》，发布《通知》本身是一个常规性工作，体现一手抓创新、一手抓监管，两手都要硬这样的工作要求。大家可能都注意到，中央经济工作会议和这次中央一号文件都明确提出，要尊重科学、严格监管、有序推进生物育种产业化应用。农业转基因技术是现代生物育种的一个重要方面，也是发展最快、应用最广泛的现代生物技术。根据统计，自1996年批准转基因生物商业化种植以来，全球种植转基因作物已经累计达到400多亿亩，涉及29个国家，就是29个国家种植转基因作物，另外还有40多个国家和地区进口转基因农产品。对于农业转基因技术的产业化应用，我们还是继续本着尊重科学、严格监管、依法依规、确保安全的原则有序推进，让转基因等现代农业生物育种技术能够更好地造福人民。谢谢。

📷 **农民日报社中国农网记者：**

习近平总书记指出要深化农村改革，加快推进农村重点领域和关键环节改革。请问，今年以及"十四五"时期聚焦重点领域和关键环节，深化农村改革将有哪些重头戏？谢谢。

唐仁健：

农村改革无非是微观经营主体、市场体系、支持保护等这些大的方面，多年来我们已经推行了很多方面的改革。进入新发展阶段，全面推进乡村振兴，最大的动力还是改革，但是这个时候怎么改，要求、约束、环境、条件已经有了很大不同，一定要非常稳慎稳妥，推动一项是一项，取得扎扎实实的成果，尤其不能出现"翻烧饼"的问题。习近平总书记一再强调，对事关农民基本权益、牵一发而动全身的改革，一定要保持必要的历史耐心，看准了再改。总的精神，中央农办、农业农村部一定把握好，具体的一些改革想法，请吴宏耀同志介绍一下。

吴宏耀：

刚才唐仁健主任对深化农村改革总的要求、主要内容作了解释，下面我就说一些具体的改革内容。

党的十八届三中全会以来，党中央全面部署、系统推进农业农村改革，可以说是逢山开路、遇水架桥，所以我们出台了一系列重大改革方案，制定了一批成熟定型的法律制度，基本构建了促进农业农村健康发展的"四梁八柱"。下一步，新发展阶段要全面推进乡村振兴，加快农业农村现代化，仍然要通过加快重点领域和关键环节的改革来激发农村资源要素的活力，进一步强化乡村振兴的要素支撑。我想，中央一号文件也作出了具体部署，重点要从以下3个方面下功夫。

一是巩固和完善农村基本经营制度。经过几年的努力，农村承包地的确权登记颁证工作已经基本完成，现在15亿亩承包地确权到户，2亿多农户领到了证书。下一步要巩固并用好确权成果，稳步开展第二轮土地承包再延长30年试点，保持土地承包关系稳定并长久不变。同时，要不断创新农业经营体系，突出抓好家庭农场和农民合作社两类新型经营主体，突出发展壮大农业专业化社会化服务组织，引导小农户走上现代农业发展的轨道。今年农村改革还有一项重大任务要收官交账，就是要基本完成农村集体产权制度改革的阶段性任务。主要包括：一，全面开展集体成员身份确认；二，扎实推进经营性资产股份合作制改革；三，积极探索发展新型农村集体经济的有效路径。

二是深化农村土地制度改革。重点是"两块地"的改革，因为承包地在

第一条说了，另一块是宅基地，刚才也作了回应。新一轮农村宅基地制度改革试点已经展开，这项改革涉及农民切身利益，情况非常复杂，所以我们将按照深化试点、先立后破、稳慎推进的要求，在做好调查摸底、确权颁证的基础性工作的前提下，重点围绕宅基地"三权"分置，推动取得一批实质性试点成果。还有一块是大家比较关心的农村集体经营性建设用地。随着《土地管理法》（全称《中华人民共和国土地管理法》）的修订实施，农村集体经营性建设用地入市的法律障碍已经破除，但在交易要求和程序、权能完善、收益分配等方面还需进一步明确，在实践中积极探索实施农村集体经营性建设用地的入市制度。同时，基层反映农村用地难的问题，中央一号文件也作出了明确的要求，提出要将完善盘活农村存量建设用地的政策，实行负面清单管理，要优先保障乡村产业发展、乡村建设用地。根据乡村休闲观光等产业分散布局的实际需要，探索灵活多样的供地新方式，要解决乡村振兴中的用地难问题。

三是建立农业农村优先发展的投入保障机制。全面推进乡村振兴，关键还是要落实农业农村优先发展的要求，一定要真金白银地投，要真刀真枪地干。中央一号文件在强化投入保障机制上也提出了明确要求，出台了一系列含金量很高的政策举措。比如，在财政投入上，明确了5条措施：第一，将农业农村作为一般公共预算优先保障领域；第二，中央预算内投资进一步向农业农村倾斜；第三，制定落实提高土地出让收益用于农业农村比例考核办法，这个办法去年出了，今年要进行考核，要落实；第四，要进一步完善涉农资金整合长效机制；第五，支持地方政府发行一般债券和专项债券用于现代农业设施建设和乡村建设行动。

在金融支持上提出4项要求：第一，要加大对农业农村基础设施投融资的中长期信贷支持；第二，大力开展农户小额信用贷款等业务；第三，鼓励开发专属金融产品支持新型农业经营主体和农村新产业新业态；第四，将地方优势特色农产品保险以奖代补的做法逐步扩大到全国。同时，在社会资本投资上也提出了支持以市场化方式设立乡村振兴基金，撬动金融资本、社会力量参与，重点支持乡村产业发展。谢谢。

 陈文俊：

由于时间关系，最后一个问题。

乡村振兴在我国其实已经推行了一段时间了，在21世纪初就提出了美丽乡村建设，2017年又提出了乡村振兴战略，2018年我国又出台了《乡村振兴战略规划（2018—2022年)》，到了2020年，无论是中央农村工作会议还是"十四五"规划建议，都将乡村振兴作为工作的重点来提出。请问时至今日，乡村振兴在形式、内容和目标等方面都发生了怎样的变化？谢谢。

唐仁健：

这个问题提得挺好，因为乡村振兴并不是今天才提出来的，是党的十九大就已经提出来的，前两三年也在推进，也取得了相当的成效，但那会儿我们主要的重任是脱贫攻坚，主要精力也放在那方面。现在提出的是全面推进乡村振兴，所以前后确实有一些不同的变化，这个变化大体应该这么来看。在党的十九大提出这个战略之后，党中央、国务院专门制定了《关于实施乡村振兴战略的意见》（简称《意见》），在《意见》中对乡村振兴战略进行了全面部署，之后很快印发了乡村振兴的战略规划，在这个规划中进一步明确了今后5年实施乡村振兴战略的目标任务和大的政策框架；同时中共中央还印发了一个非常重要的文件，就是《中国共产党农村工作条例》，就加强党对农村工作的全面领导作出了系统规定，把党的领导的政治优势转化为推动乡村振兴的行动优势。当前全国人大常委会正在研究制定《乡村振兴促进法》（全称《中华人民共和国乡村振兴促进法》），通过这个法律颁布来进一步强化实施乡村振兴战略的根本制度保障。同时，围绕乡村产业、乡村治理、乡风文明、城乡融合发展等，我们还制定了一系列专项的政策。总体上讲，现在实施乡村振兴的"四梁八柱"的制度框架和基本的政策体系已经形成。各地也进行了有益的、积极的探索。

进入新发展阶段，三农工作的重心，我们一再强调转向全面推进乡村振兴。现在乡村振兴到了全面推进、全面实施的时候了。去年中央农村工作会议和今年中央一号文件对全面推进乡村振兴进行了再强化、再部署、再动员，刚才我们回答的很多内容实际上都是出于全面推进乡村振兴的考虑。总的就是力图以更有力的举措、汇聚起更强大的力量来推动乡村振兴，我们讲有3个变化：由顶层设计到具体政策举措全面实化；由示范探索到面上进行全面的推开；由抓重点工作到推进五大振兴全面推进。通过全面推进乡村振兴，加快补上农业农村现代化短板，赶上全国现代化步伐。总的就这么一个考虑和变化。谢谢。

陈文俊：

　　谢谢唐主任和各位出席发布会的领导，谢谢各位记者。今天发布会到此结束，再见。

4. 《全国高标准农田建设规划（2021—2030年）》政策例行吹风会

一、基本情况

《全国高标准农田建设规划（2021—2030年）》政策例行吹风会

时　间	2021年9月16日（星期四）上午10时	
地　点	国务院新闻办公室新闻发布厅	
主　题	解读《全国高标准农田建设规划（2021—2030年)》	
发布人	农业农村部副部长	张桃林
	国家发展改革委农业经济司副司长	邱天朝
	财政部农业农村司副司长	姜大峪
	农业农村部农田建设管理司司长	郭永田
主持人	国务院新闻办公室新闻局副局长、新闻发言人	邢慧娜

二、现场实录

邢慧娜：

　　各位媒体朋友们，大家上午好！欢迎出席国务院政策例行吹风会。近日，《全国高标准农田建设规划（2021—2030年）》（简称《规划》）已经向社会公布，今天的吹风会主要向大家介绍《规划》的有关情况。出席今天吹风会的是：农业农村部副部长张桃林先生，国家发展改革委农村经济司负责人邱天朝先生，财政部农业农村司负责人姜大峪先生，农业农村部农田建设管理司司长郭永田先生。下面，首先请张桃林先生作情况介绍。

张桃林：

　　女士们、先生们、媒体界的各位朋友们，大家上午好！感谢各位媒体朋友长期以来对我国高标准农田建设事业和三农工作的关心和支持。今天很高兴与大家交流《全国高标准农田建设规划（2021—2030年）》有关情况。

　　民以食为天，食以土为本。农田作为粮食生产的基础，其质量高低不仅影响粮食产量的高低，还关系到农产品质量的好坏，是粮食安全的根基。同时，农田作为生态系统的重要组成部分，土壤是重要的碳库（碳汇），对推动农业绿色低碳发展，推进农业农村生态文明建设具有重要作用。

　　党中央、国务院高度重视高标准农田建设。习近平总书记多次作出重要指示，强调要突出抓好耕地保护和地力提升，加快推进高标准农田建设，切实提高建设标准和质量，真正实现旱涝保收、高产稳产。为此，农业农村部会同有关部门和地方政府认真贯彻落实党中央、国务院决策部署，深入实施"藏粮于地、藏粮于技"战略，加强政策支持，强化工作指导，推动各地大力推进高标准农田建设，改善农业生产条件、生态环境，提升粮食生产能力。截至2020年年底，全国已完成8亿亩高标准农田建设任务。建成的高标准农田，在节水、节电、节肥、节药、节工等方面均有明显的效果，亩均粮食产能一般增加10%～20%，亩均节本增效约500元，为保护农民种粮积极性、确保全国粮食产量连续多年稳定在1.3万亿斤以上发挥了重要支撑作用。

　　党的十九届五中全会明确提出，实施高标准农田建设工程，"十四五"规划纲要和近年来中央一号文件均对编制实施新一轮全国高标准农田建设规划作出具体部署。为此，农业农村部深入16个省份120多个县（区、市）开展实地调研，多次召开专题会议研讨论证，广泛征求中央有关部门、地方政府、相关领域专家、基层农田建设管理人员等各方面意见的基础上，牵头形成了《全国高标准农田建设规划（2021—2030年）》，并于8月27日经国务院批复正式实施。1小时前，也就是9点，《规划》已经在网上全文公布。

　　《规划》深入贯彻习近平总书记关于粮食安全和高标准农田建设精神，在总结近年来农田建设情况的基础上，分析了全国高标准农田建设面临的形势，明确了高标准农田建设的方向和目标任务，是指导今后一个时期系统开展高标准农田建设的重要依据和行动指南，对凝聚各方共识，加快构建农田建设新格局，推动农业高质量发展和乡村全面振兴，夯实国家粮食安全基础具有十分重要的意义。

　　概括起来，《规划》具有以下几个特点和主要内容：

　　第一，《规划》坚持系统思维和全局观念，立足我国国情和经济社会发展阶段，着眼长远和全局，综合考虑自然资源禀赋、工作基础、财力状况等因素，提出了今后一个时期高标准农田建设总体目标任务，明确到2025年累计建成10.75亿亩并改造提升1.05亿亩，2030年累计建成12亿亩并改造提升2.8亿亩高标准农田；到2035年，全国高标准农田保有量和质量进一步提高。

第二，《规划》紧扣高质量发展主题，明确了高标准农田建设的田（田块整治）、土（土壤改良）、水（灌溉与排水）、路（田间道路）、林（农田防护和生态环保）、电（农田输配电）、技（科技服务）、管（管理利用）这样8个方面的内容，可以说是集水、土、路、生态条件于一体，统筹协调的系统工程。要求加快构建科学统一、层次分明、结构合理的高标准农田建设标准体系。同时，综合考虑建设成本、物价波动、政府投入能力和多元筹资渠道等因素，逐步提高亩均投入水平，全国高标准农田建设亩均投资一般应逐步达到3 000元左右。

第三，《规划》紧盯粮食生产首要目标，优化了建设分区，明确了分区域建设重点，要求科学设计建设内容，加强项目精细化管理，严格执行相关建设标准和规范，开展耕地质量等级变更评价，提高建设质量。规范项目竣工验收，健全长效管护机制，实现项目长久持续发挥效益。同时，《规划》还明确了实施保障措施。

第四，《规划》注重坚持问题导向、目标导向，与上一轮2011—2020年的全国高标准农田建设总体规划相比，具有3个突出特点。

一是更加突出产能保障。立足确保谷物基本自给、口粮绝对安全，以提升粮食产能为首要目标，优先在永久基本农田、"两区"（即粮食生产功能区、重要农产品生产保护区），集中力量建设集中连片、旱涝保收、节水高效、稳产高产、生态友好的高标准农田，形成一批"一季亩均千斤、两季亩均吨粮"的口粮田，进一步筑牢保障国家粮食安全基础，把饭碗牢牢端在自己手上。

二是更加突出质量要求。坚持新增建设与改造提升并重、建设数量和建成质量并重、工程建设与建后管护并重，产能提升和绿色发展相协调（即"三并重一协调"），合理安排已建高标准农田改造提升，进一步提升粮食生产和重要农产品供给能力，形成更高层次、更有效率、更可持续的国家粮食安全保障基础。

三是更加突出针对性和可操作性。针对不同区域粮食生产面临的主要障碍因素，分类指导，将全国高标准农田建设分成东北区、黄淮海区、长江中下游区、东南区、西南区、西北区、青藏区7个区域，因地制宜提出各分区建设重点和分省建设目标任务。

下一步，我们将按照《规划》部署要求，积极会同地方和相关部门切实抓好《规划》实施工作，大力推进高标准农田建设工程，加快补齐农业基础设施短板，增强农田防灾、抗灾、减灾能力，实现高质量建设、高效率管理、高水平利用，为保障国家粮食安全和重要农产品有效供给奠定坚实基础。

下面我和我的同事很愿意回答大家的提问。

📷 邢慧娜：

谢谢张桃林副部长作的介绍。下面大家可以开始提问，提问前请通报所在的新闻机构。

📷 中央广播电视总台央视记者：

我们注意到，此次《规划》明确提出，到2030年建设12亿亩高标准农田，这对保障我国的粮食安全意味着什么？谢谢。

张桃林：

谢谢，我想从两个方面回答您的提问。

第一方面，为什么要建设高标准农田，也就是说我们怎么认识它的必要性和紧迫性。洪范八政，食为政首。习近平总书记反复强调要扛稳粮食安全重任，推进高标准农田建设，稳步提升粮食产能，可以说，我们建设高标准农田是巩固和提升粮食产能的关键举措。为此，我们大规模推进高标准农田建设，并取得了显著的成效。近年来，我国粮食连年丰收，全社会库存充裕，尤其是在应对新冠肺炎疫情中，粮食和重要农产品稳产保供，经受住了大考，发挥了重要作用，可谓"功不可没"。同时，我们也要看到，我国粮食仍处于而且将长期处于紧平衡状态。随着人口数量的增加，特别是消费结构、营养水平的提升，我国粮食需求还将保持刚性增长的态势。再加上病虫害和自然灾害等不确定因素的影响，我国在粮食安全方面一刻也不能掉以轻心，必须要不断巩固和提升粮食的综合生产能力。

目前，从全国来看，我们的国情就是人多、地少、水缺，而且耕地的质量总体还不高，中下等质量的耕地占到70%左右，后备资源不足。加上光温、水土时空分配不均，还有利用不合理等问题，农田基础设施薄弱，抗灾、减灾能力还不强。所以，当前和今后一个时期，我们粮食稳产保供既要保数量，还要保多样、保质量、保生态，确保国家粮食安全的任务还是相当艰巨的，或者说更加艰巨。为此，稳住粮食安全这个"压舱石"，既要确保耕地的数量，还要不断提升耕地质量以及整个农田的综合产能。高标准农田是旱涝保收、高产稳产的农田，是耕地中的精华。大力推进高标准农田建设，是巩固和提升粮食安全生产能力、保障国家粮食安全的关键举措和紧迫任务。"十四五"乃至今后更长一段时期，迫切需要加快高标准农田建设步伐，深入实施"藏粮于地、藏粮于技"战略，进一步筑牢国家粮食安全保障基础。

第二方面，高标准农田建设要达到一个什么样的目标和标准，建设的主要内容。《规划》对高标准农田建设内容提出了明确要求，就是要通过田块整治、土壤改良、灌排沟渠和田间道路配套等综合措施，不断改善农田基础设施条件，集中力量打造集中连片、旱涝保收、节水高效、稳产高产、生态友好的高标准农田。这里面既有软件部分，也有硬件部分。从近些年的实际情况看，高标准农田建成以后，能够显著提高水土资源利用效率，增强粮食生产能力和防灾、抗灾、减灾能力，建成后项目区粮食产能平均能够提高10%～20%。《规划》提出，到2030年建成高标准农田12亿亩、改造提升2.8亿亩。如果按1亩1 000斤产量来计算，12亿亩就能稳定1.2万亿斤以上粮食产能。这约占我们当前粮食产量（1.3万亿斤以上）的90%，将为保障国家粮食安全发挥极其重要的作用，也可以说是不可替代的作用。

我们相信，《规划》实施后，将会高质量筑牢我国粮食生产基础，更加有力地保障国家粮食安全。我就回答这些，谢谢。

📷 **经济日报社记者：**

"十四五"规划纲要对保障国家粮食安全作出了整体部署，明确提出建成10.75亿亩集中连片高标准农田。请问，此次全国高标准农田建设规划是如何体现和落实"十四五"规划纲要的部署的？下一步国家发展改革委将开展哪些工作？谢谢。

📖 张桃林：

"十四五"规划纲要描绘了开启全面建设社会主义现代化国家新征程的宏伟蓝图。在编制这个《规划》过程当中，我们与"十四五"规划纲要明确的高标准农田建设目标任务进行了充分衔接。这个问题请国家发改委邱天朝副司长来回答。

📖 邱天朝：

谢谢张部长。谢谢这位记者，您提了一个很好的问题。粮食安全是国之大者，是最重要的经济安全之一，是统筹发展和安全的重要内容。在"十四五"规划纲要中有明确的部署。建设高标准农田是夯实粮食生产能力基础、保障国家粮食安全和重要农产品供给的关键举措。"十四五"规划纲要明确提出，要以粮食生产功能区和重要农产品生产保护区为重点，实施高标准农田建设工程，到2025年建成10.75亿亩集中连片高标准农田。

《全国高标准农田建设规划（2021—2030年）》是落实"十四五"规划纲要的重要专项规划之一，是指导今后一个时期系统、全面开展高标准农田建设的重要依据和规范性要求。《规划》对田、土、水、路、林、电、技、管8个方面提出了明确的要求，也分七大区域明确了建设重点。在《规划》编制过程中，国家发改委按照"十四五"规划纲要部署，结合《乡村振兴战略规划（2018—2022年）》的实施，以及国土空间规划、水利建设规划等相关规划，加强统筹衔接平衡，特别是在高标准农田建设的目标任务和区域布局方面，提出尽力而为、量力而行的原则，强调"两个优先"，即集中力量在划定的永久基本农田保护区、粮食生产功能区和重要农产品生产保护区优先安排高标准农田建设，优先将现有或规划建设的大中型灌区范围之内的有效灌溉农田建成旱涝保收、稳产高产的高标准农田。《规划》进一步明确，到2025年累计建成高标准农田10.75亿亩，并改造提升1.05亿亩已建成的高标准农田。这些目标任务包括《规划》中高效节水灌溉的发展建设任务，与"十四五"规划纲要的部署要求是一致的，是完全衔接的。

为推进《规划》实施，下一步，国家发展改革委将重点做好以下工作。

一是建立完善规划体系。会同农业农村部加快推进建立和完善国家、省、市、县四级高标准农田建设规划体系，做好与相关规划的衔接平衡，把规划任务落实落地，促进灌区骨干工程改造建设与田间工程实施相协同，确保高标准农田建设布局与全国农业生产的布局相符合，为打造现代农业生产基地和产业集群，构建现代农业产业体系创造基础条件。

二是加大资金的支持力度。 在中央预算内投资安排上，持续加大对高标准农田建设、大中型灌区等的支持力度，加强投资计划执行情况的监管，推动落实"藏粮于地、藏粮于技"战略，确保国家粮食安全和重要农产品供给。2021年，在资金十分紧张的情况下，国家发展改革委较大幅度增加了高标准农田建设的投入力度，已经安排下达中央预算内投资220亿元，支持建设高标准农田和实施东北黑土地保护工程，这个投资规模比2020年的165亿元增长了33%。

三是推动完善相关的政策措施。 比如，新建高标准农田和改造提升高标准农田具体投资标准的确定，不同区域高标准农田建设的投资标准，拓宽高标准农田建设的投入渠道，完善工程建设机制、建后管护机制等方面。要总结和推广各地建设高标准农田，多渠道、多方式筹措建设资金的好经验、好做法，引导有条件的地方集中连片建设高标准农田，确保建一块、成一块。与此同时，持续加强大型灌区建设与现代化改造，推动建立设施完善、用水高效、管理科学、生态良好的灌区工程建设和运行管护体系，形成夯实粮食综合生产能力基础的合力。谢谢。

中国农村杂志社记者：

根据《规划》有关部署，2021—2022年的年度新增建设任务将达到历史峰值，2023年开始部署改造提升任务，请问中央财政将采取哪些措施，来保障落实《规划》部署的建设任务？谢谢。

姜大峪：

感谢您的提问，非常感谢您对财政支农工作的关心和支持。

财政部认真贯彻习近平总书记关于加强高标准农田建设重要指示精神，落实党中央、国务院决策部署，积极筹措资金，支持各地开展高标准农田建设，夯实粮食生产基础，保障国家粮食安全。我们重点做好以下3个方面的工作。

第一，加大资金源头整合和投入力度。贯彻党和国家机构改革有关部署，会同有关部门积极推动源头整合，将原农业综合开发专项资金、土地整治工作专项资金和用于高效节水灌溉的农田水利建设资金，整合设立农田建设补助资金，切实提高资金使用效益。2021年，中央财政通过一般公共预算安排787.82亿元，同时推动地方通过一般公共预算、一般债券、土地出让收益等多元化渠道安排88亿元，支持全国建设高标准农田8 000万亩。

第二，将高标准农田建设作为重点领域予以保障。适应高标准农田建设的新形势、新任务、新要求，下一步，我们将会同有关部门抓紧修订完善资金管理办法，按照高标准农田建设的共同事权属性，建立健全投入保障机制。同时，推动地方优化支出结构，将农田建设作为重点事项，促进中央和地方共同加大高标准农田建设投入。此外，按照国务院关于对真抓实干成效明显地方实施激励的有关要求，会同有关部门对高标准农田建设和建后管护成效较好、省级政府投入力度较大的地区实施激励，进一步激发地方积极性、主动性、创造性，推动地方尤其是省级加大高标准农田建设投入力度，同时我们明确要求，激励资金全部用于支持高标准农田建设。

第三，多措并举保障《规划》的年度重点任务落到实处。您刚才提的问题非常好，财政部将按照职责分工，坚持新增建设和改造提升并重、建设数量和建成质量并重，支持相关省份开展已建高标准农田改造提升。在分配农田建设补助资金时，将高标准农田建设任务、各地粮食生产情况作为重要的测算因素，对13个粮食主产省予以重点支持。同时，完善多元化投入机制，发挥政府投入撬动作用，采取投资补助、以奖代补、财政贴息等多种方式，引导金融、社会资本和新型农业经营主体投入高标准农田建设。此外，引导相关经营主体开展高标准农田建设和管护，推动各地进一步调动直接受益主体的管护积极性，促进工程长久发挥效益。谢谢。

中国新闻社记者：

我们关注到《规划》提出要建立国家、省、市、县4级高标准农田建设，请问在规划时要注意哪些问题？

郭永田：

谢谢你的提问。这次发布的《规划》提出要建立国家、省、市、县4级规划体系。这是落实《规划》的一个非常重要的举措。《规划》是统领未来一段时间内全国农田建设的一个总体规划，在项目的布局、建设的重点、资金安排等各个方面，做了统筹谋划和顶层设计，将在未来一个时期对农田建设起到总揽全局的作用。建设国家、省、市、县4级规划体系，有助于更好地把这个规划落到实处。实际上，在《规划》编制过程中，已经同步要求地方进行深入调查研究，同步对编制地方规划做好准备工作。

我们将积极指导各省根据《规划》提出的总体目标和建设任务要求，编制好本地区高标准农田建设规划，确保《规划》能够落地见效。重点从以下3个方面抓好规划体系建设。

一是要做好规划衔接。省级建设规划要明确分区域建设任务、建设重点、建设内容和建设标准，落实好全国规划确定的目标任务和建设要求。市级建设规划重点要提出区域布局，确定重点项目和投资安排。县级规划要将各项建设任务具体细化，落到乡村和地块，明确时序安排，形成规划项目布局图和项目库，为项目的实施和投资的落地做好准备、打好基础。同时，地方各级规划要充分做好与本地区国土空间规划、水资源利用等相关规划的横向衔接。

二是要突出产能目标。各地要根据本地区粮食保障自给能力的目标和任务，在高标准农田建设规划目标、任务、布局、重大项目安排上，充分发挥本地区的资源潜力和优势，科学合理地确定本地区高标准农田建设的规模和粮食产能目标。

三是要加强实施保障。地方各级建设规划要强化实施保障机制，加强组织领导，统筹使用各方面的资金，严格建设监管和后续管护，切实增强规划的可操作性和指导性，全力推进高标准农田建设工作。

我们初步考虑，希望各地在编制、审批这个规划的过程中，总体在明年6月份之前能够完成省级规划编制任务。如果今年年底前，省级规划编制工作能够大部分完成，对于未来开展市级、县级等下级规划的编制将奠定一个良好的基础。我们相信，通过大家的共同努力，完善国家、省、市、县4级规划体系以后，能够为将来深入推进全国高标准农田建设，提供更好的科学依据，打下良好的基础。谢谢。

张桃林：

高标准农田建设规划就是要全国一盘棋。当然，各地除了要把国家要求的这些标准和原则执行好之外，还可以根据当地的实际情况，包括立地条件、产业布局等，有一些特殊性的、自选的、创造性的工作。我们也鼓励地方在《规划》中很好地体现本地特色，从而引领当地高标准农田建设水准更高、更有特色。

海报新闻记者：

我们注意到，截至2020年年底，全国已完成8亿亩高标准农田建设任务。请问高标准农田"高"在哪里？建设进展情况如何？建设高标准农田对于农业农村现代化发展发挥了怎样的作用？谢谢。

郭永田：

谢谢您的提问，您提了一个大家非常关注也很重要的问题。高标准农田

"高"在哪？高标准农田是按照国家统一规划和国家标准实施的重大农田基础设施建设项目，我的理解，主要体现在这样几个方面。

第一个"高"是农田质量高。高标准农田是集中连片、田块平整、规模适度，水、路、电等基础设施配套比较完备，土地比较肥沃，与现代农业生产条件相适应。用基层群众的话说，就是地平整、土肥沃、田成方、林成网、路相通、渠相连、旱能浇、涝能排。这很形象地说明了高标准农田建设的农田质量是高的，适应农业现代化发展的需要，有利于推动规模化经营、机械化生产、标准化生产。

第二个"高"是产出能力高。刚才张部长已经讲了，从各地的实践看，高标准农田建成以后，一般能提高10%到20%的产能，也就是100公斤左右的产能。群众也经常说，一季千斤，两季吨粮。

第三个"高"是抗灾能力高。高标准农田建成以后，由于设施条件大幅度改善，实现旱能浇、涝能排，稳产高产，大灾少减产，小灾不减产，一般年景多增产。今年就很好地验证了这一点。前一段时间"烟花"台风对东部一些省份在短时间内带来强降雨，我去看有的地方农田积水短时间内淹到60厘米以上，但是高标准农田一般在1～2天内，迅速就把农田里面的积水排干净了。一般的农田一般是3～5天甚至更长时间，这样就容易形成灾害，对庄稼生长就造成影响了。今年，西北一些地方还遭受了长时间的持续干旱。我们调查发现，在西北地区遭受干旱的受灾面积里，高标准农田的占比较非高标准农田的低20个百分点。所以，它的抗灾减灾能力是高的。

第四个"高"是资源利用效率高。高标准农田通过集中连片建设以后，规模化经营，有效提高了规模效益，提高了资源的利用效率。高标准农田节水、节肥、节药、节人工成效明显，很好地提升了资源利用效率。

所以，各地把建设高标准农田作为一个有力的抓手，积极推进。现在看，到去年年底，全国已经建成了8亿亩高标准农田，对保障我国的粮食安全发挥了重要的支撑作用。

从成效上看，一是很好地夯实了国家粮食安全基础。二是加快了农业的转型升级。刚才也谈到了，通过规模化经营、标准化生产，对现代农业的发展起了很好的推动作用。我们调研发现，高标准农田项目区机械化水平比一般非项目区要高15～20个百分点，高标准农田项目区的规模经营流转率一般比非项目区要高30个百分点，高标准农田项目区的新型经营主体占比比非项目区要提升20个百分点以上。所以说，它很好地推动了农业转型升级和现代农业发展。三是很好地促进了农民增收。从节本、增效两个方面看，高标准农田项目区一般人均增收在500元以上。四是有效地改善了农田的生态环境。高标准农田通过采取地块整治、沟渠配套、节水灌溉、林网建设和集成推广绿色农业技术等措施，调整优化了农田生态的格局，增强了农田生态防护能力，减少了农田水土流失，提高了农业生产投入品利用率，保护了农田生态环境。所以，建成后的高标准农田绿色发展水平显著提高，促进了山水林田湖草整体保护和农村环境的连片整治，为实现生态宜居打下了坚实的基础。谢谢。

> **农民日报社中国农网记者：**
>
> 此次《规划》作为统领全国农田建设的顶层设计，一直以来受到社会各界的关注，现在正式出台。请问，接下来如何实施好规划，推动高标准农田建设高质量发展？

张桃林：

谢谢，您的提问很有针对性。因为下一步就是我们怎么把《规划》付诸实施的关键阶段。

高标准农田建设是党中央交给我们的一项硬任务。有了好的《规划》，就是有了一个好的蓝图。如何把蓝图变为现实，把这个《规划》执行好就非常重要。我们下一步要以推动农业的高质量发展为主题，围绕提升粮食产能这个首要目标，坚持产能提升和绿色发展相协调，统一组织实施与分区、分类施策相结合，不断健全工作机制，凝聚工作合力，全力抓好《规划》的组织实施。重点要做好以下6个方面的工作。

一是要加强组织领导。 高标准农田建设实行中央统筹、省负总责、市县乡抓落实、群众参与的工作机制。要进一步压实地方责任，抓好目标分解、任务落实、资金保障、监督评价和运营管护等工作。农业农村部门将主动担当，全面履行高标准农田建设管理职责，加强与相关部门的沟通，密切配合，协同推进高标准农田建设，确保《规划》提出的总体目标和各项建设任务能够按期、保质保量完成。

二是要突出规划引领。现在全国的规划有了，下一步各地将按照建立国家、省、市、县四级建设规划体系的要求，抓紧编制地方高标准农田建设规划，作为项目和资金安排的重要依据，明确本地区建设目标任务，将建设任务分解到市、县，落实到具体的地块。在规划编制的时候，要充分做好与国土空间、水资源利用等相关规划的衔接。刚才发展改革委的同志已经把这方面的情况和要求给大家作了回应。加强对规划执行情况的评估分析，客观、动态、及时地评价规划实施情况，尤其是在实施过程中存在的一些问题，包括共性问题和个性问题，总结推广有效经验和做法，推动解决实施中的问题，充分发挥好规划的引领作用。

三是要加大科技支撑。应该说，高标准农田建设是科技含量比较高的一项工程。要在高标准农田建设的全过程各个环节，包括建设、管理和后期的运营维护方面，加强技术创新，尤其要加强对农田防灾、减灾、抗灾能力提升，土壤退化特别是盐碱化、酸化等治理，以及整个耕地质量提升、农田信息化管理等关键技术问题的攻关，推进科技成果的转化以及科技示范工作，大力引进和推广先进适用工程技术和装备。我们希望在科技攻关方面，在农田建设中，形成良田良制、良种良法、农机农艺相融合与集成应用的格局。

四是要严格监督考核。按照粮食安全党政同责要求，进一步完善高标准农田建设评价制度，强化评价结果运用，压实地方建设责任。同时，加强建设资金全过程绩效管理，做好绩效运营监控和评价。刚才，财政部的同志已经把这方面的情况给大家作了介绍。

五是要加强能力建设。加强行业自律和动态监管，大力推行信用承诺制度，依法依规建立健全高标准农田建设从业机构失信惩戒机制。鼓励社会力量广泛参与高标准农田建设。加强技术培训和业务交流，推动配强特别是县、乡两级基层工作力量，提升建设管理和技术人员的综合素质和业务技能。加强廉政建设，严肃工作纪律，推进项目建设公开透明、廉洁高效，切实防范农田建设项目管理风险。

六是要强化资金保障。《规划》对加大建设投入提出了明确要求。一方面，要加大政府的投入。因为这是一个公益性的、基础性的、长远性的系统工程，各级政府投入是非常重要的。另一方面，我们要充分运用市场机制，完善多元化的筹资机制，统筹整合相关涉农资金，保证高标准农田建设资金和建设任务能够相适应。

我就回答这些，谢谢大家。

中国日报社记者：

我们都知道，高标准农田不仅要建得好，还要管得好、用得好，才能充分发挥效益。请问在保护和利用高标准农田方面将采取哪些措施？谢谢。

郭永田：

谢谢您的提问。您提的这个问题也是一个大家十分关心的问题。高标准农田"三分建、七分管"。我们对建成的高标准农田不仅要完善农田设施的管护制度，还要把已建成的高标准农田划为永久基本农田，实行特殊保护，确保良田良用。这些年来，我们高度重视高标准农田建设的管护工作，**第一，指导地方不断完善管护制度**。现在许多地方已经出台了管护的管理办法，明确了相关的政策要求。**第二，指导地方探索多元的管护资金筹措机制**。地方通过政府补一点，经营主体拿一点，水价电价改革筹一点等多种方式，很好地探索筹措了管护资金。**第三，探索多种管护模式**。有的地方实行经营主体自管模式，有的地方因地制宜实行了委托专业化机构来管理的方式，还有的地方采取了购买工程设施保险的方式，或者是通过政府购买服务等方式，探索不同的管护模式，取得了很好的成效。

下一步，我想主要还是要从两个方面加强高标准农田的管护工作。

第一方面，要进一步做好工程设施的管护，确保工程设施良性运行。一是要完善管护机制。项目建设与工程管护机制要同步设计、同步建设、同步落实，调动各方面的积极性。二是要保障管护经费的落实。继续推动探索多种不同的方式筹措管护经费。三是要落实管护责任。地方政府特别是县、乡级政府，要切实担负起基础设施管护的责任，同时要强化经营主体管护职责，还要发挥专业人员和专业社会组织管护的指导服务作用。

第二方面，要坚持依法严管，做到良田良用。这是《规划》中提出的重要原则。要严格落实党中央、国务院关于遏制耕地"非农化"、防止耕地

"非粮化"决策部署，确保建成的高标准农田重点用于粮食，特别是口粮生产。一是要严防高标准农田被占用，对确需占用的，要严格依法审批。对于经过依法审批的，要进行补建，确保高标准农田的数量不减少、质量不降低。二是要完善主产区的利益补偿机制和种粮激励政策，确保农民种粮获得很好的收益，引导经营主体将高标准农田重点用于粮食生产。三是要探索合理的耕作制度，实行用地养地结合，加强后续培肥，防止地力下降。四是要严禁将不达标的污水排入农田，严禁将生活垃圾、工业废弃物等倾倒、排放到高标准农田。下一步，我们将会同有关部门持续抓好农田管护工作，不断夯实国家粮食安全基础。谢谢。

> 📷 **中国经营报社记者：**
> 我想问一下关于东北黑土地保护和修复的具体举措。谢谢。

📇 **张桃林：**

我简要说两句。东北黑土地保护是整个耕地保护中非常重要的工作。东北黑土地保护本身也是个系统工程，包括我们现在实施的秸秆综合利用，还有保护性耕作，高标准农田建设。在东北黑土区，高标准农田建设本身也是非常重要的组成部分，通过高标准农田建设更好地保护黑土地。刚才讲了，高标准农田建设牵涉到方方面面，这跟黑土地保护工程的要求是一致的，所以它们之间是相互关联、互为支撑的一个有机整体。

📇 **郭永田：**

我补充一点。黑土地是我们国家最珍贵的耕地资源，是"耕地中的大熊猫"。实施好黑土地保护工程，是我们的一项重要任务。下一步，我们会同有关部门继续做好黑土地保护工作。一是在东北地区继续大力实施高标准农田建设工程，提高耕地质量。二是启动实施黑土地保护工程。今年6月份，经国务院同意，七部门已经印发了《国家黑土地保护工程实施方案（2021—2025年）》，统筹各方面政策，持续推进黑土地的保护工作。三是加强政策统筹。黑土地保护涉及不少方面的政策措施，要在国家黑土地保护工程实施方案的统一布局下，统筹推进相关工作，持续加强黑土地保护，确保耕地地力提升，防止进一步退化。谢谢。

邢慧娜：

　　今天的吹风会就到这儿，感谢4位发布人，也感谢各位媒体朋友，大家再见！

5. 《"十四五"推进农业农村现代化规划》 政策例行吹风会

一、基本情况

《"十四五"推进农业农村现代化规划》政策例行吹风会

时　间	2021年12月8日（星期三）上午10时	
地　点	国务院新闻办公室新闻发布厅	
主　题	解读《"十四五"推进农业农村现代化规划》	
发布人	农业农村部副部长	邓小刚
	农业农村部总农艺师、发展规划司司长	曾衍德
	国家发展改革委农村经济司司长	吴　晓
主持人	国务院新闻办公室新闻局副局长、新闻发言人	寿小丽

二、现场实录

📷 **寿小丽：**

　　女士们、先生们，大家上午好！欢迎出席国务院政策例行吹风会。日前召开的国务院常务会议审议通过《"十四五"推进农业农村现代化规划》。今天我们非常高兴邀请到农业农村部副部长邓小刚先生，请他为大家介绍有关情况，并回答大家感兴趣的问题。出席今天政策例行吹风会的还有，农业农村部总农艺师、发展规划司司长曾衍德先生，国家发展改革委农村经济司司长吴晓先生。下面，我们首先请邓小刚先生作介绍。

邓小刚：

　　女士们、先生们、媒体朋友们，大家上午好！很高兴在这里与大家见面，首先感谢各位媒体朋友一直以来对三农工作的关心和支持。

　　推进农业农村现代化是全面建设社会主义现代化国家的重大任务。党中央、国务院高度重视农业农村现代化建设，作出了一系列的战略部署和重大决策。近日，国务院印发了《"十四五"推进农业农村现代化规划》（简称《规划》），提出了未来5年农业农村现代化建设的思路目标和重点任务。这是落实党的十九届五中、六中全会精神和国家"十四五"规划纲要要求的具体安排，是首部将农业现代化和农村现代化一体设计、一并推进的规划，近期将公开发布。

　　《规划》由农业农村部、发展改革委牵头，会同中央和国务院32个部门编制，主要内容包括"十四五"农业农村现代化发展特征、战略导向、总体要求、主要目标、重点任务、重大工程、政策措施等。《规划》强调，要深入贯彻落实习近平总书记关于三农工作重要论述和重要指示批示精神，立足新发展阶段，完整、准确、全面贯彻新发展理念，构建新发展格局，坚持农业农村优先发展，以推动高质量发展为主题，以保供固安全、振兴畅循环为工作定位，深化农业供给侧结构性改革，把乡村建设摆在社会主义现代化建设的重要位置，实现巩固拓展脱贫攻坚成果同乡村振兴有效衔接；全面推进乡村产业、人才、文化、生态、组织振兴，加快形成工农互促、城乡互补、协调发展、共同繁荣的新型

工农城乡关系，促进农业高质高效、乡村宜居宜业、农民富裕富足。

《规划》提出，通过5年的努力，到2025年，农业基础更加稳固，乡村振兴战略全面推进，农业农村现代化取得重要进展。梯次推进有条件的地区率先基本实现农业农村现代化，脱贫地区实现巩固拓展脱贫攻坚成果同乡村振兴有效衔接。力争到2035年，乡村全面振兴取得决定性进展，农业农村现代化基本实现。

《规划》明确"十四五"推进农业农村现代化要聚焦7个方面重点任务，就是"三个提升、三个建设、一个衔接"。

聚焦"三个提升"，推进农业现代化。**第一个"提升"，即提升粮食等重要农产品供给保障水平**。这是推进农业农村现代化的首要任务。《规划》提出了稳定粮食播种面积、加强耕地保护与质量建设、保障其他重要农产品有效供给、优化农业生产布局、协同推进区域农业发展、提升农业抗风险能力等任务。

第二个"提升"，即提升农业质量效益和竞争力。推动高质量发展是"十四五"时期经济社会发展的主题。《规划》提出了强化现代农业科技支撑、推进种业振兴、提高农机装备研发应用能力、健全现代农业经营体系等任务。

第三个"提升"，即提升产业链供应链现代化水平。党的十九届五中全会对产业链供应链现代化作出了部署。结合农业农村实际，《规划》提出了优化乡村产业布局、推进乡村产业园区化融合化发展、发展乡村新产业新业态、推进农村创业创新等任务。

聚焦"三个建设"，推进农村现代化。**第一个"建设"，即建设宜居宜业乡村。**落实党的十九届五中全会实施乡村建设行动要求，《规划》提出了科学推进乡村规划、加强乡村基础设施建设、整治提升农村人居环境、加快数字乡村建设、提升农村基本公共服务水平、扩大农村消费等任务。

第二个"建设"，即建设绿色美丽乡村。《规划》把推进质量兴农、绿色兴农作为建设绿色美丽乡村的重要任务，着力推进农业标准化生产，加强农业面源污染防治，保护修复农村生态系统，提升绿色发展支撑能力，增加绿色生态、优质安全农产品供给。

第三个"建设"，即建设文明和谐乡村。《规划》统筹考虑乡村治理和乡风文明建设，提出完善乡村治理体系、提升农民科技文化素质、加强新时代农村精神文明建设等任务。

最后是聚焦"一个衔接"，就是巩固拓展脱贫攻坚成果，有效衔接全面推进乡村振兴。按照中央关于实现巩固拓展脱贫攻坚成果同乡村振兴有效衔接总体部署，《规划》提出巩固提升脱贫攻坚成果、提升脱贫地区整体发展水平、健全农村低收入人口和欠发达地区帮扶机制等任务，让脱贫地区加快赶上国家现代化步伐。

"十四五"推进农业农村现代化的蓝图已经绘就。农业农村部将会同有关部门，建立规划实施协调推进机制，明确任务分工，强化规划衔接，确保规划各项目标任务按时保质完成。下面，我与我的同事愿意回答大家的提问。

寿小丽：

下面进入提问环节，提问前请通报一下所在的新闻机构。请媒体朋友们开始提问。

中央广播电视总台央视记者：

"十三五"时期，国务院发布了全国农业现代化规划，请问编制实施《"十四五"推进农业农村现代化规划》有什么特殊的背景？《规划》有什么新的特点？谢谢。

邓小刚：

谢谢你的提问，这个问题我来回答。加强规划引领，是推进经济社会发展的重要措施，更是我国我党治国理政的重要方式。"十三五"时期，我们组织实施了全国农业现代化规划，聚焦重点、聚集资源，加强粮食产能建设，加快推进农业绿色转型，粮食等重要农产品供给能力和农业质量效益得到了稳步提升，农业现代化的建设取得了明显成效，为经济社会发展大局提供了有力的支撑。

"十四五"时期，三农工作重心已转向全面推进乡村振兴，加快中国特色农业农村现代化进程，这是三农工作任务的历史性转段，也对三农工作提出了新的要求。因此，编制好《规划》，具有特殊的重要意义。为什么这样讲？有以下几点。

一是立足新起点，接续推进农业农村现代化。脱贫攻坚战取得全面胜利，农村同步全面建成小康社会，农业农村发展实现了新的跨越，站到新的历史起点上，为加快推进农业农村现代化奠定了坚实基础。

二是着眼新阶段，科学谋划农业农村现代化。"十四五"时期是开启全面建设社会主义现代化国家新征程的第一个五年，也是加快农业农村现代化的重要战略机遇期。但挑战和机遇都有新的发展变化，需要我们加强前瞻性思考、全局性谋划、战略性布局、整体性推进。

三是统筹两个大局，系统部署农业农村现代化。当今世界正经历百年未有之大变局，中华民族伟大复兴进入了不可逆转的历史阶段。应对外部风险挑战、实现中华民族伟大复兴，最艰巨、最繁重的任务在农村，需要加快补上农业农村现代化的短板，稳住农业基本盘，守好三农基础。

把握新阶段、新形势、新要求，《规划》突出了3个特点。

第一，以实施乡村振兴战略为引领。农业农村现代化是实施乡村振兴战略的总目标。乡村振兴的过程，也是农业农村现代化的过程，两者目标一致，内涵相同。这次《规划》科学把握农业农村现代化和全面推进乡村振兴的逻辑关系，提出了坚持农业农村优先发展，全面推进乡村产业、人才、文化、生态、组织振兴，以保供固安全、振兴畅循环为工作定位，推动农业全面升级、农村全面进步、农民全面发展。

第二，以农民农村共同富裕为目标。在推进农业农村现代化过程中，实现农民农村共同富裕是一个核心目标，《规划》顺应农民群众对美好生活的向往，聚焦增加农民收入和提升农民生活品质，提出发展乡村富民产业、加强乡村基础设施建设、提升农民科技文化素质，着力缩小城乡发展差距、促进农业高质高效、乡村宜居宜业、农民富裕富足。

第三，以农业现代化和农村现代化一体设计、一并推进为路径。农业农村农民问题是一个不可分割的整体，农业现代化和农村现代化也密不可分。《规划》着眼城乡发展不平衡、农村发展不充分突出问题，把农业现代化和农村现代化作为一个整体来谋划，在产业发展、基础设施、生态保护、社会治理、乡风民风、深化改革、党的建设等方面综合施策，使二者同步推进，相得益彰。谢谢。

📷 **凤凰卫视记者：**

构建新发展格局，是今后一个时期中国经济社会发展的一个重大战略安排。请问在"十四五"时期推进农业农村现代化，如何落实构建新发展格局要求呢？谢谢。

🎙 **吴晓：**

我来回答这个问题。正如您刚才所说的，构建新发展格局是今后一个时期我国经济社会发展的一个重大战略安排。构建新发展格局，农业农村是基础和支撑，肩负着保障粮食等重要农产品的安全、夯实发展根基的重要使命。构建新发展格局，农业农村有潜力和空间，承担着发掘5亿多乡村居住人口的消费市场、落实扩大内需这个战略基点的重要任务。《规划》认真贯彻落实党中央、国务院关于构建新发展格局的部署和要求，坚持完整、准确、全面贯彻新发展理念，坚持在推进农业农村现代化全过程和各领域，推动形成供需互促、产销并进的良性循环，加快农业农村高质量发展，主动服务和积极融入新发展格局。具体讲，有这样6个方面。

第一，深化农业供给侧结构性改革。推进粮经饲统筹、农林牧渔协调，优化粮食品种结构，稳定发展优质粳稻，大力发展强筋、弱筋优质专用小麦，鼓励发展青贮玉米等优质饲草饲料，增加高油高蛋白大豆的供给。大力发展现代畜牧业，促进水产生态健康养殖，积极发展设施农业，因地制宜发展林果业，深入推进优质粮食工程。推进农业绿色转型，推动品种培优、品质提升、品牌打造和标准化生产，全面提升农业质量效益水平。

第二，强化现代农业的科技支撑。 围绕实现高水平的农业科技自立自强，深入推进农业科技创新，开展农业关键核心技术攻关，加强种质资源保护利用和种子库建设，有序推进生物育种产业化应用，培育壮大种业企业。强化大中型、智能化、复合型农业机械的研发应用，加强动物疫病和农作物病虫害的气象环境成因、传播机理、致病机制研究。完善农业科技创新体系，创新农技推广服务方式。

第三，优化现代乡村产业体系。 完善乡村产业布局，推动形成县城、中心镇、中心村功能衔接的产业结构，推进县域、镇域产业的集聚，促进镇村联动发展，培育壮大特色鲜明、类型丰富、协同发展的乡村产业体系，打造农业全产业链，加快农村产业融合发展，纵向延伸产业链条，横向拓展农业产业功能，多向提升乡村价值。大力发展乡村新产业、新业态，优化乡村休闲旅游业，培育乡村新型服务业，发展农村电子商务，推进农村创业创新，支持返乡、入乡、在乡创业，推进城市各类人才投身乡村产业发展。

第四，畅通城乡要素双向流动。 健全城乡融合发展机制，推进县域内城乡融合发展，促进城乡人力资源双向流动。优化城乡土地资源的配置，建立健全城乡统一的建设用地市场，引导社会资本投向农业农村，不断增强农业农村发展活力。改善县、乡、村三级物流配送体系，构建农村物流骨干网络，改造提升农村寄递物流设施，补齐农村物流基础设施短板，推进乡镇运输服务站的建设，完善农贸市场等传统流通网点，打造农村物流服务品牌，创新物流运营服务模式。

第五，推动农村居民消费梯次升级。 多措并举增加农民收入，发展壮大乡村富民产业，完善农民工就业支持政策，赋予农民更多的财产权利，提高农民土地增值收益分享比例，实施农村消费促进行动。鼓励有条件的地区开展农村家电更新行动，实施家具家装下乡补贴和新一轮汽车下乡。促进农村居民耐用消费品更新换代。大力实施乡村建设行动，改善乡村公共基础设施建设，提升农村基本公共服务的水平，建设宜居宜业的新家园。加强农村市场体系建设，健全商贸服务网络，优化农村消费环境。

第六，**推进农业高水平对外开放**。实施农产品进口多元化战略，稳定大豆、食糖、棉花等农产品国际供应链，发挥共建"一带一路"在扩大农业对外开放合作中的重要作用，深化多、双边的农业合作。围绕粮食安全、气候变化、绿色发展、水产等领域，积极参与全球农业科技合作，深度参与世界贸易组织涉农谈判和全球粮农治理。谢谢。

香港经济导报社记者：

我们注意到，国家"十四五"规划纲要首次把粮食综合生产能力纳入经济社会发展主要指标，目前社会各方面对确保粮食安全高度重视，请问，"十四五"时期推进农业农村现代化，如何保障国家粮食安全？谢谢。

曾衍德：

谢谢您的提问。这次国家"十四五"规划纲要把粮食安全作为国家安全的重要基础，进行了专题部署，体现了粮食安全"国之大者"的战略地位。近年来，我国粮食生产连年丰收，粮食安全总体有保障。也要看到，未来一个时期，我国粮食需求还将持续增长。专家测算，至少未来30年，粮食需求仍是一个增长的趋势，抓粮食生产的劲头只能紧不能松。落实党中央、国务院决策部署，也顺应粮食消费需求刚性增长的趋势，《规划》把保障粮食等重要农产品有效供给作为推进农业农村现代化的首要任务，专列一章进行系统安排，要稳定面积、提高单产、提升品质，巩固提升粮食产能。概括起来讲，就是"三个两"。

第一，**抓住"两个要害"**。要落实好"藏粮于地、藏粮于技"战略要求，抓好耕地和种子"两个要害"。一个是，抓紧抓实耕地这个命根子。《规划》着眼耕地数量保护和质量提升，提出坚守18亿亩耕地红线，加强耕地用途管制，坚决遏制耕地"非农化"、严格管控"非粮化"。同时提出要推进高标准农田建设，加强和改进耕地占补平衡管理，让好地多产粮、产好粮。另一个是，抓紧抓实种子这个农业的芯片。在有限耕地上多产粮，出路在科技，种子是核心。这些年，我们粮食单产有较大幅度提升，50%以上归功于品种改良。《规划》围绕种质资源保护、育种创新攻关、种业基地建设、种业企业培育、强化市场监管等方面，全面实施种业振兴行动，牢牢掌握国家粮食安

全主动权。

　　第二，调动"两个积极性"。一个是农民务农种粮的积极性，还有一个是地方政府重农抓粮的积极性。就是说，要让农民种粮有钱赚、多得利，让地方抓粮有义务、有责任。一个是，建立辅之以利的机制，就是完善粮食生产扶持政策。《规划》提出稳定种粮农民补贴，健全产粮大县支持政策体系，通过政策兜底助力提升农民种粮收益。另一个是，建立辅之以义的机制，就是落实粮食安全党政同责。《规划》提出健全完善粮食安全责任制，细化粮食主产区、产销平衡区、主销区考核指标，推动地方全面加强粮食生产、储备、流通、节粮减损能力建设，共同承担好维护国家粮食安全的政治责任。

　　第三，推进"两个创新"。这实质上是经营创新和机具创制创新，用现代化的手段来确保粮食安全。一个是，推进经营服务创新。《规划》提出要实施家庭农场培育计划和农民合作社规范提升行动，发展壮大农业专业化社会化服务组织，通过提高服务质量和水平，促进小农户种粮节本增效。另一个是，推进农业机具创制创新。《规划》提出推进粮食作物育耕种、管收贮等环节先进农机装备研制，加快推进品种、栽培、装备集成配套，促进良种良法配套、农机农艺融合，实现农机减损增粮。一句话，就是要提高农业机械化水平，实现机器换人。谢谢。

邓小刚：

谢谢你的提问，这个问题我来回答。我国人多地少，这是我国的国情、农情，编制农业农村现代化的规划，我们可以借鉴发达国家有益经验和模式，但必须立足于中国国情、农情，体现中国特色，只有这样的《规划》，才符合实际，才能够避免水土不服，才能够真正落到实处。

在推进农业农村现代化过程中，我们认真把握好以下几点。这几点主要是考虑到，我们国家的农业农村现代化是什么样的农业农村现代化，这体现在以下几个方面。

第一，是保障国家粮食安全前提下的现代化。 刚才曾衍德同志就粮食问题作了回答，在这里我也讲一讲。我国人口众多，粮食需求量超大。这个基本的现实，决定了不能依靠别人来保障粮食安全。《规划》提出要坚持立足国内解决中国人的吃饭问题，做到既保数量，又保多样、保质量，以国内稳产保供的确定性应对外部环境的不确定性，要牢牢守住国家粮食安全这个底线。《规划》一直坚持落实好习近平总书记强调的"中国人的饭碗任何时候都要牢牢端在自己手上，我们的饭碗应该主要装中国粮"。

第二，是农村土地集体所有制基础上生产力发展进步的现代化。 我国实行农村土地农民集体所有、家庭承包经营的农村基本经营制度，从根本上保证广大农民平等享有基本的生产资料，这是我国社会主义公有制在农村的最重要体现。《规划》提出巩固和完善农村基本经营制度，坚持农村土地集体所有、家庭承包经营基础地位不动摇的基础上，大力发挥新型农业经营主体对小农户的带动作用，健全农业专业化、社会化服务体系，从而引导小农户进入现代农业发展轨道。

第三，是迈向城乡融合发展的现代化。 在现代化进程中，如何处理好工农关系、城乡关系，在一定程度上决定了现代化的成败。即使未来我国的城镇化率达到了70%以上，我国农村仍有4亿多农民，这就要求既建设好城市，也必须同步建设好乡村。《规划》提出遵循城乡发展建设规律，把县域作为城乡融合发展的重要切入点，有序推进乡村建设，促进农村基础设施建设和基本公共服务向村覆盖、往户延伸，实现城乡协调发展，共同繁荣。

第四，是物质文明和精神文明相协调的现代化。让农民过上现代文明的生活，不仅要有"硬件"建设，更要有良好的"软件"环境。《规划》提出坚持物质文明和精神文明一起抓，加强和创新乡村治理，保护、传承好优秀传统文化，推进农村思想道德建设，推动形成文明乡风、良好家风、淳朴民风。

第五，是促进农民农村共同富裕的现代化。促进共同富裕短板弱项依然是农民农村，没有农民农村的共同富裕，就没有整个国家、全体人民的共同富裕。《规划》把提高农民收入、促进农民农村共同富裕摆在突出的位置，提出推进农业全产业链开发，提高农民科技文化素质和就业技能，巩固拓展脱贫攻坚成果，接续全面推进乡村振兴，使更多农村居民能够勤劳致富，稳定进城农民工就业增收，推动全体人民共同富裕迈出坚实步伐。

第六，是人与自然和谐共生的现代化。农业是个生态产业，农村是生态系统的重要一环。我国人均水土资源匮乏且匹配性较差，决定了农业农村现代化不能走依赖资源消耗的粗放式发展道路。《规划》提出加快形成绿色低碳生产生活方式，促进资源节约、环境友好。更加重视依靠科技进步，用现代物质技术装备弥补水土资源禀赋的先天不足。

为突出上述6个特色，《规划》在开篇安排了"发展特征"和"战略导向"两节内容，这是《规划》的一个创新，也是一个亮点。在发展特征上，是在深刻分析农业农村现代化一般规律和我国特殊国情、农情的基础上，从理论层面作出的系统阐述。在战略导向上，是在系统梳理习近平总书记关于三农重要论述和党中央、国务院关于农业农村现代化新理念、新部署基础上，从实践层面提出的政策要求。两者相辅相成、有机结合，是当前和今后一个时期推动农业农村现代化的基本依据。形象地说，这两节是《规划》的"魂"，摆在《规划》的开篇突出位置，就是解决我国农业农村现代化的本质属性和方向道路问题，引领"十四五"农业农村现代化发展。谢谢。

近年来数字化发展日新月异，成为现代化的一个重要方向。请问《规划》在推进农业农村数字化方面有哪些考虑？谢谢。

曾衍德：

这是一个大家很关注的问题。的确，当前以数字经济为代表的新动能加速孕育形成，数字技术与农业农村也在加速融合，不断涌现出新技术、新产品、新模式。"十四五"时期，推进农业农村数字化发展，重点是完善农村信息技术基础设施建设，加快数字技术推广应用，让广大农民共享数字经济发展红利。《规划》围绕数字赋能农业农村现代化建设，重点在3个方面作出安排。

第一，**建强基础设施**。《规划》一手抓新建、一手抓改造，提出推动农村千兆光网、5G、移动物联网与城市同步规划建设，提升农村宽带网络水平，推动农业生产加工和农村基础设施数字化、智能化升级。

第二，**发展智慧农业**。《规划》提出建立和推广应用农业农村大数据体系，推动物联网、大数据、人工智能、区块链等新一代信息技术与农业生产经营深度融合，建设一批数字田园、数字灌区和智慧农牧渔场，不断提高农业发展数字化水平，让农业资源利用更加合理，农业经营管理更加高效。

第三，**建设数字乡村**。《规划》提出的构建线上线下相结合的乡村数字惠民便民服务体系，推进"互联网＋"政务服务向农村基层延伸，深化乡村智慧社区建设，促进农村教育、医疗、文化与数字化结合，提升乡村治理和服务的智能化、精准化水平。谢谢。

📷 **哈萨克斯坦24kz电视台记者：**

按照《"十四五"推进农业农村现代化规划》，中国政府在防止旱灾和荒漠化方面会采取什么样的措施？包括在高新技术方面的措施。谢谢。

曾衍德：

谢谢您的提问，感谢您关注中国的农业农村发展。关于农业抗灾这一块，我想说明一点，农业是经济生产与自然生产交汇，灾害的发生是频繁的，关键看发生在什么时段、什么季节、什么区域。从我们今年的情况看，总体讲，农业灾害轻于常年，但是局部受灾很重。比如说今年的粮食主产省河南洪灾很重，西北部分地区伏旱较重。但是有一点，我们的农业抗灾救灾力度很大，成效也很大。前几天国家统计局公布了数据，我们今年粮食又获得大丰收，增产267亿斤，这就证明我们农业的抗灾救灾工作成效很大。我想，农业抗灾减灾有几点经验是值得总结的。

第一，主动防灾。 在机制上，每年气象、水利、农业等部门加强协调配合，提早预警，应对重大气象灾害及早制订方案。应对"拉尼娜"现象对今冬和明年农业生产的影响，我们也提出了预案。我们主动防灾的工作抓得紧、抓得实。

第二，及时救灾。 中国的制度优势是发生灾害以后第一时间政府部门、技术部门到位，全面排查灾情、制定应急救灾方案。这套工作机制，在及时救灾上是做得最实在、最有成效的，包括今年河南部分地区遇到洪涝特大灾害的时候，措施就很及时。

第三，科学抗灾。 每次发生灾害，抗灾方案都是专家提出的，比如说改种能改什么、不能改什么，一是农民要愿意种，这个时段能种、这个区域能种；二是这个产品有市场，如果农民没有收益、卖不出去也不行。同时，我们还主动从技术角度，集成应用从品种到农艺结合的科学技术，在抗灾上的成效也很好。我们这一套技术模式和做法经验，支撑了我们这些年粮食连年丰收取得很大的成效。

第二个问题，治沙是个很大的问题，属于生态问题，也是国际上公认的世界性难题。这些年中国的治沙成果在世界上是最好的。这10多年，世界上绿化面积增加最多的就是中国，这里面有很大的因素就是治沙的成效。现在看，在西部治沙成果中最主要的经验就是先进技术，现在西部的草原，包括高速路的两边，治沙防沙一套技术模式很好。像我们内蒙古鄂尔多斯的库布齐沙漠，治沙成效很大，这是一个生态建设问题，对农村生态环境影响很大。总的是要坚持山水林田湖草沙系统治理，这一块还有另外的部署，这里只是说我们工作做得很有成效。谢谢。

这几年城乡关系有一些新的变化，给农业农村发展注入了新的活力，在现代化推进过程中也离不开城乡融合发展，请问《规划》对此有什么考虑，"十四五"时期有什么具体安排？谢谢。

📢 **吴晓：**

我来回答这个问题。城镇和乡村是互促互进、共生共存的，加快推进农业农村现代化，必须走城乡融合发展之路。

党的十九大和十九届五中全会对健全城乡融合发展体制机制作出了全面部署，"十四五"规划纲要也明确提出，要建立健全城乡要素平等交换、双向流动的政策体系，促进要素更多向乡村流动，增强农业农村发展活力。所以，《规划》深入贯彻落实党中央、国务院决策部署，将县域作为城乡融合发展的重要切入点，以保障和改善农村民生作为优先的方向，强化以工补农、以城带乡，加快建立健全城乡融合发展的体制机制和政策体系，推进公共资源县域统筹，推动城乡协调发展、共同繁荣。主要有以下几点。

一是加快农业转移人口市民化。统筹推进户籍制度改革和城镇基本公共服务常住人口全覆盖，重点是放开、放宽除个别超大城市外的城市落户限制，并以居住证为载体，实现城镇基本公共服务全覆盖。健全农业转移人口市民化配套政策体系，完善财政转移支付与农业转移人口市民化挂钩的相关政策。建立城镇建设用地年度指标分配同吸纳农村转移人口落户数量和提供保障性住房规模挂钩机制。加快推动农业转移人口全面融入城市。依法保障进城落户农民农村土地承包权、宅基地使用权、集体收益分配权，建立农村产权流转市场体系，健全农户"三权"市场化退出机制和配套政策。

二是推进县域内城乡融合发展。推进以县城为重要载体的城镇化建设，推进县城公共服务、环境卫生、市政公用、产业配套等设施提级扩能，增强综合承载能力和治理能力，赋予县级更多的资源整合使用权，强化县域综合服务能力，增强县城集聚人口功能，促进农村在县域内就近就业、就地城镇化。增强县乡村统筹，推进县域内公共设施统一规划、统一建设、统一管护，促进县域内基本公共服务标准统一、制度并轨。积极推进扩权强镇，规划建设一批重点镇，把乡镇建设成为服务农民的区域中心。

三是要畅通城乡要素流通渠道。打通城乡要素自由流动的制度性通道，形成乡村人才、土地、资金、产业汇集的良性循环。促进城乡人力资源双向流动，建立健全乡村人才振兴体制机制，完善人才引进、培养、使用、评价和激励机制。优化城乡土地资源配置，建立健全城乡统一的建设用地市场，规范开展城乡建设用地增减挂钩，建立土地征收公共利益认定机制，稳妥有序推进农村集体经营性建设用地入市。健全农村金融服务体系，加快完善中小银行和农村信用社治理结构，保持农村中小金融机构县域法人地位和数量总体稳定，引导金融资本优先支持农业农村发展。建立工商资本入乡促进机制，探索在政府引导下工商资本与村集体的合作共赢模式。推进县、镇、村联动发展，强化县域统筹，推动形成县城、中心镇、中心村功能衔接的乡村产业结构布局，加快农村一二三产业融合发展，把产业链主体留在县域，把就业机会和产业链增值收益留给农民。谢谢。

📷 **寿小丽：**

时间关系，最后一个问题。

📷 **界面新闻记者：**

过去谈农业现代化比较多，大家对农业现代化有一些认识，那么现在提出农业农村现代化，它有哪些更丰富的内涵和外延？谢谢。

📟 **曾衍德：**

谢谢你的提问，这是一个很重要的问题。过去我们一直提的是农业现代化，还有一些形象的描述，比如说水利化、机械化、电气化，这些大家都耳熟能详。现在提出农业农村现代化，内涵、外延都有拓展，内容更加丰富。

习近平总书记在去年年底召开的中央农村工作会议上指出，举全党全社会之力推动乡村振兴，促进农业高质高效、乡村宜居宜业、农民富裕富足。这一重要论断，深刻阐释了新时代中国特色农业农村现代化的核心要义，鲜明提出了农业农村发展的方向目标，既体现三农发展规律、又符合农业农村实际，既准确科学，又形象生动，是农业农村现代化的重大理论创新。学习领会习近平总书记重要指示精神，农业农村现代化的内涵体现在以下三点：

第一，促进农业高质高效。《规划》围绕保供给、提质量、增效益，提出夯实农业基础、强化科技支撑、创新经营方式，推动农业设施化、园区化、融合化、绿色化、数字化水平大幅提升，这是实现农业现代化的根本要求。

第二，促进乡村宜居宜业。《规划》围绕强设施、优服务、美环境，提出加快补齐农村基础设施和基本公共服务短板，改善农村生态环境，提高乡村治理效能，这是农村现代化的重要标志。

第三，促进农民富裕富足。《规划》提出多渠道增加农民收入，提高农民科技文化素质，加强农村精神文明建设，让广大农民平等参与现代化进程，这是农业农村现代化的核心目标。

根据上述内涵要义，我们研究提出农业农村现代化实现路径，大体可以概括为"八化"，一定意义上讲也是农业农村现代化的外延。在农业方面，一个是生产设施化，这主要包括农田设施和配套水利设施。二是社会服务化，重点是覆盖农业全产业链的社会化服务体系。三是产业融合化，重点是农村一二三产业融合发展成为重要形态。这"三化"是农业现代化的关键支撑。在农村方面，一是生活便利化，重点是农村生活设施配套完善，基本公共服务实现均等化。二是环境绿色化，重点是山水林田湖草沙系统治理，农村人居环境明显改善，绿色低碳生产生活方式广泛推行。三是治理高效化。这"三化"是农村现代化的集中体现。在农民方面，一个是农民技能化，再一个是乡风文明化，这"两化"主要反映农民能力素质和精神面貌。这"八化"相辅相成、融为一体，共同构成农业农村现代化的外延。

此外，过去我们讲现代化，有几句比较通俗的话，比如"楼上楼下、电灯电话"，后来脱贫攻坚讲"两不愁三保障"，这都很好记，也简单。现在我们也尝试提出几句朗朗上口、比较贴切的话来描述农业农村现代化。第一句话是"旱涝保收"。我们提出不光是灌排问题，也包括机械装备、实用技术装备等物质条件，表达了农业"生产"的现代化。第二句话是"生活无忧"。

我们提出现代化不仅是吃饱穿暖，还包括医疗、社保、教育等方面有大的改善，这体现了农民"生活"的现代化。第三句话是"山清水秀"。人居环境改善，面源污染治理，田园风光醉人，这表明了乡村"生态"的振兴和优良。最后一句话是"尊老爱幼"。这既符合传统美德，也是精神文明的一个综合体现。谢谢。

寿小丽：

谢谢邓小刚副部长，谢谢各位发布人，也谢谢各位记者朋友，今天的政策例行吹风会就到这里，大家再见！

6. 落实党的十九届五中全会精神全面推进乡村振兴有关情况新闻发布会

一、基本情况

落实党的十九届五中全会精神全面推进乡村振兴有关情况新闻发布会

时　间	2021年1月13日（星期三）上午10时	
地　点	国务院新闻办公室新闻发布厅	
主　题	介绍落实党的十九届五中全会精神，全面推进乡村振兴有关情况	
发布人	农业农村部副部长	刘焕鑫
	农业农村部发展规划司司长	曾衍德
	农业农村部政策与改革司一级巡视员	赵长保
主持人	国务院新闻办公室新闻局副局长、新闻发言人	寿小丽

二、现场实录

📷 **寿小丽:**

　　女士们、先生们,大家上午好!欢迎出席国务院新闻办新闻发布会。今天我们非常高兴邀请到农业农村部副部长刘焕鑫先生,请他为大家介绍落实五中全会精神,全面推进乡村振兴有关情况,并回答大家感兴趣的问题。出席今天新闻发布会的还有农业农村部发展规划司司长曾衍德先生,农业农村部政策与改革司负责人赵长保先生。下面,首先请刘焕鑫先生作介绍。

🎙 **刘焕鑫:**

　　女士们、先生们,新闻界的朋友们,大家上午好!很高兴在这里与大家见面,感谢各位媒体朋友一直以来对三农工作、对乡村振兴的关心和支持。

　　实施乡村振兴战略是党的十九大作出的重大决策部署。乡村振兴是包括产业振兴、人才振兴、文化振兴、生态振兴、组织振兴的全面振兴,这一战略的总要求是产业兴旺、生态宜居、乡风文明、治理有效、生活富裕。3年多来,各地各有关部门按照党中央、国务院的部署要求,聚焦重点、聚集资源、聚合力量,全力抓好各项措施落实,乡村振兴实现了良好开局。主要标志:一是保供能力稳步提升,粮食产量连续6年超过1.3万亿斤,生猪产能基本恢复到常年水平,其他农产品市场供应充足。二是农民收入连年增长,提前一年实现比2010年翻一番目标,城乡居民收入比不断缩小,决战脱贫攻坚取得决定性胜利。三是农村生态建设得到加强,村容村貌明显改善,农村人居环境整治三年行动取得重要成果,卫生厕所普及率超过68%。四是农村教育、文化、卫生等社会事业全面发展,城乡协调发展的格局正在形成。

　　当前,我国已开启全面建设社会主义现代化国家新征程,三农工作转入全面推进乡村振兴、加快农业农村现代化新阶段。党的十九届五中全会审议通过了《关于制定国民经济和社会发展第十四个五年规划和二〇三五年远景目标的建议》,对全面推进乡村振兴作出具体部署。习近平总书记在2020年中央农村工作会议上强调,民族要复兴,乡村必振兴。这一重要论断,深刻

阐释了社会主义现代化强国建设的内在要求，为全面推进乡村振兴提供了根本遵循。贯彻党的十九届五中全会精神，全面推进乡村振兴，当前和今后时期重点抓好以下4个方面工作。

第一，**提升粮食等重要农产品供给保障水平**。只有端牢中国人的饭碗，乡村振兴基础才牢固。要深入实施"藏粮于地、藏粮于技"战略，抓住种子和耕地两个"要害"，守住18亿亩耕地红线，加强高标准农田建设，打好种业翻身仗。建设国家粮食安全产业带，加强粮食生产功能区和重要农产品生产保护区建设。推动落实粮食安全党政同责，确保粮食面积稳定、产能稳步提升。

第二，**大力发展乡村产业**。乡村振兴，产业兴旺是重点。要发展农产品加工业，引导加工企业重心下沉，把更多的就业机会和增值收益留在农村、留给农民。大力发展乡村特色产业，增加绿色优质农产品供给，满足城乡居民多样化需求。发掘乡村多种功能，发展乡村旅游、休闲康养、电子商务等新产业、新业态，拓展农民就业增收空间。推进农村创业创新，培育返乡农民工、入乡科技人员、在乡能人等创业主体，增强乡村产业发展动能。

第三，**实施乡村建设行动**。加强乡村建设是实施乡村振兴战略的重要任务，也是国家现代化建设的重要内容。要实施村庄道路、农村供水安全、新一轮农村电网升级改造、乡村物流体系建设、农村住房质量提升等一批工程项目，改善乡村基础设施条件。持续推进县、乡、村基本公共服务一体化，推动教育、医疗、文化等公共资源在县域内优化配置。实施农村人居环境整治提升五年行动，建设美丽宜居乡村。

第四，加强和改进乡村治理。治理有效，是乡村振兴的重要保障。要突出加强农村基层党组织建设，创新乡村治理方式，加强社会主义精神文明建设。大力弘扬和践行社会主义核心价值观，提高农民科技文化素质，推动形成文明乡风、良好家风、淳朴民风。

下面，我和我的同事愿意回答大家的提问。谢谢！

寿小丽：

下面我们进入提问环节，提问前请通报所在的新闻机构。请记者朋友们开始提问。

中央广播电视总台央视记者：

十九届五中全会提出了2035年的远景目标，提出要基本实现新型工业化、信息化、城镇化和农业现代化，请问现在我国的农业现代化处于什么阶段？今后一个时期如何加快推进？

刘焕鑫：

这个问题提得很好。加快农业现代化步伐，既是实现"四化同步"发展的客观需要，也是乡村产业振兴的必然要求。党的十八大以来，特别是"十三五"以来，我们持续深化农业供给侧结构性改革，不断加强现代农业建设，取得了明显成效。

一是设施水平稳步提升。现在累计建成高标准农田8亿亩，这是我们的目标，到2020年建成8亿亩高标准农田，目标已经实现。2018年以来，每年发展高效节水灌溉2 000万亩以上。

二是科技支撑明显增强。农业科技进步贡献率超过60%，农作物良种覆盖率稳定在96%以上，耕种收综合机械化率达到71%。这几个指标都是反映了科技对农业的支撑作用。

三是绿色发展实现关键转折。畜禽粪污综合利用率超过75%，农作物、化肥农药施用量连续4年负增长。这些数字直观反映了，我国农业发展进入了装备支撑、创新驱动、绿色引领的新阶段，为基本实现农业现代化奠定了坚实的基础。

当前和今后一个时期，贯彻五中全会精神，将重点从以下3个方面，加快推进农业现代化。主要是加快3个体系的建设。

第一，推进一二三产业融合发展，加快产业体系现代化。说一千道一万，产业发展是关键，发展乡村产业是实现乡村振兴的基础和前提，重点是建设"三链"，即延伸产业链，大力发展农产品加工业；贯通供应链，完善农产品流通设施；提升价值链，发展新产业、新业态。

第二，加强现代农业物质技术装备建设，加快生产体系现代化。重点推进"四化"，即推进设施化，切实改善田间生产条件；推进机械化，研发推广实用高效农机；推进绿色化，大力发展生态循环农业；推进数字化，着力打造智慧农业。

第三，培育壮大新型经营主体，加快经营体系现代化。重点培育4类经营主体：推动家庭农场高质量发展，提高规模经营效益；促进农民合作社规范提升，增强为农服务能力；大力培育专业化、社会化服务组织，带动小农户和现代农业有机衔接；做大做强龙头企业，健全完善联农带农机制。

总之，加快推进农业现代化就是要大力推进产业体系现代化、生产体系现代化、经营体系现代化。谢谢。

📷 **海报新闻记者：**

随着人民生活水平的提高，老百姓对农产品的需求更多地从吃得饱转向吃得好、吃得放心，十九届五中全会也强调要保证粮、棉、油、糖、肉等重要农产品的供给安全，请问"十四五"期间农业农村部门将采取哪些措施？谢谢。

📷 **曾衍德：**

保障粮、棉、油、糖、肉等重要农产品的有效供给，这是农业农村部门的重点工作，也是农业农村现代化的首要任务。这些年经济发展了，生

活水平提高了，城乡居民对农产品的需求增加了，需求呈现出个性化、多样化的特点。适应这一新变化，农业生产既要保数量，也要保多样、保质量。"三保"是习近平总书记对农业工作提出的新要求。贯彻总书记的指示要求和中央部署，当前和今后一个时期，我们重点抓好以下3方面工作。

第一，要加强产能建设保数量。就是要深入实施好"藏粮于地、藏粮于技"战略，巩固提升农业综合生产能力，打牢粮食安全的基础。重点抓好两个方面，一个是加强耕地保护和质量提升，就是要落实最严格的耕地保护制度，要像保护大熊猫一样保护耕地，守住18亿亩耕地红线。同时要遏制耕地"非农化"、防止"非粮化"，要改善农田设施基础条件，加快建设高产稳产、旱涝保收的高标准农田。另一个是提升科技支撑能力，一项重要任务就是要打好种业翻身仗，着力攻克核心种源"卡脖子"技术，自主培育一批突破性的新品种，同时还要加快技术集成创新，推进农机农艺融合，良种良法配套，给农业插上科技的翅膀。

第二，要优化生产结构保多样。我们要通过强化规划引领，实施重要农产品区域布局和生产供给方案，建设粮食生产功能区、重要农产品生产保护区和特色农产品优势区，要优化品种结构，重点要增加高油、高蛋白大豆和饲用玉米、优质水稻及强筋、弱筋优质小麦供给，我们还要统筹抓好棉油糖、肉蛋奶、果菜鱼等重要农副产品生产，扩大油料生产，加快发展肉牛、肉羊，持续推进奶业振兴，通过这些措施满足消费者多样化需求。

第三，要推进"三品一标"保质量。我们提出要坚持质量兴农、绿色兴农、品牌强农，增加优质绿色产品的供给，重点是抓好两个"三品一标"，一个是在产品方面大力发展绿色、有机、地理标志农产品，推行食用农产品达标合格证制度；另一个是在生产方式上要推动品种培优、品质提升、品牌打造和标准化生产，提升农产品的质量效益和竞争力。谢谢。

📷 **凤凰卫视记者：**

这几年乡村面貌发生了哪些变化？中共十九届五中全会提出实施乡村建设行动，不少网友对此十分关心，请问实施乡村建设行动有什么考虑呢？谢谢。

🖌 **曾衍德：**

党的十八大以来，乡村建设全面提速，农村生产生活条件明显改善，乡村面貌发生了较大变化。一是乡村的路通畅了。具备条件的建制村全部通硬化路。二是用水方便了。农村自来水普及率达到83%。三是卫生条件改善了。农村卫生厕所普及率超过68%，生活垃圾收运处置体系覆盖90%以上的行政村。四是通信快捷了。全国行政村通光纤、通4G网络比例均超过98%，用两句话来概括：村容村貌变美了，生活环境变好了。

但乡村仍然存在一些薄弱环节和短板，需要不断地加强建设、持续改善，让农民过上更加美好的生活。党的十九届五中全会提出实施乡村建设行动，这是党中央关心农村、关爱农民的重要体现和重大部署。我们正会同有关部门，制定实施方案，尽快启动，加快建设。

初步考虑重点是抓好以下工作。

第一，加快推进村庄规划。坚持规划引领、有序推进，统筹县域内城镇和村庄规划建设，科学布局乡村生产、生活、生态空间，分类推进村庄建设，保护好传统村落和乡村特色风貌。

第二，**加强乡村基础设施建设**。按照建设美丽宜居乡村的要求，全面改善农村水、电、路、气、房、讯等设施条件，特别是在往村覆盖、往户延伸上下功夫，支持5G、物联网等新基建向农村覆盖延伸，重点改善通自然村道路和冷链物流等基础设施，探索建立长效管护机制，推动实现城乡居民生活基本要件大体相当。

第三，**强化公共服务功能**。适应农村人口结构和经济社会形态的变化，持续推进县乡村公共服务一体化，强化县城综合服务能力，加强乡镇为农服务中心建设，提升城乡公共服务均等化水平。

第四，**整体推进人居环境整治**。启动实施农村人居环境整治提升五年行动，加快中西部地区农村户用厕所改造，加快推进农村生活污水治理，全面提升农村生活垃圾治理水平，建立美丽宜居宜业乡村。谢谢。

经济日报社记者：

从今年开始，脱贫摘帽地区将全面转向乡村振兴，在巩固脱贫攻坚成果同乡村振兴有效衔接方面有哪些考虑？谢谢。

刘焕鑫：

关于脱贫攻坚之后究竟怎么做，社会各方面都十分关注。中央已经作出了决策部署，在打赢脱贫攻坚战之后，要把工作重心转向全面推进乡村振兴。下一步，我们在巩固拓展脱贫攻坚成果同乡村振兴有效衔接上，主要是守住一条底线、健全一套政策、壮大一批产业。

守住一条底线，就是不发生规模性的返贫。健全防止返贫动态帮扶和监测机制，对脱贫不稳定户、边缘易致贫户，以及因病、因灾等导致基本生活严重困难户开展动态监测，及时纳入帮扶政策范围。为脱贫地区设立了5年过渡期，与"十四五"规划相衔接，保持主要帮扶政策总体稳定，"扶上马"后再"送一程"。在西部地区确定一批乡村振兴重点帮扶县，进行集中支持，增强其巩固脱贫成果及内生发展动力。

健全一套政策，就是推动政策举措平稳转型支持乡村振兴。把脱贫攻坚期内形成的组织动员、要素保障、政策支持、协作帮扶、考核督导等一系列政策举措和机制办法借鉴、应用到乡村振兴上来。特别是做好财政投入、金融服务、土地支持等政策衔接，推进领导体制、工作力量、规划实施、项目建设和考核督导的有效衔接，建立上下贯通、精准施策、一抓到底的乡村振兴工作体系。

壮大一批产业，就是推进脱贫地区特色产业持续发展。 稳定加强产业发展扶持政策、举措，引导和支持以县为单位，规划发展乡村特色产业，实施特色种养业提升行动，完善全产业链支持措施，加快农产品和食品仓储保鲜、冷链物流设施建设，建设一批产业园、科技园和产业融合发展示范园，推动产业特色化、品牌化、绿色化、融合化发展，提高市场竞争力和抗风险能力。

打赢脱贫攻坚战是党中央作出的重大战略部署。经过8年的持续奋斗，决战脱贫攻坚取得决定性胜利，这是我国经济社会发展的历史性成就，也是世界减贫史上的中国奇迹。党中央审时度势作出三农工作重心转向全面推进乡村振兴的战略决策。下一步，我们要按照党的十九届五中全会的要求，把巩固拓展脱贫攻坚成果同乡村振兴有效衔接的各方面工作做好，做得更扎实。谢谢大家。

📷 每日经济新闻社记者：

此前农业农村部部长唐仁建接受媒体采访时表示，要推动小农户与现代农业有机衔接这一重大课题，各方面做了很多探索，但还没有完全破题。请问截至目前相关部门形成了哪些探索经验？还存在哪些障碍？谢谢。

🖌 赵长保：

首先谢谢你的提问。党中央、国务院一直高度重视发挥小农户家庭经营在现代农业发展中的作用，习近平总书记多次强调"大国小农"是我国的基本国情、农情，要注重解决小农户生产经营面临的困难，把他们引入现代农业发展大格局。2019年中办国办印发了《关于促进小农户和现代农业发展有机衔接的意见》，2020年3月农业农村部印发了《新型农业经营主体和服务主体高质量发展规划（2020—2022年）》，都对扶持提升小农户发展能力作出了

全面部署。从实践上看，支持小农户发展是"三管齐下"。

一是推动有长期稳定务农意愿的普通农户适度扩大经营规模，发展成为家庭农场等现代经营主体。二是发挥专业化社会化服务体系的作用，解决小农户生产经营面临的困难和问题，带动小农户共同发展。三是提升小农户的经营能力，提高他们的自我发展能力。

党的十九届五中全会再次强调要实现小农户和现代农业有机衔接，下一步，农业农村部将认真贯彻落实党中央、国务院决策部署，重点在3个方面做好工作。

一是始终重视小农户。按照服务小农户、提高小农户、富裕小农户的要求，在政策制定、工作部署、财力投放等方面加大工作力度，实现好、维护好、发展好小农户的利益。

二是防止排挤小农户。加快构建扶持小农户发展的政策体系，强化政策针对性和可操作性，注重惠农政策的公平性和普惠性，防止人为垒大户，排挤小农户。

三是注重带动小农户。统筹兼顾扶持小农户和培育新型农业经营主体，发挥新型农业经营主体对小农户的带动作用，引导小农户开展合作与联合，提高组织化程度，提高小农户的发展能力。谢谢。

现在农民通过电商平台卖农产品，农民的实际收入增加了吗？谢谢。

曾衍德：

谢谢您的提问。农村电商现在是扩大农产品销售的一种形式，对增加农民收入带来了很大的促进作用。从目前看，农民收入中，经营性收入占30%多一点，务工收入占45%左右，家庭经营收入主要靠农产品销售，通过电商销售农产品成为农民增收的一个亮点。2019年，全国农产品网络销售额接近4 000亿元，直播电商迅速兴起，许多农民通过短视频或直播销售自家农产品，卖出了好价钱，积极推动农民增收。从今后一个时期看，电商对农民增收将会有更大促进作用。

第一，**通信设施改善了。**目前4G网络覆盖98%的行政村，包括现在的一些贫困地区基本都覆盖到。下一步，新基建、5G也要向农村延伸，我们提出往村覆盖、往户延伸。这些硬件设施改善以后对农产品电商发展提供很大支撑。

第二，**农村创新创业更加活跃了。**现在农村创新创业有很多形式，很多返乡农民工创业，入乡科技人员创业，很多农村电商就是入乡、返乡的创业人员带动的。目前农村创业创新人员首次突破1 000万，很大一部分是开展新产业、新业态，这是支撑农村电商产业发展的重要力量。

第三，**农村的物流条件好了。**鲜活农产品包括一些边远地区小而精的特色产品，现在通过电商网络很快、很直接地送到消费者手里。

电商发展呈现非常好的势头，我们坚信今后一个时期随着建设"数字中国"的加速，农村电商快速发展将带动农民增收，也会推动农业转型升级。谢谢。

十九届五中全会对深化农村改革作出了专门部署，请问在全面推进乡村振兴过程中，继续深化农村改革的总体思路和重点任务是什么？谢谢。

■ 赵长保：

感谢您的提问，改革是乡村振兴的重要法宝，党的十八大以来，以习近平同志为核心的党中央高度重视农村改革，逢山开路、遇河架桥，作出了一系列重大部署，出台了一系列改革方案，实施了一批纵深突破的改革试点，建立了一批成熟定型的法律制度，有效激发了农村资源要素活力，增强了农村发展内生动力。

比如农村产权制度改革不断深化，新型农业经营体系加快构建，农业支持保护制度逐步完善，乡村治理体系建设取得明显成效，城乡融合发展迈出了坚实步伐。农村改革不断深化，让广大农民群众有了更多获得感、幸福感和安全感。新时代推进农业现代化、全面推进乡村振兴还要通过深化改革进一步激活农村资源要素活力，破解制约农业农村发展的制度障碍。

下一步，农业农村部将按照党中央、国务院决策部署，谋划和推动新一轮农村改革。以处理好农民和土地关系为主线，以推动小农户和现代农业有机衔接为重点，着力激发农业农村发展活力，为全面推进乡村振兴提供更有力的制度支撑。重点在4个方面。

第一，巩固和完善农村基本经营制度。保持农村土地承包关系稳定并长久不变，扩大第二轮土地承包再延长30年试点，完善承包地"三权"分置制度，发展多种形式的适度规模经营。

第二，持续深化农村产权制度改革。全面推进农村集体经营性资产股份合作制改革，发展新型农村集体经济，稳慎推进农村宅基地制度改革，推动农村集体经营性建设用地入市，增加农民财产性收入，推动共同富裕。

第三，调整优化支农政策。健全农业支持保护制度，完善粮食主产区利益补偿机制，构建面向农业农村发展需求的现代农村金融体系。

第四，加快推动城乡融合发展。把县域作为城乡融合发展的重要切入点，加快推动土地、劳动力等要素市场化改革和户籍制度改革取得新突破，促进城乡要素平等交换、双向流动，让农民平等分享城镇化、现代化的发展成果。谢谢。

党的十九届五中全会提出，推动形成工农互促、城乡互补、协调发展、共同繁荣的新型工农城乡关系，加快农业农村现代化，请问此次提出的新型工农城乡关系，"新"在哪里？如何构建新型城乡关系，加快实现农业农村现代化？谢谢。

刘焕鑫：

在推进农业农村现代化过程中，如何处理好工农关系、城乡关系，在一定程度上决定着现代化的成败。实施乡村振兴战略，不能就乡村论乡村，必须走城乡融合发展之路，投入更多资源力量优先发展农业农村，确保农村在现代化进程中不掉队、赶上来。五中全会提出要构建新型的工农城乡关系，按照五中全会的要求，我们在以下几个方面做好工作。

第一，**聚焦县域内城乡融合发展**。把县域作为城乡融合发展的重点，推动基础设施和公共服务县、乡、村一体化，积极引导在县内就业的农民工就地城镇化。增强县城综合服务能力，把乡镇建成服务农民的区域中心，推动供水、供电、供气，垃圾污水处理，便民生活服务等向农村地区延伸。把县域作为城乡融合发展的重点，是因为县域离农民最近，在这里搞城乡融合能够取得更好的效果。

第二，**畅通城乡资源要素流动**。强化制度供给，健全农业转移人口市民化机制，深化农村土地制度改革，强化财政投入保障，完善乡村金融服务体系，打通城乡要素自由流动的通道，促进人才、资金、技术等各类要素更多注入乡村振兴。城乡的资源要素要畅通起来，要流动。

第三，**推进产镇、产村融合**。以县为单位统一规划产业发展，引导二、三产业向乡村布局，建设农业产业强镇，发展"一村一品"，加强农村冷链设施和物流节点建设，把就业岗位和产值增值收益更多留在农村、留给农民。

总之，就是通过构建新型的工农城乡关系来促进农业农村的发展，实现乡村振兴。谢谢。

曾衍德：

谢谢您的提问。种业创新是农业科技创新的核心问题。党的十八大以来，我国种业发展取得了明显成效。目前农作物自主选育品种面积占比超过95%，水稻、小麦两大口粮作物品种100%做到了完全自给。玉米、大豆、生猪等种源立足国内也有保障。目前，我们种子供给是有保障的。同时应该看到，我国种业自主创新与发达国家还有很大差距，有些品种单产水平还有较大提升空间，核心技术原创不足、商业化育种体系不健全，这些都是制约种子的一些"卡脖子"问题。中央经济工作会议要求补上这块短板，我们要把种业作为"十四五"农业科技攻关和农业农村现代化的重点任务来抓，推进种业高质量发展，打赢种业翻身仗，确保中国碗主要装中国粮，中国粮主要用中国种。从工作来看，我们考虑主要抓3件事。

第一，要打牢基础，重点是抓好种质资源库和种业基地建设。要建设好国家农作物、畜禽和海洋渔业三大种质资源库，这是我们搞好种业创新的物质基础。同时，要抓好国家现代种业基地建设，目前我们已经形成了海南、甘肃、四川三大国家级基地。下一步，要继续提升基地建设水平，高质量打造国家"南繁硅谷"等种业基地，为农作物育种提供基础保障。

第二，要加快技术创新，重点是强优势、补短板、破卡点。要加快启动实施种源"卡脖子"攻关和新一轮畜禽遗传改良计划，持续抓好农作物和畜禽良种联合攻关。具体来说，水稻、小麦方面，就是要加快优质专用品种选育，保持竞争力。大豆要加快高产高油高蛋白品种选育，生猪、奶牛等品种关键性能要努力赶上国际先进水平，一些品种选育要实现零的突破。

第三，要培育主体，重点是要抓好龙头企业和营商环境。遴选一批创新强、潜力大的育繁推一体化企业，支持产学研深度融合，促进技术、人才、资金等创新要素向企业集聚，使之尽快成为我国种业创新战略力量。同时要积极推进"放管服"，加大种业知识产权保护力度，为种业创新发展营造良好的环境。谢谢。

寿小丽：

今天新闻发布会就到这里，谢谢各位发布人，谢谢各位记者朋友，大家再见！

7.《农村人居环境整治提升五年行动方案（2021—2025年）》新闻发布会

一、基本情况

《农村人居环境整治提升五年行动方案（2021—2025年）》新闻发布会

时　间	2021 年 12 月 6 日（星期一）下午 3 时	
地　点	国务院新闻办公室新闻发布厅	
主　题	解读《农村人居环境整治提升五年行动方案（2021—2025 年）》	
发布人	中央农办副主任、农业农村部党组成员、国家乡村振兴局局长	刘焕鑫
	国家发展改革委农村经济司司长	吴　晓
	生态环境部土壤生态环境司司长	苏克敬
	住房和城乡建设部村镇建设司司长	秦海翔
	农业农村部农村社会事业促进司司长	李伟国
主持人	国务院新闻办公室新闻局局长、新闻发言人	陈文俊

二、现场实录

女士们、先生们，下午好。欢迎大家出席国务院新闻办新闻发布会。日前，中共中央办公厅、国务院办公厅印发了《农村人居环境整治提升五年行动方案（2021—2025年）》，今天的发布会，我们向大家介绍这个方案的有关情况，并回答大家感兴趣的问题。出席今天发布会的是：中央农办副主任、农业农村部党组成员、国家乡村振兴局局长刘焕鑫先生，国家发展改革委农村经济司司长吴晓先生，生态环境部土壤生态环境司司长苏克敬先生，住房和城乡建设部村镇建设司司长秦海翔先生，农业农村部农村社会事业促进司司长李伟国先生。下面，我们先请刘焕鑫先生介绍情况。

🎙 **刘焕鑫：**

女士们、先生们，媒体朋友们，大家下午好！感谢大家长期以来对三农工作特别是改善农村人居环境工作的支持和关注。

改善农村人居环境，是实施乡村振兴战略的重点任务，是农民群众的深切期盼。以习近平同志为核心的党中央对此高度重视，习近平总书记亲力亲为部署推进，多次作出重要指示，强调深入开展农村人居环境整治，建设美丽宜人、业兴人和的社会主义新乡村。党的十九大以来，党中央、国务院部署实施《农村人居环境整治三年行动方案》，取得了显著成效。截至2020年底，三年行动方案目标任务全面完成，农村人居环境得到明显改善，农村长期存在的脏乱差局面得到扭转，村庄环境基本实现干净、整洁、有序，农民群众环境卫生观念发生可喜变化，生活质量普遍提高，为全面建成小康社会提供了有力支撑。

为接续推进新发展阶段农村人居环境整治提升，中央农村工作领导小组办公室、国家发展改革委、农业农村部、国家乡村振兴局会同生态环境部、住房城乡建设部等有关部门编制了《农村人居环境整治提升五年行动方案（2021—2025年）》（简称《行动方案》）。近日，中共中央办公厅、国务

院办公厅印发了《行动方案》，已于昨天正式向社会公布。这是实施乡村建设行动的有力抓手。《行动方案》明确了农村人居环境整治提升的指导思想、工作原则、总体目标、重点任务、保障措施等，包括5部分27条，是指导"十四五"时期改善农村人居环境工作的重要文件。

对比三年行动方案，新一轮《行动方案》主要有3方面变化。**第一，在总体目标上，从推动村庄环境干净整洁向美丽宜居升级。**着眼于到2035年基本实现农业农村现代化，使农村基本具备现代生活条件，坚持因地制宜、科学引导，坚持数量服从质量、进度服从实效、求好不求快，坚持为农民而建，着力打造农民群众宜居宜业的美丽家园；到2025年，农村人居环境显著改善，生态宜居美丽乡村建设取得新进步。**第二，在重点任务上，从全面推开向整体提升迈进。**践行"绿水青山就是金山银山"的理念，以深入学习浙江"千村示范、万村整治"工程经验为引领，以农村"厕所革命"、生活污水垃圾治理、村容村貌整治提升、长效管护机制建立健全为重点，巩固拓展三年行动成果，全面提升农村人居环境质量，推动全国农村人居环境从基本达标迈向提质升级。**第三，在保障措施上，从探索建立机制向促进长治长效深化。**更加突出机制建设，强调完善以质量实效为导向、以农民满意为标准的工作推进机制，构建系统化、规范化、长效化的政策制度，提升农村人居环境治理水平。更加突出农民主体作用，强调进一步调动农民积极性，尊重农民意愿，激发自觉改善农村人居环境的内生动力。

下一步，我们将认真学习党的十九届六中全会精神，深入贯彻习近平总书记重要指示精神，全面落实党中央、国务院部署要求，强化政策支持和组织保障，全力以赴抓好《行动方案》落实，持续发力、久久为功，不断改善农村人居环境，为全面推进乡村振兴、加快农业农村现代化、建设美丽中国提供有力支撑。谢谢大家！

陈文俊：

谢谢刘焕鑫先生。下面欢迎各位提问，提问前请通报一下所在的新闻机构。

中央广播电视总台央视记者：

刚刚您提到这次《行动方案》是在完成农村人居环境整治三年行动基础上接续实施的，请问三年行动中我们取得了怎样的成效，目前还存在哪些问题？谢谢。

刘焕鑫：

我来回答这个问题。改善农村人居环境事关广大农民福祉，事关农民群众健康，事关美丽中国建设。2018年以来，各地各部门深入贯彻党中央、国务院决策部署，认真落实《农村人居环境整治三年行动方案》，取得重要阶段性成效，这里有几个方面。

一是整治工作全面推开，目标任务全面完成。2018年以来，累计改造农村户厕4 000多万户，截至2020年年底，全国农村卫生厕所普及率达到68%以上，预计今年超过70%。农村生活垃圾进行收运处理的自然村比例稳定保持在90%以上，农村生活污水治理率达到25.5%。

二是农村脏乱差局面得到扭转，农民生活质量普遍提高。全国95%以上的村庄开展了清洁行动，农村从普遍脏乱差转变为基本干净、整洁、有序；农村生活基础设施大幅改善，全国具备条件的乡镇、建制村100%通硬化路、

100%通客车；各地区立足实际打造了5万多个不同类型的美丽宜居村庄。

三是农民环境卫生观念显著提升，参与整治积极性逐步增强。通过政策宣讲、培训宣传等，农民群众认识到农村人居环境整治不仅可以改善村庄环境，还有利于促进卫生健康。特别是各地通过村庄清洁行动、厕所改造和生活污水垃圾治理等，降低了疫病传播风险。

总的看，《农村人居环境整治三年行动方案》确定的目标任务已全面完成，为全面建成小康社会发挥了重要支撑作用，为新发展阶段持续推进农村人居环境整治提升奠定了良好的基础。同时也要看到，与乡村全面振兴和农民群众生活品质改善要求相比，还存在区域进展不平衡、技术支撑不到位、农民参与不充分、长效机制不健全等问题。"十四五"时期将坚持问题导向，完善政策、健全机制，进一步提升农村人居环境治理水平，把好事办好、实事办实。谢谢。

香港紫荆杂志社记者：

2018年年底，中央农办、农业农村部会同国家发展改革委、科技部、财政部等18个部门联合推出了《农村人居环境整治村庄清洁行动方案》。请问，该行动目前取得了哪些进展和成效？下一步的工作准备如何开展？谢谢。

李伟国：

开展村庄清洁行动、实现村庄干净整洁是改善农村人居环境最基本的目标任务。2018年12月，中央农办、农业农村部等18个部门共同启动实施村庄清洁行动，重点是发动农民开展"三清一改"，也就是清理农村生活垃圾、清理村内塘沟、清理畜禽养殖粪污等农业生产废弃物，改变影响农村人居环境的不良习惯，集中整治村庄环境脏乱差。村庄清洁行动主要从农民自己动手能干的村庄环境卫生入手，少花钱或花小钱就可以办大事、办好事，可以说东西南北、村村户户都适宜开展。

3年来，我们每年组织开展春、夏、秋、冬四季战役，分阶段、分季节压茬推进。各地在发动农民开展"三清一改"的同时，还清除了残垣断壁、排查了危旧房屋、整治了村庄风貌、绿化了村庄环境。目前，绝大多数村庄

开展了清洁行动，先后动员4亿多人次参加。村庄环境卫生明显改善，村庄清洁行动已经成为农村人居环境整治迅速由点到面推开的重要抓手，成为发动基层干部群众参与农村人居环境整治的有效载体。"十四五"期间，我们将重点从两方面加大工作力度。

一是常态化开展。结合风俗习惯、重要节日等，组织村民清洁村庄环境，因地制宜拓展"三清一改"内容，突出清理死角、盲区，由"清脏"向"治乱"拓展，由村庄面上清洁向屋内庭院、村庄周边拓展，有条件的地方我们也倡导设立村庄清洁日等。

二是长效化保持。完善保洁机制，通过"门前三包"等制度明确村民责任，大力宣传卫生健康和疾病防控知识，倡导文明健康、绿色环保的生活方式。深入开展美丽庭院、文明家庭、环境卫生"红黑榜"等评比创建活动，将村庄清洁纳入村规民约，着力引导农民养成良好的生活习惯，让清洁村庄环境成为自觉行动。谢谢。

一些地方在农村人居环境整治过程中存在"干部干、群众看"的现象，有的群众认为这是政府的事。请问"十四五"时期如何更好调动农民群众的积极性，充分发挥农民主体作用？谢谢。

📢 **李伟国：**

谢谢您的提问。这几年，一些地方确实存在刚才您所说的这种现象。农民是乡村的主人，在农村人居环境整治提升中，农民群众不仅是受益者，更是重要的参与者、建设者、监督者。所以，这次印发的《行动方案》充分体现乡村建设为农民而建，强调坚持问需于民、突出农民主体。

一是广泛宣传发动。开展农村人居环境整治提升，一定要让农民感受到实实在在的好处。要通过乡村大喇叭、宣传画、标语、明白纸等，发挥爱国卫生运动群众动员优势，积极宣传改善农村人居环境的重要意义和做法成效，深入开展文明如厕、垃圾分类、环境保护等宣传教育，提高农民卫生意识和文明健康素养，让农民自觉参与环境整治。

二是突出示范带动。发挥党员干部、乡村能人等示范带头作用，从我做起，以实际行动带动农民转变观念、改变习惯。及时总结、提炼一批改善农村人居环境的先进典型，加大宣传推广力度，让身边人讲身边事，用身边事感染身边人。

三是注重制度促动。鼓励将村庄环境卫生等要求纳入村规民约，对破坏人居环境行为加强批评教育和约束管理，引导农民自我管理、自我教育、自我服务、自我监督。深入开展美丽庭院评选、环境卫生"红黑榜"、积分兑换等活动，引导培育村民维护村庄环境卫生的主人翁意识。谢谢大家。

📷 **中国县域经济报社记者：**

《农村人居环境整治提升五年行动方案（2021—2025年）》要求健全生活垃圾收运处置体系。请问"十四五"时期，住房和城乡建设部打算怎样推进落实？谢谢。

秦海翔：

农村生活垃圾处理是农村人居环境整治工作的一项重要内容。近年来，住房和城乡建设部深入学习贯彻习近平总书记关于农村人居环境整治工作的重要指示精神，落实党中央、国务院决策部署，扎实推进农村生活垃圾收运处置体系建设。目前，全国农村生活垃圾进行收运处理的自然村比例稳定保持在90%以上，完成了农村人居环境整治三年行动目标任务。"十四五"时期，住房和城乡建设部将认真贯彻落实《农村人居环境整治提升五年行动方案（2021—2025年）》，积极配合农业农村部等相关部门推进农村生活垃圾分类减量与资源化利用，同时继续抓好农村生活垃圾收运处置体系建设工作。

一是完善设施设备，提高农村生活垃圾收运处置体系建设水平。 以县域为单元，统筹规划建设城乡生活垃圾收运处置设施。为农村生活垃圾收运处置体系尚未覆盖的地区，尽快配齐配足设施设备；已经实现全覆盖的地区，结合当地经济水平，加强无害化处理设施建设，提升设施设备的运行水平。同时，我们还将积极探索小型化、分散化的垃圾处理模式，推动解决偏远地区农村垃圾处理的技术难题。

二是强化运行管理，健全长效治理机制。 指导和督促地方执行农村生活垃圾收运和处理技术标准，切实提高运行管理水平。引导社会资本参与设施运行维护，推行运行管护市场化。引入第三方机构和信息化手段，强化日常监督和检查，保障收运处置体系稳定运行。

三是推进"共建共治共享"，动员农民群众参与农村生活垃圾治理。 在农村人居环境建设和整治中，深入开展美好环境与幸福生活共同缔造活动，发挥基层党组织引领作用，动员农民群众参与生活垃圾收集转运设施的建设和维护等，引导和规范村民正确投放生活垃圾，自觉爱护设施设备，自觉维护公共环境。谢谢。

封面新闻记者：

近几年，乡村风貌发生了很大改变，乡村人居环境持续改善。但一些设施设备建而不管的现象时有发生，需要在建立长效保护机制上下功夫，请问《行动方案》在这方面有哪些考虑？谢谢。

吴晓：

您提的这个问题确实是推进农村人居环境整治提升的一个重点和关键，刚才刘焕鑫局长已经介绍了，2018年以来，通过3年的集中整治，农村长期存在的脏乱差的局面已经得到了扭转，全国大部分地方也都建了卫生厕所、垃圾处理站等基础设施。运行管护机制不到位的问题还是比较突出，影响到整治效果的可持续性。《农村人居环境整治提升五年行动方案（2021—2025年）》，它的重点任务就是要从全面推开整治到提质增效，也就是整体提升。其中一个重点任务，我理解应该包括了建立健全管护机制。对此，《行动方案》提出了要建管用并重、坚持先建机制后建工程，着力构建政府、市场主体、村集体、村民等多方共建共管的格局，确保到2025年，农村人居环境治理水平显著提升，有制度、有标准、有队伍、有经费、有监督的农村人居环境长效管护机制基本建立。对于东部、中西部城市近郊等有基础、有条件的地区，要全面建立长效管护机制。具体来讲，主要有3个方面的举措。

一是要明确责任。落实地方政府和职责部门、运行管理单位的责任，引导村集体经济组织、农民合作社、村民等参与农村人居环境基础设施的运营和管理，明确农村人居环境基础设施产权的归属，合理确定管护主体。设施谁来管、哪个环节谁负责，都要分得清清楚楚，特别是针对农村居住点分散的特点，《行动方案》强调了要更加注重发挥村级组织和村民的管护作用，通过门前"三包"等村规民约和村民自治机制，引导农民自我管理、自我教育、自我服务、自我监督，推动村庄清洁行动制度化、常态化和长效化。

二是要完善制度。鼓励各地结合实际开展地方立法。健全村庄清洁、农村生活垃圾污水处理、农村卫生厕所管理等制度，建立健全设施建设管护标准规范，逐步建立政府主导、多方参与、市场运作的农村人居环境基础设施管护机制。推动农村厕所、生活垃圾、污水处理设施设备和村庄保洁等一体化运行管护，鼓励有条件的地区推行系统化、专业化、社会化的运行管护，推进城乡人居环境基础设施统筹谋划，统一管护运营。

三是要保障经费。逐步建立农户合理付费、村级组织统筹、政府适当补助的运行管护经费保障制度，有条件的地区可以依法探索实行农村厕所粪污清掏、农村生活垃圾污水处理农户付费制度，探索农村人居环境基础设施运行管护社会化服务体系和服务费市场化形成机制，引导村民树立爱护设施设备、维护村庄环境的主人翁意识。谢谢。

📷 中国日报社记者：

请问，现在农村生活污水治理还面临哪些难点？在"十四五"时期将要采取哪些措施加快推进？谢谢。

📗 苏克敬：

首先谢谢记者朋友的提问，我来回答这个问题。农村生活污水治理是农村人居环境整治工作的一项重要内容。在中央财政的大力支持下，生态环境部会同农业农村部等部门组织各地通过农村环境整治，解决一批农村生活污水等突出问题，特别是农村人居环境整治行动实施以来，指导各地因地制宜制修订农村生活污水处理排放标准，完成县域专项规划编制，部分地区治理水平不断提升，取得了阶段性进展。但是，正像记者朋友说的那样，总体来看，农村生活污水治理基础薄弱、区域差异较大、治理任务艰巨，是农村人居环境整治提升的突出短板，也是工作的难点。同时，相对于城市污水处理，农村生活污水治理还面临着吨水投资成本高、管网建设难度大、运维保障不足等实际问题。因此，"十四五"期间，需要把农村生活污水治理摆在更加突出的位置，采取切实有效的措施，积极稳步推进。

对此，《行动方案》提出了要求，作出了部署。我们主要从两个方面采取措施，抓好落实。

一是分区分类推进治理。坚持规划先行，考虑东、中、西部地区差异，根据各地基础条件，区分轻重缓急，实事求是确定治理目标任务。突出重点区域，优先治理长江经济带、黄河流域等国家重要战略区域。重点整治水源保护区和城乡接合部、乡（镇）政府驻地、中心村、旅游风景区等人口集中区域农村生活污水。加强技术帮扶，指导各地以资源化利用、可持续治理为导向，选择符合农村实际的生活污水治理技术。督促长效管理，推动地方落实主体责任、整县推进、城乡统筹，强化设施建设和运行维护并重，确保设施发挥作用。鼓励村民积极参与，发挥村民在设施建设和运行管理中的作用。

二是加强农村黑臭水体治理。包括摸清家底、建立台账、开展试点，以房前屋后、河塘沟渠和群众反映比较强烈的黑臭水体为重点，采取控源截污、清淤疏浚、生态修复、水体净化等措施进行综合治理。完善农村环境信息公开渠道，对黑臭水体整治效果进行公示，发挥群众监督作用。到2025年，基本消除较大面积的农村黑臭水体，形成一批可复制可推广的治理模式。

在这里特别要说明的是，农村自然环境和经济发展水平差异较大，生活污水治理应该以改善农村人居环境为出发点，结合村庄规划，充分考虑区位条件、人口集聚度、经济社会发展水平等因素，因地制宜采取纳入城镇污水管网、建设集中或者分散处理设施等处理方式。鼓励采用生态处理技术，积极推进污水资源化利用。农村本身是一个大的生态系统，农村生活污水治理应该与农业绿色发展有机结合起来，尽可能就地、就近、就农利用，提升农业农村水资源良性循环和污水资源化利用水平。

谢谢大家。

📷 **浙江日报社天目新闻记者：**

从摆脱"脏乱差"到追求乡村美，农村人居环境整治迈入了新征程，此次五年行动计划中专门设置了乡村风貌引导这个专项，提到要推进传统村落挂牌保护。请问如何保护好传统村落和乡村特色风貌？谢谢。

🖌 **秦海翔：**

谢谢您对传统村落和乡村特色风貌保护工作的关注。习近平总书记高度重视传统村落保护发展和乡村特色风貌保护工作，多次作出重要指示，强调要把传统村落保护好、改造好；要注重地域特色，尊重文化差异，以多样化为美，要把挖掘原生态村居风貌和引入现代元素结合起来。住房和城乡建设部认真贯彻落实习近平总书记的重要指示精神，近年来实施了传统村落保护工程，加强村庄风貌的引导，取得了积极的成效。

截至目前，我们已经分5批将6819个有重要保护价值的村落列入了中国传统村落保护名录，建立了挂牌保护制度。在10个市（州）实施集中连片保护利用示范，建设了中国传统村落数字博物馆。通过几年的努力，扭转了传统村落快速消失的局面，增强了中华优秀传统文化的影响力。同时，我们推进设计下乡活动，指导各地在农房和村庄建设中注重保护乡村特色风貌，提高乡村设计和建设水平。这次《农村人居环境整治提升五年行动方案（2021—2025年）》将加强乡村风貌引导作为一项重要任务，对保护传统村落和乡村特色风貌提出了工作要求。住房和城乡建设部将认真贯彻落实，重点抓好以下几方面的工作。

一是加强传统村落保护利用。继续开展中国传统村落的调查认定，指导各地完善省级传统村落名录，将有重要保护价值的村落纳入名录的管理。健全传统村落评估和警示退出的机制，加强动态的监管。继续推进传统村落保护利用试点示范，统筹保护利用传统村落和自然山水、历史文化、田园风光等资源，发展乡村旅游、文化创意等产业，让传统村落焕发出新的活力。

二是提升乡村特色风貌。我们指导各地以农房为主体，整治提升村容村貌，塑造具有乡土特色的自然景观和乡村生境，构建乡村建设的营建要点，在农房的设计建造、环境整治和公共空间建设、特色风貌保护等方面提出基本的要求，营造留住乡愁的村庄环境。持续开展设计下乡，加强乡村建设工匠的培训管理，培育乡村建设的人才队伍。

三是完善相关法律法规和政策机制。完善乡村建设相关法律法规，为加强传统村落和乡村特色风貌保护提供法治保障。建立共建共治共享的工作机制，发挥基层党建引领作用，充分调动农民群众共同保护优秀传统文化，共建美好家园的积极性、主动性。全面开展乡村建设评价，将传统村落和乡村特色风貌保护作为重要内容，整体提升乡村建设水平，建设美丽宜居乡村。谢谢。

农民日报社记者：

农村"厕所革命"是改善农村人居环境的重要任务，与广大农民群众切身利益密切相关。请问《行动方案》对农村"厕所革命"提出了哪些新要求，下一步的工作重点是什么？谢谢。

李伟国：

厕所虽小，关系民生，体现文明。农村"厕所革命"是实施乡村振兴战略的一场硬仗，关系亿万农民生活品质。习近平总书记始终牵挂，多次作出重要指示批示，今年7月又专门对深入推进农村"厕所革命"作出重要指示。近年来，农村"厕所革命"深入推进，卫生厕所不断推广普及，但一些地方还存在思想认识不到位、技术创新跟不上、推动方式简单化、发动农民不充分等问题，个别地方还出现形式主义、官僚主义等现象。

按照《行动方案》部署，"十四五"时期推进农村"厕所革命"，总体思路是坚持数量服从质量、进度服从实效、求好不求快，巩固现有农村改厕成果，切实提高农村新改建厕所质量实效，稳步提高农村卫生厕所普及率，引导农民养成良好卫生习惯，不断提升农民生活品质。下一步，将重点抓好3个方面的工作。

一是抓好模式选择和质量管控。科学选择技术模式，按标准规范推进改厕，严把农村改厕产品质量关、施工质量关、竣工验收关，将运行使用效果和群众满意度纳入验收指标。

二是充分发挥农民主体作用。厘清政府和农民的责任，户内的厕具、厕屋等以农民自建、自购为主，户外的粪污收集处理设施、社会化服务体系等以政府扶持为主建设，切实改变政府大包大揽、农民参与不够的实施机制。同时，也要注重教育引导农民正确使用和管护卫生厕所，让他们愿用、会用、爱用。

三是统筹做好前端和后端。前端就是加强农村改厕规划设计、标准制定、宣传发动等工作。后端解决好厕所粪污去向问题，协同推进厕所粪污与生活污水治理，积极探索就地就近资源化利用的有效途径。谢谢。

📷 南方都市报社记者：

刚刚提到"厕所革命"，"厕所革命"不仅涉及人居环境的改善，对全面落实乡村振兴战略也是至关重要的。请问，现在整个农村"厕所革命"的进展是什么样的？如何让整个农村的厕所真正方便于民，避免成为形象工程？对于过去媒体曝光的有些农村地区的厕所出现无人维护、脏乱差、不好用、不能用的问题，您怎么看？谢谢。

李伟国：

农村"厕所革命"的总体进展，刚才刘焕鑫局长在前面已经讲了，截至

2020年年底，农村卫生厕所普及率大概在68%，目前预计在70%以上。前一个问题中我也讲到了，农村改厕涉及千家万户，从这几年农村改厕总体状况看，改厕质量是好的，群众也是普遍认可的。前面我讲了，我们在农村改厕过程中，一些地方还存在厕所不能用、不好用，农民不愿用、不会用等问题，个别地方甚至出现形式主义、官僚主义的问题。这些问题媒体曝光以后，社会关注度高、舆论反映强烈，这充分说明大家关注这件事、关心这件事，也充分说明民生问题无小事、群众利益大于天。

对于这些问题，我们始终坚持问题导向，采取了一系列措施，务实推进农村"厕所革命"。**一是督促地方整改**。对媒体曝光、群众反映强烈的问题，及时调查核实，督促地方把问题整改到位。同时，我们还通过实地调研、问题随手拍、舆情监测等方式主动发现问题线索，及时转送地方进行核查整改。**二是组织摸排整改**。今年，我们在全国范围内组织开展农村户厕问题摸排整改，对2013年以来各级财政支持改造的农村户厕进行拉网式排查，到10月底，各地摸排工作基本结束，目前正在持续推进分类整改。**三是加强工作部署**。今年先后组织召开全国农村"厕所革命"、农村人居环境整治提升现场会，强调坚持问题导向、完善政策举措、健全工作机制，切实纠正农村改厕中存在的问题，力戒形式主义、官僚主义。**四是强化技术指导服务**。通过"四不两直"（不发通知、不打招呼、不听汇报、不用陪同接待，直奔基层、直插现场）等方式，赴10多个省份督促推进问题摸排整改，同时我们派出专家服务团赴中西部17个省份和兵团开展专项技术服务。

对于下一步农村改厕工作，我在上一个问题中也提到了，《行动方案》对"十四五"农村改厕提出了明确要求，特别强调求好不求快、务实推进。我想，我们着重在3个方面下功夫：**一是切实提高思想认识**。牢固树立以人民为中心的发展思想，从讲政治的高度推动农村户厕问题摸排整改，以务实的工作态度、良好的工作作风、过硬的整改措施，真正把农村"厕所革命"这件民生大事办好、办实。**二是选准技术模式**。科学选择改厕技术模式，宜水则水、宜旱则旱。《行动方案》和我们在工作推进中一直要求，技术模式应至少经过一个周期的试点试验，成熟以后才逐步推开。进一步加强技术指导服务，帮助地方解决改厕中遇到的实际困难。**三是完善工作机制**。强化农村"厕所革命"的责任落实、政策保障、督促检查和宣传发动，真正建立起以质量实效为导向、以农民满意为标准的工作推进机制，确保改一个、成一个、管用可持续。谢谢。

刘焕鑫：

　　这个问题提得很好，我来回答这个问题。实施乡村振兴战略，是以习近平同志为核心的党中央着眼社会主义现代化全局作出的重大决策部署。改善农村人居环境看似是一个单项工作，实质上是一项牵一发而动全身的重大民生工程，是实施乡村振兴战略的一项重要任务。这里有几个方面。

　　第一，通过农村人居环境整治，推动实现乡村宜居宜业。促进乡村宜居宜业是实现农业农村现代化的重要目标之一。通过农村人居环境整治提升，在扭转农村长期存在的脏乱差局面的基础上，实现村庄干净、整洁、有序，进而提升实现硬化、绿化、亮化、净化、美化，再现山清水秀、天蓝地绿、村美人和的美丽画卷，擦亮美丽中国、美丽乡村的绿色底色，可以为广大农民提供一个良好的生产生活环境。

　　第二，通过农村人居环境整治，为乡村产业发展拓展空间。农村人居环境改善了，可以吸引更多的人才返乡入乡创新创业，促进农民就地就近就业创业，让乡村更具人气。同时，良好的生态环境是农村最大优势和宝贵财富，通过挖掘乡村生态涵养、休闲体验等功能，从单一的卖产品向"卖风景""卖体验"等转变，发展农村新产业、新业态，促进绿水青山转化为"金山银山"，美丽环境转化为美丽经济，生态优势转化为经济优势。

　　第三，通过农村人居环境整治，培育文明乡风。环境改善不仅提升了生活品质，也提振了精神面貌。在改善农村人居环境过程中，通过加强宣传教育、普及科学知识等，可以引导农民群众逐步养成文明生活方式，增强健康素养和环保意识；有效激发农民群众建设美丽乡村的内生动力，增强精神自信和主人翁意识，培育向善向上的文明乡风。

　　第四，通过农村人居环境整治，提升乡村治理水平。改善农村人居环境，表面看是环境干净了，深层次是乡村治理方式的转变。通过党员干部带头开展整治，进村入户动员群众参与整治，党群干群关系更加密切，农民群众满意度不断提升。特别是一些地方在农村人居环境整治中采用积分制、"红黑榜"、议事会等治理方式，既提高了环境整治实效，又提升了乡村治理水平。

第五，通过农村人居环境整治，促进农民农村共同富裕。良好生态环境是最公平的公共产品，是最普惠的民生福祉。特别是各地结合农村人居环境整治提升，逐步完善农村公共基础设施，普及提升公共服务水平，可以让农民群众更多、更好地共享改革发展成果，增强获得感、幸福感。

总之，通过农村人居环境整治，可以获得多方面的效果，从而加快推进农业农村现代化。谢谢。

 陈文俊：

谢谢各位发布人，谢谢各位媒体朋友。今天的发布会就到这里！

8. 关于修订《生猪屠宰管理条例》政策例行吹风会

一、基本情况

关于修订《生猪屠宰管理条例》政策例行吹风会

时　间	2021 年 7 月 23 日（星期五）下午 2 时	
地　点	国务院新闻办公室新闻发布厅	
主　题	解读修订后的《生猪屠宰管理条例》	
发布人	农业农村部副部长	马有祥
	司法部立法四局副局长、一级巡视员	郭文芳
	农业农村部畜牧兽医局局长	杨振海
主持人	国务院新闻办公室新闻局副局长、新闻发言人	寿小丽

二、现场实录

寿小丽:

女士们、先生们，大家下午好。欢迎出席国务院政策例行吹风会。《生猪屠宰管理条例》（简称《条例》）将于8月1日起施行，今天非常高兴邀请到农业农村部副部长马有祥先生，请他为大家介绍《条例》的有关情况，并回答大家感兴趣的问题。出席今天政策例行吹风会的还有，司法部立法四局负责人郭文芳女士，农业农村部畜牧兽医局局长杨振海先生。下面，我们就有请马有祥先生作简要介绍。

马有祥:

女士们、先生们，媒体界的朋友们，大家下午好。首先，感谢大家长期以来对三农工作的关心和支持。

6月25日，李克强总理签署了第742号国务院令，公布修订后的《生猪屠宰管理条例》，自今年8月1日起施行。昨天，新华社受权播发了修订后的《条例》的全文。

党中央、国务院高度重视生猪及其产品质量安全问题。加强生猪屠宰管理是保证生猪产品质量安全，让人民群众吃上"放心肉"，保障人民群众身体健康的关键环节。原《条例》是13年前也就是2008年8月1日修订实施。原《条例》实施以来，我国生猪屠宰管理工作不断加强，在有效解决私屠滥宰问题，保障生猪产品质量安全和公共卫生安全等方面发挥了重要作用。但是随着经济社会发展，原《条例》的一些条文已经不适应当前最新的形势，新的一些形势发展，原《条例》也没有覆盖。一是生猪屠宰环节全过程管理制度不够完善，生猪屠宰质量安全责任难以落实到位。二是生猪屠宰环节疫病防控制度不够健全，难以适应当前动物疫病防控，特别是非洲猪瘟防控工作面临的新形势和提出的新要求。三是法律责任设置偏轻，主管部门执法手段不足，对生猪屠宰违法违规行为打击力度不够。针对上述突出问题，有必要对现行《条例》予以修改完善。

新《条例》一共5章45条，重点体现了与《食品安全法》（全称《中华

人民共和国食品安全法》)、《动物防疫法》（全称《中华人民共和国动物防疫法》）等上位法的有效衔接。一是落实预防为主、风险管理、全程控制、社会共治的食品安全工作原则，进一步完善了生猪屠宰环节全过程管理的各项制度。二是坚持问题导向，针对我国非洲猪瘟疫情防控实践，强化了屠宰环节动物疫病防控的措施和保障。三是完善法律责任等内容，强化行政执法与刑事司法的衔接，全面落实企业主体责任，加大违法成本，震慑违法行为。简单概括就是"三个强化"：一是强化全过程管理；二是强化疫病防控，生猪屠宰企业疫病防控的责任要落实到位；三是强化责任落实，把生猪屠宰企业的各项责任真正落实下去。

在生猪屠宰行业管理方面，自2013年国务院机构改革将生猪定点屠宰管理职能划入农业农村部以来，我们通过开展专项整治、淘汰落后产能、推动行业转型升级，特别是2019年开展的落实生猪屠宰环节"两项制度"，一是非洲猪瘟自检制度，屠宰厂要开展对非洲猪瘟的检测，二是官方兽医派驻制度，官方兽医要派到屠宰厂去检疫。我们开展了落实"两项制度"的百日行动，生猪屠宰加快转型升级，企业数量大幅度减少，因为一落实制度，管理就严了，有不符合标准的屠宰厂就关停了，行业集中度明显提升。截至今年6月底，全国共有生猪定点屠宰企业5 443家，其中上年度屠宰生猪2万头以上的企业，我们叫做规模以上企业有1 957家，占总数的36%。

近年来，我们加大屠宰行业标准制修订力度，共制修订标准97项，初步构建了畜禽屠宰行业的标准体系。同时，我们在全国开展生猪屠宰标准化创建活动，已经公布了98家示范厂，屠宰环节标准化水平持续提升。但是，我们要看到当前生猪屠宰业还存在行业集中度较低、产能严重过剩、监管压力大等问题。现在产能利用率比较低，代宰率比较高，就是企业杀一头猪多少钱，猪和产品不是自己的，替别人宰猪。我们将以《条例》的颁布施行为契机，加快配套规章的制修订，依法推进各项法规制度的落实落地，推动生猪屠宰行业转型升级和高质量发展，更好地保障生猪产品质量安全，保障群众身体健康。

我就简要作这些情况说明。下面，我愿意和我的同事们与记者朋友作一些交流，回答大家的提问。谢谢大家。

寿小丽：

谢谢马有祥副部长的介绍。下面进入提问环节，提问前还是通报一下所在的新闻机构。

中央广播电视总台央视记者：

猪肉质量的安全一直是全社会关注的一个热点问题，请问这次修订的《条例》在加强生猪屠宰环节的质量安全监督管理方面有哪些具有针对性的举措？谢谢。

马有祥：

生猪屠宰是连接养殖和消费的重要环节，把好生猪屠宰的质量安全关，有利于提高生猪产品质量安全水平，保障人民群众的"舌尖上的安全"。此次修订主要是体现了习近平总书记关于"最严格的监管"要求，主要是在五大制度方面有所体现。

一是生猪进厂查验制度。严防未经检疫的生猪进入屠宰厂，要求生猪屠宰厂依法查验生猪检疫证明等信息，如实记录生猪的来源、数量、供货者名称、联系方式等内容，确保生猪来源可追溯。

二是屠宰全过程的质量管理制度。要求生猪屠宰厂严格遵守国家规定的屠宰操作规程、生猪屠宰质量管理规范和肉品品质检验规程，肉品品质检验应当与生猪屠宰同步进行，并如实记录检验结果，确保屠宰过程可控。

三是生猪产品的出厂记录制度。要求生猪屠宰场如实记录出厂生猪产品的名称、规格、检疫证明号、肉品品质检验合格证号、购货者名称和联系方式等内容，确保生猪产品去向可查。

四是问题生猪产品的召回制度。对发现生产的生猪产品，存在不符合食品安全标准、有证据证明可能危害人体健康、染疫或者疑似染疫等质量安全问题的，明确要求生猪屠宰厂及时履行报告、召回等义务，并对召回的生猪产品采取无害化处理等措施，确保问题产品不流入市场。

五是风险监测制度。这是一个预防性的制度。由农业农村部门组织对生猪屠宰环节的风险因素进行监测，根据风险监测结果，有针对性地加强监督检查，结合生猪定点屠宰厂的规模、生产和技术条件以及质量安全管理状况，推行分级管理制度，提升监管水平。

所以概括起来，这五大制度从前面的入口到最后的出口，应该说对保障生猪屠宰厂的产品合格起到了非常大的作用，相信真正施行以后，我们"舌尖上的安全"能得到更有效的保障。谢谢。

凤凰卫视记者：

今年以来，内地猪肉的价格波动得比较明显，请问《条例》出台之后，对猪肉价格的影响有哪些？谢谢。

马有祥：

猪肉价格高的时候，吃肉的人都有意见，最近这几个月，持续走低，低到一定程度，生产者意见也很大，所以社会各界比较关心。我们常讲"肉贵伤民、猪贱伤农"，贵了也不好，便宜了也不好。这个问题，畜牧兽医局持续在做监测，请畜牧兽医局的局长杨振海先生作一些具体的说明。

📇 杨振海：

谢谢您对猪肉价格的关心。正如马部长刚才所说，猪肉价格贵了以后，老百姓不高兴，猪肉产品便宜的时候生产者又没有积极性。今年以来，我们对猪肉的价格监测密度在加密，我们年初作了一些判断，全年整体上价格走势呈现趋势性下降、阶段性反弹，具体是这样的。

2月份以来，猪肉价格已经连续下降了5个月。7月份第四周，全国集贸市场猪肉价格每公斤26.2元，同比下降52%，比2020年2月份的最高价59.64元，下降了一半多。影响价格的根本因素，还是供求关系。近两年，在市场的拉动和各方的共同努力下，生猪生产快速恢复，市场供应明显增加。国家统计局上半年的数据已经公布了，6月末，生猪存栏是4.39亿头，同比增长29.2%，相当于2017年末的99.4%；其中，能繁母猪存栏4 564万头，同比增长25.7%，相当于2017年末的102.1%。也就是说，生猪生产经过2年多的努力，现在已经完全恢复到常态了。上半年，猪肉产量是2 715万吨，同比增加了35.9%。

农业农村部还有一个监测，刚才马部长已经介绍了，全国规模以上生猪定点屠宰企业屠宰量同比增加了45%。但是，正如刚才介绍的一样，猪肉价格下降的幅度比较快，近期我们监测6月份生猪养殖亏损面已经达到62%，猪价有所反弹，已经在成本线附近波动。这次《条例》的出台，将屠宰环节行之有效的动物防疫防控措施上升为法律制度，突出强化了相关方的责任，进一步完善了生猪屠宰全过程的管理制度。这是降低疫病传播风险、提升猪肉产品质量安全水平、促进屠宰行业健康发展的重要制度保障。

目前，全国生猪屠宰企业产能过剩，产能利用率也比较低。施行新的管理制度，将有利于引导生猪屠宰加工向养殖集中区域转移，鼓励生猪就近就地屠宰，实现养殖屠宰匹配、产销顺畅衔接。同时，还有利于进一步规范生猪屠宰行业的秩序，促进优胜劣汰，淘汰落后产能，加快屠宰行业的提档升级。我们都知道，现在屠宰环节的费用占猪肉价格成本构成的比例非常低，一头活猪市场价格2 000元左右，加工费用各地不等，有的40、有的80，占比很低。屠宰行业提档升级有利于降低屠宰成本，对猪肉价格应该是没有影响的。谢谢。

> 📷 **中国日报社记者：**
> 为了严厉打击生猪屠宰的违法行为，《条例》修订主要作了哪些规定？谢谢。

📇 郭文芳：

严厉打击生猪屠宰活动中的违法行为，是确保生猪和生猪产品质量的一个重要手段。这次《条例》在修订过程中，严格贯彻落实习近平总书记对食品安全工作提出的"四个最严"中的"最严厉的处罚、最严肃的问责"，在修订中进一步明确了有关主体责任，完善了执法手段，具体在法律责任部分有以下3个方面的制度措施。

第一，加大了对生猪屠宰活动违法行为的处罚力度。比如，对未经定点从事生猪屠宰活动、出厂肉品没有经过肉品品质检验或者检验不合格的，还有拒不履行问题生猪产品召回义务和报告义务的，以及对生猪和生猪产品注水或者注入其他物质的违法行为，《条例》规定了责令停业整顿、没收违法所得、罚款，直至吊销定点许可证等行政处罚。在规定罚款的额度时，把罚款额度提高到货值金额的30倍。

第二，在修订过程中，《条例》与《食品安全法》相衔接，规定了对出厂肉品品质检验不合格的，或者未经检验就出厂猪肉产品的，以及向生猪和生猪产品注水等违法行为，可以由公安机关依法对其直接负责的主管人员和其他直接责任人员处以5日以上、15日以下的拘留。在生猪屠宰过程中，构成犯罪的还要依法追究刑事责任。

第三，这次修订增加了行业禁入制度，规定生猪定点屠宰厂被吊销了定点屠宰证书的，其法定代表人或者负责人、直接负责的主管人员还有其他直接责任人员，从处罚决定作出之日起5年内，不得申请生猪定点屠宰证书或者从事生猪屠宰管理活动。另外，因为食品安全犯罪被判处了有期徒刑以上刑罚的，终身不得从事生猪屠宰管理活动。谢谢。

农民日报社中国农网记者：

我们注意到在《条例》总则里有提到在边远和交通不便的农村地区，可以设置仅限于向本地市场供应生猪产品的小型生猪屠宰场点，请问农业农村部对小型生猪屠宰场点的设置是怎么考虑的？谢谢。

马有祥：

确实，我们国家地域比较广阔，各个地方条件差别比较大，交通运输条件、消费习惯差别比较大。尽管我们屠宰行业管理持续了这么多年，规范了这么多年，但是把小型的屠宰场点全部取消、全部规范，还是有相当大的难度，这就是我们的国情。但是并不是说对这部分就不管，下面请畜牧兽医局局长杨振海先生作一个解释。

杨振海：

谢谢，您看得很细，这确实是总则中列的条款。2008年屠宰条例修订过一次，到现在已经13年了。现在与那个时候相比，我们交通状况有了很大的改变，很多农村实现了"村村通"。但由于交通不便，靠外部供应肉品，较为困难的偏远地区仍存在。因此，在这些地区设立小型的生猪屠宰场点，向本地市场供应生猪产品是我们现在的客观需要，也是现实需要，目的就是保障边远和交通不便的农村地区肉品供应。现在，肉品已经成为我们广大城乡居民的重要消费品，是"菜篮子"产品。由于我们国家幅员辽阔、地域差异大，在国家层面很难对边远和交通不便的农村地区以及当地市场这样的范围作出统一的界定，由各省、自治区、直辖市出台具体的管理办法，更符合实际。

在东中部交通便利、配送体系比较健全的地区，可以考虑取消小型生猪屠宰场点。在中西部的山区、林区、草原牧区等交通不便的地区可以继续保留。需要强调的是，地方在制定具体管理办法时，要坚持"四个最严"要求，小型生猪屠宰场点的标准不能降，企业质量安全主体责任不能丢，部门监管工作不能松，严守食品安全的底线。

下一步，农业农村部将指导各地进一步强化小型生猪屠宰场点的管理，抓紧完善相关的管理办法，对现有小型场点持续开展清理整治，推进屠宰行业转型升级，保障边远、偏远地区也能吃上安全、放心的肉食品。谢谢。

📷 中国新闻社记者：

请问此次修订后，在管理方式上有哪些创新举措来确保《条例》各项制度措施落实到位？谢谢。

🎙 郭文芳：

法律的生命在于实施，为了促进各项制度得到正确的贯彻落实，提升法律实施效果，《条例》这次修订主要还是从生猪屠宰行业特点出发，全面总结了近些年来生猪屠宰管理的一些经验，特别是在防控非洲猪瘟疫情中的一些经验做法，把它上升为法律制度，进一步完善了生猪屠宰各个环节的管理制度。具体有一些新的措施，比如建立了生猪屠宰行业信用记录制度和"黑名单"制度，在《条例》修订的时候，增加了一项制度，就是规定农业农村主管部门要建立生猪定点屠宰厂从业者的信用档案，记录日常监督检查结果，包括违法行为的查处情况等，并依法向社会公示，以信用制度保障生猪屠宰质量。

另外，建立了"黑名单"制度。前面，我在介绍新增的一些处罚措施的时候也提到了，这次修订后规定了生猪定点屠宰厂如果被吊销了生猪定点屠宰证书，其法定代表人、负责人、直接负责的主管人员和其他直接责任人员，自处罚之日起，5年内不得申请定点屠宰证书或者从事生猪屠宰管理活动。另外，因食品安全犯罪被判处了有期徒刑以上刑罚的，终身不得从事生猪屠宰管理活动。这是一项新的制度措施。

再比如，这次修订强化了信息化管理手段的应用。规定了生猪定点屠宰厂要利用信息化手段核实动物检疫证明等相关信息，并且要如实记录屠宰生猪的来源、供货者名称等情况。在发生动物疫情的时候，还需要查验和记录运输车辆的情况。

这都是这次修订新增的制度和举措，以保证《条例》的各项制度措施能得到落实。谢谢。

中国农业电影电视中心中国三农发布记者：

近几年，我们看到非洲猪瘟疫情对我国生猪产业造成较大影响，请问《条例》针对屠宰环节动物疫病防控有哪些考虑？谢谢。

马有祥：

谢谢。非洲猪瘟发生以来，对我们国家的生猪生产确实产生了比较大的影响，对生产方式也产生了非常大的促进、变革。非洲猪瘟是我们面临的一次重大考验，从近两年的情况看，产业转型升级在加快，屠宰环节也是这样。如果把屠宰环节这个口收紧了，出来的肉品进入市场就是安全的。如果这一关把不好，可能进入市场的肉品会失守，所以我们对屠宰环节格外重视。

一要强化疫病监测、疫情排查与报告。 就是要自检，简单讲当前就是对非洲猪瘟进行自检，屠宰厂必须有疫病检测的条件，发现就报告，有问题就处理，自检制度要建立起来。

二是他检，就是国家检。 国家派兽医检疫，屠宰的规模不一样，要求配备的官方兽医数量不一样，规模越大，配备的官方兽医数量就会越多一些，这就是强制的国家派兽医检疫。检疫合格以后肉品才能出厂。

三是引导。 这方面要考虑生猪养殖、动物疫病防控和生猪产品消费的实际情况，科学布局、集中屠宰、有利流通、方便群众。现在，生猪产地和屠宰地不统一，所以大量活猪长距离拉到另外一个地方的屠宰厂屠宰，东北的可能运到华南，新疆的也可能会运到华南。通过我们的规划，争取能够使生猪养殖和生猪屠宰能力相匹配，当地养、当地屠宰，由"运猪"变成"运肉"，减少疫病传播的风险。另外，鼓励企业一体化发展，既搞养殖又搞屠宰，这样能降低屠宰环节疫病传播的风险。谢谢。

📷 **封面新闻记者：**

我们注意到此次修订的《条例》规定，生猪定点屠宰厂应建立严格的肉品品质检验管理制度，肉品品质检验应当遵守生猪屠宰肉品品质检验规程，与生猪屠宰同步进行，请问作出这一规定，是出于怎样的考虑？具体将如何落实？谢谢。

杨振海：

谢谢您对肉品品质检验制度的关心。肉品品质检验制度，是1997年《条例》第一次颁布施行的时候就确立的制度，是生猪屠宰质量安全保障的一项基本制度。本次《条例》对这项制度仅作了一些个别的文字修改。肉品品质检验由生猪定点屠宰企业自己的兽医卫生检验人员按照生猪屠宰肉品品质检验规程具体实施，与生猪的屠宰同步进行，经肉品品质检验合格的生猪产品方可出厂。肉品品质检验内容包括健康状况、传染病和寄生虫病以外的疾病，注水或者注入其他物质、有害腺体等。这项制度是由屠宰企业具体执行的。下一步，我们将进一步督促企业健全完善肉品品质检验制度，配备兽医卫生检验人员，严格按规程开展检验，确保肉品质量安全。谢谢。

📷 **大众网·海报新闻记者：**

《条例》对牛、羊、禽等其他畜禽的屠宰管理是如何规定的？下一步对规范其他畜禽屠宰，农业农村部有什么打算？谢谢。

马有祥：

《条例》主要是规范生猪屠宰，对其他的畜禽由地方进行立法规定，主要考虑是猪肉是我们肉品消费的大头。2016—2020年，最低的年份猪肉占我们吃的肉类消费比重接近54%，高的时候，在2017年超过60%，我们吃的肉，2/3是猪肉。所以，这方面进行一些严格的规范是抓住了主要矛盾。其他畜禽的屠宰情况各异，我们杨局长给大家具体解释一下。

杨振海：

我再补充一下。因为我们国家确确实实是各地的肉类产品消费结构不太一样，牛、羊等是否执行全国统一的定点屠宰制度，还是需要尊重当地的民俗习惯，最好由各省级人民政府确定。《条例》规定由省、自治区、直辖市根据本地区的实际情况，参照本《条例》制定实行定点屠宰的其他动物的屠宰管理办法。

目前，全国已有15个省份根据当地实际出台了地方性法规规章和规范性文件，对生猪以外的牛、羊、禽等其他动物实行了定点屠宰管理。《条例》出台以后，我们将以施行新的《条例》为契机，指导地方因地制宜，加快地方性法规规章的制修订，规范牛、羊、禽等畜禽的屠宰管理。

我还要告诉大家一个消息。目前，全国人大已经将《畜牧法》（全称《中华人民共和国畜牧法》）修订工作列入2021年的立法计划，正在加紧修订。初步考虑增设畜禽屠宰一章，明确畜禽屠宰管理的主要制度、企业基本条件等。农业农村部将积极配合全国人大开展《畜牧法》修改的相关工作，完善畜禽屠宰法律制度。谢谢。

寿小丽：

今天的吹风会就到这里。谢谢各位！

9. 国际粮食减损大会新闻发布会

一、基本情况

国际粮食减损大会新闻发布会

时 间	2021年9月7日（星期二）上午10时	
地 点	国务院新闻办公室新闻发布厅	
主 题	国际粮食减损大会有关情况	
发布人	农业农村部副部长	马有祥
	山东省人民政府副省长	李 猛
	农业农村部国际合作司司长	隋鹏飞
	山东省济南市副市长	吕 涛
主持人	国务院新闻办公室新闻局副局长、新闻发言人	邢慧娜

二、现场实录

邢慧娜：

　　各位媒体朋友们，大家上午好，欢迎出席国务院新闻办新闻发布会。国际粮食减损大会即将在山东开幕，今天发布会主要向大家介绍这方面的情况，并回答大家感兴趣的问题。出席今天发布会的是，农业农村部副部长马有祥先生，山东省副省长李猛先生，农业农村部国际合作司司长隋鹏飞先生，山东省济南市副市长吕涛先生。下面，首先有请马有祥先生作情况介绍。

马有祥：

　　女士们、先生们、媒体界的朋友们，大家上午好！很高兴和大家见面，借此机会，感谢大家长期以来对三农工作的关注和支持。今天我很高兴与李猛副省长等一道参加此次新闻发布会，与大家交流国际粮食减损大会的有关情况。下面，我着重介绍会议的基本情况。

　　粮食安全是全球粮农治理的重要内容。全球气候变化和新冠肺炎疫情大流行，给世界粮食安全带来重大挑战。去年11月21日，习近平主席在二十国集团领导人第15次峰会上指出，中方倡议适时召开国际粮食减损大会，欢迎二十国集团成员和相关国际组织积极参与。为落实习近平主席重要倡议，经国务院批准，农业农村部会同国家发展改革委、国家粮食和物资储备局、山东省人民政府，于9月9—11日在山东省济南市举办国际粮食减损大会。

　　大会以"减少粮食损失浪费，促进世界粮食安全"为主题，主要目的是搭建二十国集团成员、各区域国家代表、国际组织、跨国公司、学界等多方参与对话的平台，探讨国际粮食减损挑战、合作、责任和治理等重大议题。目前，大会已经邀请到了包括意大利、美国、英国、法国、印度尼西亚等二十国集团国家农业部长、联合国粮食峰会特使、联合国粮农组织总干事等国际机构负责人，以及乌拉圭、塞尔维亚、斐济、非盟等国家和地区代表线上发言。同时，澳大利亚、加拿大、爱尔兰、智利等15国驻华大使、50多个

国家代表、40多位国际知名专家，以及多家跨国企业负责人将出席大会，这是新冠肺炎疫情发生以来，中国在农业领域举办的最大的一场国际盛会。

召开这次大会，将有助于凝聚国际社会在粮食减损方面的共识，构建全球共同节粮减损的良好氛围，增强新冠肺炎疫情下世界粮食安全韧性；有助于为即将举办的世界粮食峰会和二十国集团领导人峰会储备成果，勾勒未来合作的时间表和路线图，推动形成长效合作机制；有助于促进农业应对气候变化和绿色发展，实现联合国2030年可持续发展议程，为"零饥饿、零贫困"目标贡献力量。

中国政府高度重视粮食生产和节粮减损。近年来，中国在保障粮食安全和节粮减损方面进行了积极探索，形成了一些有益的经验做法。我们非常重视与世界各国开展这方面的合作，在联合国粮农组织、二十国集团、亚太经合组织等框架下推动开展了信息共享、技术交流、人员培训等合作，特别是帮助发展中国家提升粮食减损和安全保障能力。下一步，我们将以召开本次大会为契机，推动建立国际粮食减损合作机制，共同减少全球粮食损失浪费，共同促进世界粮食安全。谢谢大家！

李猛：

女士们、先生们，新闻界的朋友们，大家上午好！我首先代表山东省人民政府向大家长期以来对山东农业农村等工作的关心支持表示衷心的感谢！

这次国际粮食减损大会在山东济南举办，是对我们的关心、厚爱也是激励和鞭策。山东省委、省政府和济南市委、市政府对此高度重视，成立了高规格领导小组，全力做好各项准备工作。在农业农村部、国家发改委、外交部、国家粮食和物资储备局等相关部委的精心指导和大力支持下，各项筹备工作进展顺利。下面，我向大家简要介绍一下。

一是精心策划主题内容。这次大会以"减少粮食损失浪费、促进世界粮食安全"为主题，采用"线下＋线上"形式召开。9月10日上午举办现场观摩活动，下午举办开幕式，邀请相关领导致辞，多位国际组织及相关国家代表发言。9月11日，围绕生产过程减损、产后减损、减少消费浪费，精心策划了3场主题论坛。会议期间，还将发布《国际粮食减损大会济南倡议》，并启动山东省粮食减损行动。

二是积极展示减损成果。大会确定国家农作物品种展示示范中心（商河）、中央储备粮济南直属库有限公司作为两处现场观摩点。其中，国家农作物品种展示示范中心（商河）将围绕粮食耕、种、管、收等环节，全方位展示农机作业、育种成果、智能化物联网系统等内容；中储粮济南直属库有限公司将围绕粮食储存环节，系统展示我国粮库、企业、农户储粮设备及先进技术。同时，我们还制作了粮食减损专题片、观摩点纪录片和成果展板，将在大会期间持续展出。

三是持续加大宣传力度。积极邀请中央主要媒体和部分外国媒体参会报道，组织《大众日报》、山东广播电视台等媒体进行集中宣传，同时充分利用微博、微信等新媒体平台以及户外的广告屏、灯光秀等形式开展形式多样、内容丰富的主题宣传。会议期间，将设立线上直播间，邀请有关专家在线解读，增强大会效果。大会结束后，我们还将举办发布会，及时发布会议成果，持续营造全民重视粮食减损和粮食安全的热烈氛围。

四是全力做好服务保障。 在严格贯彻中央八项规定精神、厉行节约的基础上，坚持"最高标准、最实措施、最严作风、最佳效果"，着眼嘉宾差异化需求，制定了个性化会务接待方案、疫情防控方案、大会安保方案、应急处理预案等，反复组织模拟演练，坚决确保服务到位、保障有力。

各位媒体朋友，国际粮食减损大会即将隆重召开，希望大家持续关注大会、宣传大会。也真诚地希望通过大家的牵线搭桥，邀请更多的国内外朋友到山东交流洽谈、寻求合作、共谋发展！我就介绍这么多，谢谢大家！

邢慧娜：

谢谢李猛副省长的介绍，下面各位媒体朋友可以开始提问，提问前请通报所在的新闻机构。

中央广播电视总台央视记者：

据我了解，粮食减损和减少浪费是社会普遍关注的问题。中国倡议并首次召开国际粮食减损大会是出于什么样的考虑？谢谢。

马有祥：

确实如提问所说，粮食减损和减少浪费是国际社会的共同关切。粮食的损失浪费现象在全球范围内普遍存在，联合国粮农组织发布的《2019年粮食及农业状况》中讲到，全球在收获后到零售前的供应链环节内损失的粮食约占到总产量的14%，比例是非常高的。辛辛苦苦生产出来的粮食，14%被损耗掉了。新冠肺炎疫情使这个问题更加突出，在这种背景下，我们召开首届国际粮食减损大会主要考虑有以下3点。

一是节粮减损的重要性。 民以食为天，悠悠万事，吃饭为大。粮食安全是天大的事情。实现粮食安全需要"加法""减法"一起做。"加法"是千方百计增产，我们国家粮食产量去年达到了6.695亿吨，粮食6年稳定在6.5亿吨以上。"减法"是千方百计节约和减损，我们可以简单算一笔账，世界粮食年产量大约28亿吨。如果世界粮食减损1个百分点，相当于减少2 800万吨粮食的损失。可以多养活多少人呢？约 7 000 万人。如果我国粮食减损一个百分点，就相当于减少损失 650 万吨，按 400 公斤粮食一年一人计算，可以养活约 1 600 万人。从这个意义上来说，减损就是增产。粮食生产需要水、土、肥、药、种等生产要素的投入，按生产 1 吨粮食需要 3 亩左右的耕地计算，我国 2 亩耕地大概生产 1 吨粮食，世界平均单产较低。世界粮食减损 1 个百分点，相当于节约耕地 8 000 多万亩。因此，节粮减损就是节约珍贵的水土资源，减少化肥农药等投入品的消耗，促进农业可持续发展。这就是节粮减损的重要性。

二是节粮减损的紧迫性。去年以来，新冠肺炎疫情在全球蔓延，国际粮食供应链遭受冲击、价格上涨、供给趋紧，世界粮食安全状况不断恶化，有近 20 个国家采取了粮食出口限制，去年春夏，一些国家突发沙漠蝗灾，叠加全球新冠肺炎疫情影响，常规灾害防控难以落实，加剧了粮食安全恐慌，个别国家甚至进入了紧急状态。据联合国报告，去年全球至少 1.55 亿人面临重度粮食不安全，是近 5 年的新高。与此同时，发展中国家粮食损失、发达国家粮食浪费问题长期存在。发展中国家的设施差一点、技术差一点，所以损失比较多。发达国家不缺钱、不缺粮，浪费比较多。这些问题没有得到有效解决，所以减少粮食损失浪费对保障世界粮食安全的意义更加凸显。

三是节粮减损的复杂性。节粮减损既涉及生产、收获、运输，又涉及仓储、加工、销售；既涉及供应，又涉及消费；既涉及设施装备技术，也涉及思想观念传统；既涉及国内产业链、供应链，也涉及国际贸易，涉及范围非常广。因此说节粮减损是系统性工程、国际性工程。

所以，在当前背景下我们召开国际粮食减损大会，概括起来的主要考虑是：节粮减损因为重要所以需要重视，因为紧迫所以需要解决，因为复杂所以需要合作。

我就回答这么多，谢谢。

大众网·海报新闻记者：

本次国际粮食减损大会在山东济南召开的原因是什么？将会对当地粮食生产减损工作及经济社会发展带来哪些推动作用？谢谢。

■ 李猛：

首先感谢记者朋友对山东农业的关心关注，这次国际粮食减损大会的举办为推进山东农业高质量发展、加快向农业强省转变，提供新的机遇。下一步，我们将以现代农业强省突破为目标定位，积极探索实现农业农村现代化的路径。具体来说有6点。

一是持续强化粮食和重要农产品的保障能力。山东是农业大省，我们要坚决扛起农业大省的责任和担当，确保粮食综合产能保持在1 100亿斤左右，生猪产能稳定在5 000万头左右，肉蛋奶产量稳定在1 500万吨左右，水产品的产量稳定在800万吨左右。

二是持续推进农业全产业链提升。我们重点培育千亿级优势特色产业集群8个以上，创建国家和省级现代农业产业园100个，产业强镇1 000个，乡土产业名品村1万个，实现"一县一园、一乡一业、一村一品"。

三是持续推动农业绿色可持续发展。实施农业生产"三品一标"提升行动，推进品种培育、品质提升、品牌打造和标准化生产。开展农业清洁生产行动，实现农业灌溉用水总量零增长，化肥、农药使用量负增长，畜禽粪污综合利用率稳定在90%以上。

四是持续提升农业科技装备水平。深入实施农业科技支撑乡村振兴行动，加快数字技术与装备集成应用和智慧农业发展，积极开展全程、全面、高质、高效农业机械化示范创建，实现主要农作物生产全过程机械化。

五是持续加快农业开放发展的步伐。要加快建设国家级和省级农业对外合作"两区"，农产品出口产业聚集区，深入推进潍坊国家农业开放发展综合试验区的建设，打造全国农业开放发展引领区。

六是持续深化农业农村改革。扎实推进农村土地制度改革，进一步巩固拓展农村集体产权制度改革的成果。同时，积极推进农村改革试验区建设，推动释放政策叠加协同的效应。我就介绍这么多，谢谢。

■ 邢慧娜：

这次国际粮食减损大会在山东济南召开，吕市长有什么需要补充的。

吕涛：

感谢各位记者对济南的关心。本次大会落户山东济南是济南市积极争取申办、经国家主管部委严格考察和慎重研究决定的，济南市高度重视大会承办工作，在山东省委、省政府的领导下，在农业农村部、国家发改委、国家粮食和物资储备局，特别是省农业农村厅具体指导下，科学谋划、精心组织、高标准、高质量、高水平地做好大会筹备工作，以实际行动贯彻落实习近平总书记关于粮食安全的重要指示精神。谢谢大家。

中国日报社记者：

除了粮食损失和浪费，当前全球粮食市场面临着震荡加剧、供应链不稳、政策多变等挑战。请问，中国在强化农业经贸合作，促进全球粮食市场稳定发展方面有哪些打算？谢谢。

马有祥：

谢谢您的提问。共有3个方面：一是加强人力资源合作，帮助发展中国家提高粮食综合生产能力；二是加强农业科技合作，推动提升国际粮食减损技术支撑能力；三是加强政策协调，推动提高全球粮农治理能力。

我就现在供应链不稳、政策多变以及市场波动震荡这方面我们怎么促进合作做一个简单介绍。

我们是全球主要粮食生产国、贸易国。一方面通过夯实国内粮食生产，端牢自己的饭碗，这本身也是为世界粮食安全作贡献。另一方面坚持深化农业对外开放，分享中国发展红利，促进全球粮食市场稳定。

一是深化农业贸易合作。我们国家是全球第二大农产品贸易国和最大农产品进口国。农产品贸易规模连续四年稳定在2 000亿美元以上。今年前7个月，中国农产品贸易同比增长25.8%，进口增长33.3%，可以说中国农产品市场的开放为全球农业的稳定发展作出了贡献。

二是加强农业投资合作。目前，我们已经与100多个国家建立了农业投资合作关系，今后我们将以实现互利共赢，促进合作国民生改善为目标，以"一带一路"沿线国家为重点区域，以提高当地的粮食和重要农产品生产能力为重要内容，稳步扩大农业投资，开展基础设施、农资农机、仓储物流等全产业链合作，推进农业服务贸易发展，共同提升粮食安全和农业发展水平。

三是强化农业科技合作。加强与各国在良种培育、土壤健康、高产栽培技术、疫病防控、设施农业等方面的合作，提升农业科技对农业支撑力度。

四是开展农业政策交流。推动粮食生产、消费、贸易，在国家间开展广泛对话，加强交流，支持世界贸易组织、粮农组织以及有关多、双边机制发挥作用，推动减少不合理的粮食贸易限制，尤其在新冠肺炎疫情背景下，贸易保护主义抬头，壁垒增加，我们需要积极进行合作，消除壁垒，为促进全球粮食和农业贸易创造稳定、可预期的外部环境。

我补充这4点，谢谢大家。

📷 香港紫荆杂志社记者：

本次会议的主题是"减少粮食损失浪费，促进世界粮食安全"，这对缓解当前新冠肺炎疫情下世界粮食安全面临的严峻形势具有重要意义。请问中国有什么打算？准备从哪些方面为促进世界粮食安全作出积极贡献？谢谢。

🎙 隋鹏飞：

感谢您的提问。当前，新冠肺炎疫情在全球依然流行，今年北美的干旱，国内的洪涝频发，国际市场粮食价格高位波动，对全球粮食安全造成了巨大挑战。这种不稳定性还容易引发更多不同层面的解读。作为全球最大的发展中国家，中国将继续坚持和平发展、合作共赢的原则，积极参与全球粮农治理，推动农业国际合作，分享中国农业农村发展的经验和实践，为世界粮食安全作出贡献。

在这里我介绍一些情况。这个月到下个月是全球关于粮食领域或者和粮食密切相关的领域活动最多的。1周前，金砖国家农业部长会议召开，主题是粮食安全。9—11日，国际粮食减损大会召开。本月17—18日20国集团农业部长会议在意大利召开。本月22—23日联合国粮食峰会召开，全球农业部长们始终聚焦粮食问题。在中国，从最高领导人到农业农村部再到各地方，都对粮食安全问题高度重视。在这种形势下如何推进作出贡献，我们重点从3个方面考虑。

一是加强人力资源合作，帮助发展中国家提高粮食综合生产能力。这么多年来我们就是这样走过来的。中国通过实施对外援助和农业"南南合作"等，已经向非洲、亚洲、南太平洋、加勒比海的70多个国家和地区派出了2 000多名农业专家和技术人员，近10万名所在国农民受到了培训。在华举办将近500多期培训班，培训国外专家、专业人员1.1万名。在作物生产、畜牧业水产养殖、农田水利、农产品加工等各个领域，向需要的国家进行了1 500多项技术推广和示范，带动项目区平均增产40%～70%，超过150万户小农从中受益。乌干达总统曾经专此致信习近平主席，对中方的支持表达感谢。在中非峰会上，习近平主席也宣布中国要为非洲2030年之前的粮食安全问题作出自己应有的贡献。

二是加强农业科技合作，推动提升国际粮食减损技术支撑能力。多年来，中国已经与140多个国家和地区以及国际组织建立了科技合作关系，与80多个国家的科研机构以及21个国际组织签署了500多份合作协议和备忘录，共建了170多个联合实验室和研究中心，在育种、农机、植保等领域持续有效地开展了大量工作。

多年以来，我们在"一带一路"倡议沿线国家，推动农业对外投资合作，把当地的生产能力，特别是发展中国家的生产能力提高了很大一步。下一步，我们将重点围绕粮食减损的关键环节，加强技术、工艺、装备等方面联合研发。刚才马部长提到发展中国家最重要的是提升生产过程的粮食减损能力，这正好是中国可以大有作为，而且有好作为的地方，这个也是我们的优势所在。

三是加强政策协调。从全球层面推动提高粮农治理能力，加强与联合国粮农组织、世界粮食计划署等国际组织合作，围绕保障全球粮食安全，提高粮食减损能力设置议题，推动各国在粮食安全治理方面形成共识、积极参与《国际植物保护公约》等国际标准和规则的制定，推动在粮食减损、运输、检疫、进出口贸易等方面形成合理的国际规则，更好地利用20国集团、亚太经合组织、金砖国家峰会等平台，开展信息交流和政策对话协调，促成公平、公正的国际粮食市场秩序。谢谢。

今年中央一号文件提出要减少粮食损失和浪费，4月出台了《反食品浪费法》（全称《中华人民共和国反食品浪费法》），请问我国在减少粮食损失和浪费方面做了哪些努力？下一步有哪些打算？谢谢。

🎙 马有祥：

谢谢您的提问。我们常说"谁知盘中餐，粒粒皆辛苦""一粥一饭当思来之不易，一丝一缕恒念物力维艰"，珍惜粮食、反对浪费是我们中华民族的传统美德。中国政府高度重视减少粮食损失浪费问题，习近平主席多次作出重要指示，强调要采取综合措施降低各环节的粮食损失浪费。除了刚才提到的中央一号文件有关部署和《反食品浪费法》外，中国"十四五"规划明确提出，要开展粮食节约行动，制止餐饮浪费行为。今年5月，国家发改委印发《全链条粮食节约减损工作方案》。这些年中国围绕粮食损失与浪费进行了积极探索，主要是4个方面的减损。

一是设施减损。加强农业基础设施建设，夯实减损基础，大规模开展高标准农田建设，改善小型农田水利设施，建成8亿亩高标准农田，努力做到旱涝保收，力争实现每亩年产吨粮。开展田间冷链物流体系建设，加强粮食仓储和流通设施建设，减少农产品的产后损失。通过设施建设来减损。

二是技术减损。推广粮食减损技术，降低各环节损耗。研发推广新品种、新技术、新装备，推进粮食生产的良田、良种、良制、良机、良法"五良融合"，促进生产全程的增粮减损。大力推进机收提质减损，今年夏粮和早稻，因为机收做到了精细化，我们少损失了30亿斤的粮食，挽回了150万吨粮食。倡导适度合理加工，提高综合利用水平。

三是防灾减损。构建农业防灾减灾体系，减少灾害损失。运用信息技术改造提升气象灾害、病虫害监测网络，加强监测预警、综合防控和灾后恢复生产，将灾害损失降到最低。

四是制度减损。加强节粮减损宣传和立法，减少"舌尖上的浪费"，开展"光盘行动"，树立浪费可耻、节约光荣的社会风尚。实施《反食品浪费法》，推动形成长效机制。

主要从这4个方面进行节粮减损。减少粮食损失和浪费是一项长期而艰巨的任务，我们将坚决贯彻落实党中央、国务院决策部署，全面夯实生产基础，加强科技研发，健全政策体系，强化宣传引导，减少全产业链的损失与浪费。4个方面的减损要长期做下去。世界各国在减少粮食损失与浪费方面也有很多经验做法值得学习借鉴，我们拟在山东潍坊设立国际粮食减损研发交流平台。潍坊是经国务院批准设立的农业开放发展综合试验区，建立了包括粮食在内的诸多产业集群，农业科技与智能装备水平比较高，探索形成了一些节本增效经验和业态模式。我们将通过潍坊这个平台开展国际节粮减损技术经验交流、创新和试验，欢迎国际社会积极参与、共享共建。谢谢。

中国农村杂志社记者：

习近平总书记强调，要牢牢把住粮食安全主动权。从长远来看，节约就是增产，节粮减损相当于粮食增产，是增加粮食有效供给的"无形良田"。请问当前我国粮食全产业链中有哪些环节需要作出减损转变？接下来如何建立节粮减损长效机制？谢谢。

隋鹏飞：

我们已经注意到今年9月下旬举办的联合国粮食峰会其中一个重要主题是"推动粮食系统转型"。节粮减损是全产业链条的，节粮减损也就是增产增收，也就是增加粮食有效供给的"无形粮田"。目前受生产条件、技术水平、消费意识等影响，我国粮食损失与浪费在产、收、储、运、消等各个环节都有不同程度存在，都需要作出减损的转变或者要作出对粮食产业发展的转型。

在生产环节，就存在播种粗放、用种量偏高等问题。如果用精量播种，更大程度代替粗放播种，在播种时就节约了粮食。比如说，生物灾害和自然灾害依然是引发粮食损失的重要因素，如果不断增强防灾、减灾能力建设，就会最大程度减少损失。

在收获环节，就存在收割机械精细化程度不够、农机农艺不配套等问

题，这都需要强化机械装备和农业的精准配套，确保更大程度的颗粒归仓。

在储运环节，储运设施装备落后，储运途径不完善，特别是过去对冷链体系重视不够，这些都影响了粮食的储运。我在东北工作过，到秋收以后，东北的家家院院都堆着玉米，如果稍作改进和完善，就会确保减少玉米收获以后的损失。

在加工环节，有两方面问题存在。一方面，确实存在着过度加工，这几年稍微好一些。我们能不能把加工的东西尽可能、多用途地食用掉。另一方面，在国际上还有加工环节有延长产业链和提升价值链的问题。我们在这些方面都需要进一步加强。

在流通环节，同样存在流通物流体系和专用性技术装备不到位的问题。比如可以更好地建设一些粮食接卸专用平台，更好地推动物流标准化。

在消费环节，需要继续大力提倡"光盘行动"，避免"舌尖上的浪费"，推进餐厨废弃物资源化利用。在消费环节更多是全民意识和行为问题。

所以，节粮减损是一个系统性工程，涉及经济社会、科学技术、政策法规等诸方面因素，需要政府、企业、社会共同努力，综合施策。主要从以下3个方面做进一步强化和努力。

一是加快科技创新和装备提升。加强各环节基础性的科学研究，加快新品种的选育，提升种子质量，提高收获环节的机械性能和质量，改善烘干、仓储、物流条件，提升加工工艺和配套装备。

二是完善政策法规体系。主要体现在推进标准化生产，推进社会化服务，强化物流体系建设。

三是建立完善全社会共同参与的制度体系。落实好《反食品浪费法》，进一步强化珍惜粮食、反对浪费的意识教育，明确各级政府和全民在减少粮食损失浪费方面的责任和义务。

这几个方面在此次山东济南举办的国际粮食减损大会的各项议程中，都会予以充分体现。谢谢。

邢慧娜：

今天的发布会就先到这儿。感谢各位发布人，感谢各位媒体朋友们，大家再见。

10. 前三季度农业农村经济运行情况新闻发布会

一、基本情况

前三季度农业农
村经济运行情况
新闻发布会

时　间	2021年10月20日（星期三）上午10时
地　点	国务院新闻办公室新闻发布厅
主　题	前三季度农业农村经济运行情况
发布人	农业农村部总农艺师、发展规划司司长　　　　　　曾衍德
	农业农村部市场与信息化司司长　　　　　　　　　唐　珂
	农业农村部种植业管理司司长　　　　　　　　　　潘文博
	农业农村部畜牧兽医局副局长　　　　　　　　　　孔　亮
主持人	国务院新闻办公室新闻局局长、新闻发言人　　　　陈文俊

二、现场实录

陈文俊：

　　女士们、先生们，上午好。欢迎大家出席国务院新闻办新闻发布会，今天我们发布会的主题是介绍今年前三季度农业农村经济运行情况。今天我们有幸请到农业农村部总农艺师、发展规划司司长曾衍德先生，市场与信息化司司长唐珂先生，种植业管理司司长潘文博先生，畜牧兽医局副局长孔亮先生。下面，先请曾衍德先生作介绍。

曾衍德：

　　女士们、先生们，媒体朋友们，大家上午好。又到了一年秋收的时节，今年又是一个丰收年。目前，秋收已进入尾声，各地正在紧张有序地开展秋冬种。在此，我通报一下今年前三季度农业农村经济运行情况。

　　今年以来，农业农村部深入学习贯彻习近平总书记重要指示批示精神，认真落实党中央、国务院决策部署，立足保供固安全、振兴畅循环工作定位，强化政策扶持，加大工作力度，统筹做好农业农村各项工作，粮食和农业生产喜获丰收，农村和谐稳定，农民幸福安康，为开新局、应变局、稳大局发挥了重要作用。这后面几句话，是习近平总书记在第四个中国农业丰收节时，对今年农业农村工作给予的充分肯定，农业农村系统和亿万农民倍受鼓舞。今年前三季度农业农村经济运行总体良好，主要表现在以下7个方面。

　　第一，全年粮食有望高位增产。今年以来，我们坚决扛起粮食安全责任，落实粮食安全党政同责要求，季季接续、茬茬压紧、环环紧扣推进粮食生产。夏粮量质并增，产量2 916亿斤，增加59.3亿斤。优质专用小麦面积占37.3%，提高1.5个百分点。早稻实现增产，产量560亿斤，增加14.5亿斤，连续2年增产。秋粮增产已成定局，秋粮面积稳中有增，目前收获已近八成，近期的连阴雨对产量影响总体有限。全年粮食产量将再创历史新高，连续7年保持在1.3万亿斤以上。

　　第二，"菜篮子"产品供应充足。"菜篮子"产品数量充足、品种丰富，市场稳定。生猪生产全面恢复，据国家统计局统计，9月末全国能繁母猪存栏4 459万头、生猪存栏4.38亿头，均相当于2017年年末水平。牛、羊和家禽平稳发展，牛、羊、禽肉产量同比增加4%，牛奶产量同比增加8%，国内水产品产量同比增加3.8%。蔬菜水果量足价稳，全国在田蔬菜面积1亿亩左右，同比持平略增。水果市场供应增加，价格小幅回落。

第三，扎实推进种业振兴和高标准农田建设。推进育种创新，启动种业振兴行动，推进农业种质资源普查和新一轮畜禽遗传改良计划。实施新一轮高标准农田建设规划，1—9月已建成和开工在建高标准农田约9 617万亩。加强耕地质量建设，实施"十四五"国家黑土地保护工程，完成东北黑土地保护性耕作面积7 200万亩。推进粮食作物全程机械化，强化机收减损，预计农作物耕种收综合机械化率超过72%，机收损失率较常年降低约1个百分点。

第四，农业绿色转型加快推进。我们将绿色发展作为实施乡村振兴战略的重要引领，印发"十四五"全国农业绿色发展规划，聚焦重点发力，推进农业绿色转型。推进农业生产"三品一标"提升行动，实施食用农产品"治违禁 控药残 促提升"三年行动，农产品质量安全监测总体合格率达到97.5%，绿色、有机、地理标志农产品认证数量达到5.8万个。务实抓好长江十年禁渔，退捕渔民基本实现转产就业，社保政策全面落实，清理取缔涉渔"三无"船舶8 349艘、违规网具23.8万张。

第五，乡村富民产业发展势头良好。各地以农业农村资源为依托，做强农产品加工业，做精乡村休闲旅游业，做大农产品电商，促进一二三产业融合发展。农产品加工业稳定发展，1—9月，规模以上农副食品加工业同比增长8.6%。新产业、新业态持续发展，乡村休闲旅游业基本恢复到2019年同期水平，农产品网络零售额保持两位数增长。产业融合发展稳步推进，创建了50个国家现代农业产业园、50个优势特色产业集群、298个农业产业强镇，促进了产镇融合、产村融合。

第六，农民收入较快增长。把促进农民增收摆在重要位置，多措并举拓展农民增收渠道，前三季度农村居民人均可支配收入达到13 726元，扣除价格因素，实际增长11.2%，高于城镇居民收入增速2.5个百分点。农村外出务工总量和收入水平实现双增长，外出劳动力总量达到1.83亿人，同比增长2%，月均收入达到4 454元，同比增长10.4%。同时，脱贫地区特色产业稳步发展，脱贫劳动力稳岗就业形势较好，推动脱贫人口外出务工3 103万人，脱贫人口收入增速继续高于全国农村平均水平。

第七，农村内需潜力持续释放。随着农业农村现代化加快推进，农村成为扩大内需的重要增长点。农业农村有效投资不断扩大，第一产业固定资产投资10 395亿元，同比增长14%，用于农业农村的地方政府债券发行规模预计超过1 600亿元。农村消费稳步恢复，乡村消费品零售额达到42 169亿元，同比增长15.6%，2年平均增长3.8%。农产品进出口增长较快，进出口总额达到2 251.6亿美元，同比增长25.9%。其中，进口1 656.7亿美元，同比增长33.1%，出口594.9亿美元，同比增长9.3%。

总的看，今年粮食再获丰收，"菜篮子"产品量足价稳，农民收入持续增长，为促进国民经济健康发展提供了有力支撑。但也要看到，农业农村经济发展还受农资价格高位运行、国际农产品市场波动等影响，需要引起高度重视，切实加以解决。下一步，农业农村部将坚决贯彻落实党中央、国务院决策部署，紧盯目标，加大力度，狠抓落实，确保粮食产量保持在1.3万亿斤以上，坚决守住不发生规模性返贫的底线，不折不扣完成全年各项目标任务。

谢谢大家，下面我和我的同事愿意回答大家的提问。

陈文俊：

谢谢曾衍德总农艺师，下面欢迎各位提问，提问之前请通报一下自己所在的新闻机构。

中央广播电视总台央视记者：

习近平总书记提出，保障粮食安全的要害在种子和耕地。请问今年这两项重点工作的进展如何？下一步我们还有什么推进措施？谢谢。

曾衍德：

谢谢您的提问。这个问题由我来回答。保障粮食安全是关系"国之大者"的核心要害，也是习近平总书记提出的战略要求。农业农村部认真贯彻落实习近平总书记重要指示要求，主动扛起责任，聚力推进落实。从目前情况看，这两项工作都取得了较好进展。

种业振兴稳步开局。按照中央的有关部署，今年以来，农业农村部研究制定了《种业振兴行动方案》，重点实施资源保护、创新攻关、企业扶优、基地提升和市场净化五大具体行动。我们提出来力争1年开好头、3年打基础、5年见成效、10年实现重大突破，逐步实现种业科技的自立自强，种源自主可控。主要有3方面进展。

一是种质资源普查全面启动。 截至今年9月底，我们新收集农作物资源1.7万份，完成了60%的行政村畜禽资源普查、16万水产养殖户普查，国家农作物、海洋渔业生物种质资源库已基本建成，畜禽种质资源库已经立项建设。

二是育种创新攻关全面推进。 我们发布实施了新一轮畜禽遗传改良计划。编制种源关键核心技术攻关和农业生物育种重大项目方案。实施制种大县奖励政策，强化部省协同推进育种联合攻关，推进龙头企业和优势基地创新发展。

三是知识产权保护全面加强。 我们启动了全国种业监管执法年活动和保护种业知识产权专项整治，严厉打击套牌侵权等违法行为，净化种业市场环境。这是我们种业方面取得的进展。

在耕地质量建设和保护方面也取得了一些新进展。我们在严格落实耕地保护制度的同时，把提高耕地质量作为提升粮食产能的重点，加大投入、加快建设，取得了好的成效。

一是强化规划引领。 经国务院批复，我们印发了全国高标准农田建设规划，提出到2025年新建高标准农田2.75亿亩、累计建成10.75亿亩，到2030年累计建成12亿亩高标准农田。

二是高标准农田建设扎实推进。 据调度，1—9月已建成高标准农田6 517万亩、占全年任务量的65.2%，目前开工在建3 100万亩，年底前能够确保完成1亿亩建设任务。统筹发展高效节水灌溉面积1 700多万亩，超过年度任务200多万亩。

三是耕地质量建设稳步推进。 我们启动实施了国家黑土地保护工程，实施东北黑土地保护性耕作面积7 200万亩，建设退化耕地集中连片治理示范区200个，开展综合治理面积280万亩。

下一步，我们要深入贯彻习近平总书记的重要指示精神，集中资源、聚合力量，全力抓好种子和耕地两个要害，深入实施种业振兴行动，持续推进高标准农田建设，加强东北黑土地保护，为保障国家粮食安全提供坚实支撑。谢谢。

中国日报社记者：

我们都知道，今年极端天气多发，近期北方地区降雨比较频繁，请问对秋收和冬种有什么样的影响？是否会改变秋粮丰收的基本面？

潘文博：

感谢您对粮食生产的关注。您的问题概括起来应该是3个方面。

第一，关于秋收。正如您所说，秋季北方降雨偏多，特别是9月下旬以来两轮强降雨，给北方的秋收带来了不利影响。我们常说"三春不如一秋忙"，今年的秋雨使秋收格外忙。一方面，秋雨连绵造成秋收进度放缓，据农情调度，截至目前全国秋粮收获75%，比常年慢了4个百分点，秋雨影响秋收主要在中西部的黄淮海和西北地区，对东北、华南、江南影响较小。黄淮海和西北地区的问题主要是土壤普遍过湿，常规机械下不了地，秋收进度慢，常年这个时候玉米基本已经收完了，今年收的只有八成多。另一方面，秋雨连绵造成了秋收成本增加，一年到头都在忙，收到手里才是粮。为了应对地湿的问题，把丰产的粮食收上来，有的农民需要把轮式收割机改成履带式，有的要把稻麦收割机改成收玉米的，有些需要人工来抢收，这些都明显增加了收获成本。黄渤海地区反映，今年机收玉米，1亩地增加的成本大约是50～100元。

第二，关于秋粮。刚才讲到全国秋粮收了75%，应该说全国秋粮收获大头已经落地，从各地实打实收和农情调度情况看，河南、山西、陕西因严重洪涝和干旱，秋粮确实是减产了。但其他主产区秋粮多数是增产的，特别是东北四省区增得比较多，全国有减有增，增得比减得多，算总账，全国秋粮是增的。刚才曾总师也讲到秋粮丰收已成定局，今年秋粮丰收有三个因素：一是秋粮的播种面积稳中有增，这是丰收的基础；二是高产作物玉米面积增加比较多，加上光、温、水匹配较好，单产是提高的，这是丰收的关键；三是河南、山西、陕西大家都比较关注，这些地方局部灾情确实很重，是多年

　　少有的，重灾的农户甚至是绝收的，但是总的看，全国农业受灾程度轻于常年。有一组数据：今年农作物受灾面积1亿亩左右，近10年平均每年农作物受灾3.6亿亩，从受灾面积和受灾程度看，今年我们农业的灾情应该是近10年最轻的一年。

　　大家都知道，我国粮食分夏粮、早稻和秋粮三季，夏粮、早稻这两季已经丰收到手了，合计增产了74亿斤，加上刚才我讲的秋粮也是增产的，现在应该说全年粮食丰收已成定局，可实现年初确定的粮食产量保持在1.3万亿斤以上的经济社会发展主要预期目标。

　　第三，关于秋种。9月份以来的持续降雨不仅影响秋收，更主要影响秋种，由于土壤普遍偏湿，腾茬整地困难，冬小麦播种受阻。截至10月19日，全国冬小麦播种进度26%，比常年低了27个百分点，特别是河北、山东、山西、河南、陕西大部播种比常年晚了15天以上。今年晚播麦比例大，晚播麦冬前积温就不足，将导致冬前分蘖减少、个体偏弱、群体偏小，不利于培育冬前壮苗。有的地方农田积水没法排除，可能会错过播期，无法下种。土壤过湿也会加重小麦条锈病、茎基腐病等病虫草害发生。但专家讲，小麦生育期长，230天，回旋余地大，过去也有播期推迟的时候，只要冬前能播下去，开春后管理措施跟得上，夺取丰收还是有希望的。

针对秋雨对秋收、秋种带来的不利影响和严峻挑战，下一步，农业农村部将按照党中央、国务院的决策部署，坚持问题导向，采取超常规措施，迎难而上、精准指导，重点抓3件事：一是抓好秋收扫尾，确保颗粒归仓；二是抓好秋播、秋种，力争冬小麦面积不下降或少下降；三是抓好冬前和早春的麦田管理，为明年夏粮丰收夯实基础。谢谢。

📷 **第一财经电视记者：**

前面的记者也提到今年的洪涝灾害特别多，我们想了解一下，这样的极端天气对我国粮食等重要农产品的市场平稳运行是否有影响？当前以及未来一个时期，我们国家的农产品市场供需总体是什么样的情况？谢谢。

唐珂：

这个问题涉及粮食价格和市场运行。粮食价格是百价之基，在洪涝等自然灾害多发的情况下，各方面对粮食市场运行确实是更加关注了，我们也进一步加强了监测分析。刚才曾总师也讲了，今年粮食再获丰收，"菜篮子"产品量足价稳。从我们调度情况看，今年粮食价格总体保持基本稳定。我们监测的稻谷、小麦、玉米3种粮食的集贸市场1—9月均价是每百斤129元，同比高6.2%，粮价总体上有上涨，但上涨有限，而且主要是玉米价格上涨带动的结果。目前，南方的一季稻丰收上市，品质有所提升，市场购销两旺，价格高开后回落趋稳；小麦收购旺季基本结束，国庆假期后价格略有上涨；玉米开始陆续收获上市，市场流通粮源充足，价格较前期有所下跌。

在自然灾害多发、国际粮价大幅波动的情况下，我国粮食市场运行能保持基本平稳，关键还是供需基本面牢固。看当前我国粮食供需和市场总体形势，应该把握三大特点。

一是粮食生产形势好。 今年夏粮早稻已经丰收到手，玉米面积增加较多，除河南等部分地区受灾较重以外，前期大部分主产区秋粮长势良好，持续降雨没有改变秋粮丰收的基本面，粮食产量将连续7年保持在1.3万亿斤以上，保供稳价有坚实基础。

　　二是储备调控能力强。我国稻谷、小麦库存持续保持较高水平，玉米及替代品进口增加，粮食储备调控和应急供应有充分保障。

　　三是市场各方预期稳。加工企业等各类市场主体购销总体有序，预期较为平稳。特别是广大老百姓对国家粮食安全心里有底，也不会因为局部地区发生自然灾害或新冠肺炎疫情而抢购囤货。

　　每年的秋冬季是农产品消费的传统旺季，预计今年"米袋子""菜篮子"将继续保持产销两旺，市场供给有保障。除了前面提到的粮食作物以外，今年的猪肉、蔬菜、水果等"菜篮子"产品生产供给形势也不错，针对前期局部地区新冠肺炎疫情点状发生和华北等地连日阴雨等情况，农业农村部已经第一时间作出部署，指导督促做好粮食等重要农产品稳产保供工作。

　　下一步，我们将会同有关部门落实好鲜活农产品运输"绿色通道"政策，畅通物资下乡进村和农产品出村进城通道；加强市场信息监测预警，及时发布价格和供求信息；组织加工销售企业和冷链物流企业扩大鲜活农产品购销，坚决打击囤积居奇等扰乱市场行为；落实"菜篮子"市长负责制，抓好秋季蔬菜生产，切实保障"菜篮子"产品生产供给。

当前猪肉价格持续下跌，部分养殖场（户）出现亏损，未来一段时间猪肉价格走向如何？农业农村部将采取哪些措施保障养殖场（户）的积极性，稳定生猪生产？谢谢。

孔亮：

感谢您对畜牧业生产的关心关注。总体来说，在各方的共同努力下，生猪生产在二季度已经完全恢复，当前的市场供应出现阶段性过剩，主要是因为生产仍在惯性增长。据农业农村部监测，1—9月份规模以上生猪定点屠宰企业屠宰生猪同比增长60.9%，其中9月份同比增长95.2%。今年1月下旬开始，猪肉价格连续8个月回落，在刚刚过去的中秋、国庆消费旺季，也没有出现猪肉价格反弹。10月份第2周，集贸市场的猪肉平均价格每公斤21.03元，比今年1月份下降了60.8%，9月份全国养猪场（户）亏损面达到76.7%。这里面既有一些散养户，又有一些规模场，既有自繁自养的，也有外购仔猪的，是一个统算的比例。

大家都很关注今后一个时期生猪的行情走势。我们常说，生猪市场供应"中期看仔猪，长期看母猪"。3月份以来，规模猪场每月新生仔猪数均在3 000万头以上，并持续增长。8—9月份全国能繁母猪存栏量接近正常保有量的110%。预计今年四季度到明年一季度上市的肥猪同比还将明显增长，生猪供应相对过剩局面仍将持续一段时间，如不实质性调减产能，猪价低迷态势难以扭转，尤其是明年春节过后的消费淡季，猪价可能继续走低，并造成生猪养殖重度亏损。也希望我们新闻媒体把这个判断传达给广大的养殖场（户）。

防止生猪生产大起大落，尽量熨平"猪周期"是我们努力的方向和重点。从6月份开始，农业农村部针对生猪产能过剩的苗头，通过主流媒体和行业媒体密集发布预警信息，引导养殖场（户）加快淘汰低产母猪，有序安排生猪出栏。随后，会同有关部门发布了《关于促进生猪产业持续健康发展的意见》，印发《生猪产能调控实施方案（暂行）》，努力稳定生猪生产秩序。7月份以来，全国能繁母猪存栏量结束增长势头，连续3个月减少。目前一些

养殖企业特别是大型企业采取"10头母猪淘汰1头低产母猪、1窝仔猪多淘汰1头弱仔、育肥猪提前10天出栏"等措施，这对于企业减少亏损和行业去产能具有积极作用，值得借鉴。

下一步，为推动生猪养殖加快走出困境，防止生猪生产和供应出现大的起落，农业农村部将按照产能调控方案要求，落实地方分级调控责任，重点抓好生猪产能调减工作，加强生产和市场监测，及时发布产能过剩预警，鼓励养殖场（户）加快淘汰低产母猪，顺势出栏肥猪，使生猪产能尽快回到合理水平。同时，保持用地、环保、贷款和保险等长效性支持政策稳定，不搞"急转弯""翻烧饼"，防止损害基础生产能力，影响长期的市场稳定供应。谢谢。

中国农业电影电视中心中国三农发布记者：

近一段时间，山西、陕西遭遇严重洪涝灾害。请问现在抢收的情况如何？农业农村部对做好灾后补种有什么意见和建议？谢谢。

潘文博：

这个问题刚才我也讲过，我再作个补充。9月份以来，山西、陕西降雨异常偏多，特别是"十一"长假期间出现了强降雨，范围广、雨量大，是有气象记录以来最强秋汛。渭河特别是汾河部分河段漫堤，造成农田受淹。农作物受灾面积是550万亩左右，农田积水300多万亩，确实给当地秋收秋种带来了前所未有的困难。

灾害发生后，农业农村部迅速行动，派出工作组和专家组深入重灾区，加强技术指导服务，帮助两省调剂调集适宜的农机抢排积水、抢收秋粮、抢种小麦。据农情调度，截至目前，山西秋粮已收获2 480多万亩，进度2/3左右。这几天的进度明显加快，前几天每天不到100万亩，现在一天能收250万亩左右。陕西秋粮已收2 190万亩，进度是77%，也就是3/4以上。

两省反映，"十一"强降雨发生的时候，两省秋粮产量已基本形成，秋粮对产量影响是有限的，但造成土壤普遍过湿，常规的轮式机械无法下地，下地就陷在里头了，所以影响秋收进度。降雨也在一定程度上影响了粮食质量，增加了收获成本，更重要的是影响了下茬冬小麦播种。尽管采取一些措施，目前山西的秋收进度仍比常年慢18个百分点，秋冬种小麦播种进度慢了60个百分点；陕西的秋收进度慢了2个百分点左右，秋冬种小麦播种进度慢了25个百分点。专家分析，山西和陕西这样的地方秋冬种小麦最佳播期在10月25日之前，最晚可以播到11月10日，也就是说立冬以后还可以种几天。当地有经验的农民讲，"地不冻、只管种""冬前小麦一根针，来年产量八百斤，冬前麦子土里捂，来年产量五百五"，这说明什么？这说明冬小麦的回旋余地比较大，这也增强了我们夺取明年夏粮丰收的信心。

农业农村部在前期派出工作组和专家组的基础上，近日又开展了部长包省指导服务，各位部长分赴山西、陕西等7个秋冬种小麦重点省，指导抗灾抢收抢种工作。下一步，我们主要是指导山西、陕西做好3件事：一是克服困难抓紧组织抢收，继续调剂调运履带式收割机跨区作业，千方百计加快收割进度，确保颗粒归仓。二是科学指导抓好秋播秋种，重点是指导落实晚播麦"四补"措施，也就是以适宜的品种，以种补晚；精细整地，以好补晚；增加小麦用种量，以密补晚；增施底肥、基肥，以肥补晚。对于整地特别困难的地块推广免耕播种或者无人机撒播，能播一亩是一亩。三是环环紧扣抓好冬前和早春田管，确保小麦安全越冬，及早谋划明年早春的田间管理，增施小麦返青肥，促进小麦弱苗转壮和春季分蘖，夯实夏粮丰收基础。谢谢。

中国县域经济报社记者：

不少农户反映，今年化肥等农资价格上涨较多，种粮成本增加明显，请问主要是什么原因造成的？如何保护农民种粮积极性？谢谢。

唐珂：

谢谢您的提问。确实像您说的那样，今年春耕以来农资价格上涨明显，特别是化肥价格出现了大幅攀升。1—9月份国产尿素、磷酸二铵、氯化钾和复合肥平均出厂价每吨为2 279元、3 186元、2 568元和2 696元，同比分别涨了25.2%、30.1%、23.7%和21.3%，涨幅比较明显，推高了今年粮食生产的成本。我们分析，化肥价格持续上涨的原因主要是受外部多方面因素的叠加影响。一是原材料涨价明显。煤炭、天然气、硫黄等化肥原料价格涨幅较大，从9月末的价格看，这些原材料的同比涨幅都在1倍以上。二是国际价格大幅攀升。受全球流动性充裕、粮价上涨刺激化肥需求等影响，国际上的氮、磷、钾肥价格均出现了大幅上涨，而且涨幅都高于国内，由此拉动了我国化肥出口明显增加。据海关统计，1—9月累计出口肥料2 611万吨，同比增加31%。三是社会库存处于低位。春耕期间企业销售化肥积极性高，春耕结束后化肥价格高位运行，流通环节存肥意愿较低，导致化肥库存水平低于常年。

化肥是关系国家粮食安全的特殊商品，按照党中央、国务院的决策部署，相关部门及时采取有效措施，切实保障化肥供应，并通过一次性补贴弥补种粮成本的上涨，保护农民种粮积极性。

一是抓保供稳价。切实保障化肥等农资企业正常生产，畅通物流运输和末端配送，适时投放化肥储备，稳定市场供应，防止化肥价格过快上涨。

二是抓补贴落实。按照国务院常务会议部署要求，做好200亿元实际种粮农民一次性补贴资金的下达和发放工作，缓解农资成本上涨的影响。前不久，2022年小麦最低收购价已经公布，每斤为1.15元，比上年提高了2分钱，这也给种粮农民吃上了"定心丸"。

三是抓农资打假。加大农资打假力度，农业农村部等7部门启动2021年全国农资打假专项治理行动，加强农资打假宣传教育，提升生产经营主体识假辨假能力水平。

四是抓科学施肥。向农民普及科学施肥知识，倡导有机肥替代化肥，推广测土配方施肥、水肥一体化等科学施肥技术，提升施肥专业化、集约化水平和肥料的利用率。

下一步，我们将继续会同有关部门和单位，加强化肥市场形势跟踪分析，积极推动保障化肥生产要素供应，提高企业产能利用率，强化储备调节作用，畅通化肥运输配送，维护市场流通秩序，大力推进化肥减量增效，切实做好化肥供应和价格稳定工作。谢谢。

农民日报社记者：

今年前三季度农村居民人均可支配收入是13 726元，同比增长了11.6%。请问要保持农民收入较快增长的好势头，年底前还有什么工作考虑？谢谢。

曾衍德：

谢谢您的提问，这个问题我来回答。促进农民增收也是我们农业农村工作的一项中心任务。今年以来，我们各级农业农村部门在抓好稳产保供的同时，把农民增收摆在重要位置，一手抓产业增收，一手抓就业增收。虽然我们看到生猪价格对部分养殖户的增收带来一定困难，但总体上粮食价格市场保持稳定，农民就业增收形势好。应该讲，我们今年农民收入保持一个增长的好势头。

前三季度农民增收主要有3个特点：**一是较快增长。**农民人均可支配收入是13 726元，同比实际增长11.2%，增加1 429元，这是增幅较高的年份。**二是全面增长。**各部分收入都有较快增长，工资性收入名义上增长了15.3%，比重由去年同期的44.6%提高到46.1%，经营净收入名义增长6.7%，财产净收入名义增长10.7%，转移净收入名义增长11%。**三是倍差缩小。**农民收入增幅比城镇居民高了2.5个百分点，城乡居民人均收入比值2.62，比上年同期缩小0.05。这是在克服严重自然灾害、农资价格上涨、新冠肺炎疫情散发等多种不利影响下取得的，可以讲成绩是来之不易，也是难能可贵的。

现在到年底还有不到3个月的时间，农民增收还面临一些困难，需要我们持续加力，努力巩固好农民增收的好势头。

从工作来看，我们主要在以下3个方面下功夫：**一是确保丰产丰收，还要丰产增收。**目前，秋粮即将收获完毕，我们将指导各地做好晾晒烘干，做好粮食销售服务，落实好中晚稻等收购价格政策，确保颗粒归仓、增产增收。**二是强化产销衔接。**秋季是果蔬集中上市的时节，我们将多渠道推进产销衔接，发挥大型农产品电商平台作用，还要开展应季促销和品牌营销，让优质农产品卖得顺畅，卖上好价钱。**三是努力增加农民务工收入。**我们将抓住冬季农闲窗口期，结合高标准农田建设、农村人居环境整治等，吸纳更多的农村劳动力特别是脱贫劳动力就地就近就业。我们将配合有关部门做好农民工欠薪督查工作，让农民工足额拿到工资，开心回家过年。谢谢。

经济日报社记者：

防止发生规模性返贫是农业农村工作的一项底线任务。请问这一任务今年完成情况怎么样？下一步还会有哪些部署？谢谢。

曾衍德：

谢谢您的提问，这个问题我来回答。防止发生规模性返贫是今年农业农村和乡村振兴部门的一项重要任务，也是底线任务，农业农村部、国家乡村振兴局坚决贯彻中央的部署要求，聚焦重点区域，紧盯重点人口，强化政策扶持，落实工作责任，坚决守住不发生规模性返贫的底线。

第一项是健全防止返贫动态监测帮扶机制。重点是强化对脱贫不稳定户、边缘易致贫户和突发严重困难户的动态监测帮扶。到今年9月底，全国纳入监测对象约500万人，76%的已经消除了返贫风险。从监测情况看，应该讲，能够守住不发生规模性返贫的底线。

第二项是特色产业带动增收有新进展。今年我们出台推动脱贫地区特色产业可持续发展的意见，启动脱贫地区特色产业提升行动。推动中央财政衔接资金倾斜支持脱贫地区产业发展，今年累计入库产业项目20多万个，财政衔接资金用于产业发展的比重超过50%，新发放小额信贷400多亿元，主导产业保险覆盖率达到70%，支持超过80万脱贫户发展产业。我们预计，前三季度全国脱贫县农民经营净收入增速高于去年同期和全国农村平均水平。

第三项是促进稳岗就业增收有新进展。今年我们落实好援企稳岗、以工代训等政策，加大在岗培训，积极开展劳务协作。截至目前，脱贫人口外出务工3100多万，超额完成年度目标任务。我们还强化易地扶贫搬迁群众的后续帮扶，有劳动力的脱贫群众已就业400多万，实现了每个家庭至少有1名劳动力就业。

第四项是协助帮扶增强后劲有新进展。今年确定了160个国家乡村振兴重点帮扶县，制定了14项倾斜支持政策。深化东西部协作，截至9月底，已投入财政和社会资金230多亿元。启动"万企兴万村"行动，广泛动员民营企业参与乡村振兴。

今年是巩固脱贫攻坚成果同乡村振兴有效衔接的第一年，应该讲，衔接是有序的，进展是明显的。下一步，还要下更大的力气，付出更多的艰辛，让脱贫基础更稳固，脱贫的成果更可持续，牢牢守住不发生规模性返贫的底线。谢谢。

 陈文俊：
　　谢谢各位发布人，谢谢各位媒体朋友，今天的发布会就到这里，再见。

第四部分

农业农村部新闻办公室新闻发布会

11. 一季度农业农村经济运行情况新闻发布会

一、基本情况

一季度农业农村经济
运行情况新闻发布会

时　间	2021年4月20日（星期二）上午10时	
地　点	农业农村部新闻发布厅	
主　题	一季度农业农村经济运行情况	
发布人	农业农村部发展规划司司长	曾衍德
	农业农村部市场与信息化司副司长	宋丹阳
	农业农村部种植业管理司副司长	刘莉华
	农业农村部畜牧兽医局副局长	陈光华
主持人	农业农村部新闻发言人、办公厅副主任	刘均勇

二、现场实录

刘均勇：

　　女士们、先生们，媒体朋友们，大家上午好！今天是4月20日，也是"谷雨"节气，欢迎大家出席农业农村部新闻办公室举行的例行新闻发布会。发布会的主题是一季度农业农村经济运行情况。我们邀请到了农业农村部发展规划司司长曾衍德先生，市场与信息化司副司长宋丹阳先生，种植业管理司副司长刘莉华女士，畜牧兽医局副局长陈光华先生，他们将为我们介绍有关情况，并回答大家的提问。借此机会，也向大家通报一下以后每季度之后的第一个月，也就是1月、4月、7月、10月的20日，我们都会举行例行新闻发布会。如果遇到周末或者节假日，会前后微调，请大家关注我们的预告。原来的两个例行发布会，就是农产品市场运行形势新闻发布会和农业农村经济运行形势新闻发布会不再分别举行。下面首先请曾衍德司长为我们介绍有关情况。

曾衍德：

　　各位新闻界的朋友们，大家上午好！今天正好是谷雨，农谚讲"谷雨时节种谷天"，目前春耕春播工作进入关键阶段，当前农业农村经济形势总体较好。在此，我简要介绍下一季度农业农村经济运行情况。今年以来，农业农村部坚决贯彻落实习近平总书记重要讲话精神和党中央、国务院决策部署，切实抓好春季农业生产，着力保障"菜篮子"产品有效供给，统筹做好产业发展、农民增收、乡村建设、农村改革等各项工作，着力巩固拓展脱贫攻坚成果，做好同乡村振兴有效衔接，农业农村经济保持良好发展势头，为稳定经济社会发展大局提供了有力支撑。主要表现在以下7个方面。

　　第一，夏粮丰收有基础。今年，中央首次把粮食产量纳入宏观经济调控目标，要求产量保持在1.3万亿斤以上。这是一项硬任务，我们作为硬仗来打。目前，已将年度粮食生产任务分解、落实到各省份，分品种、分区域制定稳产增产方案，同时，强化农资调运和技术指导，有力有序推进春耕生产。总体看，今年夏粮生产基础较好。基于两个判断：一个是面积增加。据农业农村部农情调度，冬小麦面积增加300多万亩，4年来首次增加。另一个是，长势较好。目前主产区小麦长势好于去年和常年，大部分地区已孕穗抽穗，生长发育进程偏快。此外，春播进展顺利，粮食播种面积已过两成，进度同比略快。

第二，生猪生产继续恢复。据国家统计局统计，一季度末全国能繁母猪存栏4 318万头、恢复到2017年年末的96.6%，生猪存栏4.16亿头、恢复到2017年年末的94.2%，猪肉产量1 369万吨，同比增加31.9%。随着供需形势持续改善，猪肉价格已经连续12周下降，回落至每公斤40元左右，同比下降25%左右。同时，草食畜牧业加快发展，牛奶产量同比增加8.5%，牛羊肉、水产品产量也有一定幅度增加。蔬菜和水果市场供应充足，价格季节性回落。

第三，农业绿色发展向纵深拓展。农业投入品减量增效持续推进，选择300多个县整建制开展绿色高质高效行动。长江十年禁渔全面启动，清理取缔涉渔"三无"船舶3 000多艘、违规网具4.1万张，99.96%有就业需求的退捕渔民实现转产就业。实施农业生产"三品一标"提升行动，农产品质量安全例行监测合格率稳定在97%以上，绿色、有机和地理标志农产品数量累计达到5.38万个。

第四，乡村产业加快发展。这是促进农民就业增收的重要途径。我们坚持把打造产业链、拓展农业多种功能和挖掘乡村多元价值作为重点，持续发力、加快发展。一季度，全国农副食品加工业增加值同比增长15.2%。春节期间全国大部分乡村旅游景点、景区正常营业，到农家体验农耕乐趣、品味民俗情调成为居民出游的重要选项。农村网络零售额保持两位数增长。

第五，农民收入较快增长。我们坚持多措并举，拓宽农民增收渠道。一季度农村居民人均可支配收入达到5 398元，扣除价格因素实际增长16.3%，高于城镇居民收入增速4个百分点。农村外出务工总量和收入水平实现双增长，外出务工劳动力总量达到1.74亿人，同比增长42.1%，月均收入达到4 190元，同比增长13.9%。同时，脱贫地区特色种养业呈现良好发展态势，脱贫劳动力稳岗就业形势较好，农村居民收入增速继续高于全国平均水平。

第六，农村内需潜力不断释放。随着乡村振兴战略深入实施，农村成为扩大内需的重要增长点。农业投资快速增长，第一产业固定资产投资2 362亿元，同比增长45.9%，2年平均增长14.8%。农村消费加快恢复，乡村消费品零售额达到13 875亿元，同比增长29.4%，2年平均增长3.2%。农产品进出口实现双增长，总额达到677.9亿美元，同比增长27.1%。其中，进口496.9亿美元，同比增长33.8%，出口181亿美元、同比增长11.5%。

第七，乡村建设统筹推进。启动实施乡村建设行动，制定具体实施方案。聚焦既有利于生产，又有利于改善农民生活的领域，加大投入、加快推进。协调推动村内道路建设，加强产地农产品仓储保鲜冷链物流设施建设。制定农村人居环境整治提升五年行动方案，组织实施村庄清洁行动春季战役，不断改善农村人居环境。

总的看，一季度农业农村经济运行良好，第一产业增加值11 332亿元，同比增长8.1%，为"十四五"开好局、起好步奠定坚实基础。但也要看到，农业农村经济发展还面临农业生产成本上涨、防灾减灾任务重等问题，需要采取有力措施加以解决。下一步，农业农村部将坚决贯彻落实党中央、国务院决策部署，聚焦重点、聚合力量，奋力夺取夏季粮油丰收，抓好生猪等"菜篮子"产品稳产保供，大力实施乡村建设行动，持续巩固拓展脱贫攻坚成果，确保粮食产量保持在1.3万亿斤以上，确保不出现规模性返贫，生猪产能恢复到常年水平，农民收入持续稳定增长，努力保持住农业农村经济发展好势头。谢谢大家。

刘均勇：

谢谢曾衍德司长的介绍，下面进入提问环节，请大家围绕今天发布会的主题进行提问，提问之前请先通报一下所代表的新闻机构。

中央广播电视总台央视记者：

今年政府工作报告明确提出，粮食产量要保持在1.3万亿斤以上，这是一项硬任务。请问目前春耕生产的进展如何？如何确保全年粮食生产目标任务完成？谢谢。

刘莉华：

感谢您对粮食生产的关注。今年中央首次把粮食产量纳入宏观经济调控目标，充分体现了中央对粮食生产的高度重视。农业农村部坚决贯彻党中央、国务院的决策部署，把抓紧、抓好粮食生产作为重大政治任务摆在首要位置，组织开展了粮食稳产增产五大行动，明确路线图，制定时间表，挂图作战，环环紧扣，全力以赴夺取全年粮食丰收，确保粮食产量稳定在1.3万亿斤以上。要实现今年粮食生产的目标任务，主要抓3个方面：**一是义利同抓稳面积**。面积是产量的基础，今年经国务院同意，农业农村部继续向各省下达了粮食生产的目标任务，面积是约束性指标。各地也将面积任务进一步细化、实化，把责任落实到县、乡。同时，中央进一步加大了对粮食生产的支持力度，稻谷、小麦最低收购价都比去年提高了1分钱。农业农村部整合落实直接支持粮食生产的资金240亿元，比去年增加了近60亿元，资金量也是近几年最多的。**二是强化科技提单产**。抓住耕地和种子两个要害，推动种业翻身仗起好步，完成1亿亩高标准农田的建设任务。在300多个市（县）开展绿色高质高效整建制示范，集成组装推广60套区域性绿色高效技术模式，示范带动大面积的均衡增产。同时我们组织开展了"奋战100天夺夏粮丰收"行动，加强分类指导，落实关键技术。**三是防灾治虫减损失**。今年气象年景不容乐观，旱涝、极寒、极热等极端天气可能多发，重大病虫害也呈重发的态势，我们制定了防灾减灾的预案，指导各地落实科学抗灾的措施，组织开展了"虫口夺粮保丰收"行动，特别是加密布设了草地贪夜蛾"四带"防线，切实减轻气象灾害和病虫害的损失，确保实现抗灾夺丰收。

今天是农历的"谷雨"节气，雨生百谷，万物生长，全国已经从南到北进入了春耕的大忙时节，从各地反映的情况来看，目前春耕生产形势总体不错，全年粮食生产开局良好。**一是夏粮基础好**。刚才曾司长也介绍过了，今年的夏粮面积是增加的，其中冬小麦面积增加了300多万亩。目前西南地区的小麦正在灌浆，江淮地区的小麦正在抽穗扬花，黄淮地区的小麦正在抽穗，大部分麦田的墒情比较适宜，小麦的长势好于上年、好于常年，夺取丰收有基础。**二是春耕进展快**。今年在粮食价格好、国家扶持粮食生产政策有力等因素的带动下，农民种植粮食的积极性比较高。今年粮食意向种植

面积稳中有增，各地早动手、早准备，扎实推进春耕备耕，春耕的农资供应是比较充足的，从我们调度情况看，进村入户率也比较高。据最新的农情调度，全国春播粮食播种已经过两成，其中早稻栽插已经过七成，春玉米播种过一成，进度总体快于去年同期。下一步，我们将坚持把粮食生产作为农业农村工作的首要任务，精准指导，分区推进，不误农时，抓好春管春播，奋力夺取夏粮首战告捷，确保春播粮食面积只增不减，确保全年粮食面积稳定在17.5亿亩以上，玉米面积增加1000万亩以上，确保全年粮食产量保持在1.3万亿斤以上。谢谢。

📷 光明日报社记者：

巩固拓展脱贫攻坚成果，发展壮大特色产业至关重要。请问农业农村部在推进脱贫地区特色产业的持续发展方面有哪些工作考虑和举措？谢谢。

📠 曾衍德：

这个问题提得很好，这是打赢脱贫攻坚战以后，脱贫地区很关注的一个问题。推进脱贫地区特色产业发展，是巩固拓展脱贫攻坚成果的迫切需要，也是接续推进乡村振兴的重要举措。按照党中央、国务院部署，今年4月份，农业农村部会同发展改革委、财政部、乡村振兴局等10个部门联合印发了《关于推动脱贫地区特色产业可持续发展的指导意见》。对"十四五"时期推进脱贫地区特色产业持续发展作出了具体安排。下一步，我们要主动作为，扛起责任，扎实推进特色种养业发展。从工作来看，我们主要考虑4个方面。

第一，实施特色种养业提升行动。这也是今年中央一号文件明确提出的，核心任务还是培育主导产业。主要是抓3件事：一是加强规划引导。指导脱贫地区编制"十四五"特色产业发展规划，引导更多的资金、技术、人才、信息等向脱贫地区聚集。二是培育主导产业。指导脱贫地区依托资源优势和产业基础，培育一批成长性好、带动性强的主导产业。通过加快推进标准化生产基地建设，提升农产品加工业，培育一批"大而优""小而美"的区域公用品牌，通过产业带动脱贫地区巩固成果。三是搭建平台载体。支持每个脱贫县选择1~2个主导产业，建设农产品加工园、现代农业产业园，促进全产业链发展。

第二，稳定并加强扶持政策。这方面政策很多，重点是3个方面：在财政投入上，推动中央财政衔接推进乡村振兴补助资金，重点支持脱贫地区特色产业发展，并逐年提高资金占比支持产业发展。在金融保险上，要继续为脱贫户发展产业提供小额信贷，支持有较大贷款需求的对象申请创业担保贷款，扩大中央财政对地方优势特色农产品保险以奖代补试点范围，鼓励脱贫地区开发特色产业险种。在用地保障上，过渡期内专项安排脱贫地区年度新增建设用地计划指标，优先保障特色产业用地需求。

第三，强化服务支撑。重点是建立"四个机制"：一是建立产销衔接机制。开展脱贫地区特色产品展示展销共同行动，实施消费帮扶，让特色农产品既卖得出、又卖得好。二是建立技术服务机制。全面实施农技推广特聘计划，在乡村振兴重点帮扶县建立产业技术顾问制度。三是建立联动带动机制。加大对新型经营主体的培育和扶持，推动各类主体更好带动脱贫户、小农户发展现代农业。四是建立风险防范机制，把产业发展作为防止返贫动态监测的重要内容，完善防范和处置风险的具体措施。

第四，加强考核调度。把脱贫地区特色产业可持续发展作为市县党政领导班子和领导干部推进乡村振兴实绩考核的重要内容，及时调度政策措施落实、资金投入保障、产业发展规模等信息，压实脱贫县主体责任，为脱贫地区特色产业发展提供坚强的组织保障。谢谢。

经济日报社记者：

今年以来，玉米价格高位运行，虽然粮价的上涨有利于农民的增收，但是也会给饲料加工等产业带来一定影响。请问目前对于玉米市场的形势是如何研判的？另外，下一步农业农村部门对稳产保供有什么应对措施？谢谢。

宋丹阳：

感谢你的提问。玉米用途广泛，产业链条长，社会对于玉米价格的波动关注程度高。根据监测，今年一季度玉米市场运行大体可以分为两个阶段：第一阶段是春节之前，主要是受需求旺盛、流通粮源偏紧的影响，所以价格持续走强。第二阶段是春节以后，主要是气温升高，农民和贸易商售粮进度加快，市场供给呈现阶段性宽松，价格企稳回落。目前，东北和华北地区玉米的收购价，东北现在1斤大概1.35～1.4元，华北地区大致是在1.45～1.5元。这个价格水平虽然比去年涨幅是比较大的，但是与2014年（历史最高价位）相比，只是小幅度上涨。总体上是近年来玉米需求增长的拉动和成本上升推动下，是恢复性的上涨。玉米价格适当上涨，让连年亏损的玉米种植终于有了净利润。再加上政策支持稳定，今年农民种粮积极性大幅度提高，玉米的播种面积也有望明显恢复。与此同时，玉米涨价也不可避免地抬升下游的饲料养殖成本。对此，我们正在与有关部门一起，在抓好粮食生产的同时，通过增加超期储存的稻谷、小麦投放，适当扩大玉米及替代品的进口，引导调控需求等多项措施，保障饲料粮供应。从后期的走势来看，综合考虑农民和贸易商手中的余粮、加工企业库存以及进口等因素，新季玉米收获上市前市场供应是充足的，价格持续上涨是缺乏支撑的。秋粮上市后市场供应有望进一步改善，以我为主保障谷物基本自给的格局不会改变。谢谢。

📷 **中国农业电影电视中心中国三农发布记者：**
今年1月份以来，猪肉价格已经连续回落近3个月，社会上也出现了"猪贱伤农"的担忧。请问未来的猪肉供应和价格走势如何？在稳定生猪发展方面还将采取哪些措施？谢谢。

📇 **陈光华：**

正如您刚才提到的，最近几个月猪价降得确实有点快，目前猪肉价格已经回落到本轮生猪产能恢复以来的最低点。根据监测，4月第三周（12—18日），全国集贸市场猪肉价格每公斤是38.96元，已经连续12周回落，同比下降27.6%，比1月份第三周的价格高点降低了15.26元，比去年的最高价（2020年2月份第3周）降低20.68元，最近几天猪肉又有震荡反弹。4月10日全国活猪价格降至每公斤21.14元新低之后，4月20日已经上涨到23.35元。近期猪价大幅回落的主要原因是生猪出栏明显增加，还有春节之后猪肉消费下降，也有养殖户恐慌性出栏，形成了"踩踏效应"。按照常年猪价的走势，端午节前后，随着猪肉消费增加，猪价有可能会出现一波上涨。但根据前期新生仔猪量来推算，预计二季度，全国规模猪场肥猪出栏量同比增幅

将达 50%，市场供应总体宽裕，价格不太可能超过前期的高点。综合来看，猪肉供应最紧张的时期已经过去了，后期供应会越来越宽松。按照目前生产恢复势头，今年六七月份，生猪存栏有望恢复到正常年份的水平。之后再过4个月左右的时间，月出栏量也会逐步恢复到常年的水平。下一步，我们将继续坚持生猪生产恢复和非洲猪瘟疫情防控两手抓、两促进，对标对表生产全面恢复目标任务，逐级抓责任落实，协同抓政策落地，持续抓增养补栏，确保恢复势头不中断、生猪存栏继续增加。紧绷疫情防控这根弦，抓紧抓实常态化防控各项工作，全链条、全环节强化排查、监测、检疫、监管，在全国试行非洲猪瘟等重大动物疫病分区防控，继续开展无疫区和无疫小区建设，坚决防止疫情反弹。同时，着眼长远，探索建立生猪产能储备制度，强化监督预警，完善调控政策，稳定基础产能，早研判、早介入、早应对，努力防止生猪生产和价格大起大落。谢谢。

宋丹阳：

我再补充一点，目前农业农村部正在会同发展改革委、商务部、海关总署和国家统计局研究建立生猪全产业链信息发布制度。通过统一权威的发布窗口，集中发布生猪全产业链的信息，指导生产主体合理调整产能，有效引导市场预期，平抑市场价格波动。最近我们将举行首次的发布，以后每个月固定时间对外发布，还请大家予以关注。谢谢。

📷 **东方卫视记者：**

我想问一个跟化肥有关的问题。去年冬天以来，化肥等农资产品的价格普遍上涨，请问这对今年的春耕生产会有什么影响？另外在保障化肥的供应稳定、价格稳定方面有什么样的措施？谢谢。

🖋 **宋丹阳：**

感谢您的提问。去冬今春以来，受煤炭、硫黄原材料涨价、冬季环保限产、国际价格上涨传导等这些因素的影响，我国化肥等农资价格持续上涨，其中氮肥、磷肥涨幅比较大。根据监测，2021年1—3月份，国产尿素平均出厂价每吨在1 979元，同比上涨了13.7%；磷酸二铵平均出厂价每吨2 922元，同比上涨31%；氯化钾平均出厂价每吨2 070元，同比跌了1.8%；复合肥平均出厂价每吨2 293元，同比上涨8.5%。化肥涨价势必要推升粮食生产成本，按化肥均价上涨15%大体测算，今年的稻谷、小麦、玉米3种粮食平均成本每斤大概提高2分钱，可以说抵消了一部分粮价上涨带来的收益。不过，化肥价格虽然涨了，但由于我国化肥产能和储备是充足的，今年春耕化肥总体上仍然供大于需，备肥到位率高，市场供应完全有保障。特别是3月份，随着企业开工率提升，化肥商业储备投放、尿素、二铵价格比前期已经有所回落，后期化肥价格将以稳为主。下一步，农业农村部将与发展改革委、工业和信息化部、供销合作总社等部门加强沟通协调，切实保障农资企业正常生产，畅通物流运输和末端配送，适时开展化肥储备调控，继续加大农资打假力度，多措并举做好化肥保供稳价工作，服务好春耕生产大局。谢谢。

📷 **中国农村杂志社记者：**

习近平总书记在去年年底中央农村工作会议上提出，要推动品种培优、品质提升、品牌打造和标准化生产，请问农业农村部对这一要求有什么工作考虑和推进措施？谢谢。

■ 曾衍德：

习近平总书记强调，要深入推进农业供给侧结构性改革，推动品种培优、品质提升、品牌打造和标准化生产。这一重要论断，顺应了人民对美好生活的新期待，也为推进农业高质量发展指明了方向。我们一定要深刻领会、坚决贯彻。适应消费结构升级的需要，增加绿色优质和特色农产品的供给，工作的抓手主要是两个"三品一标"。一个是产品方面的。重点是发展绿色、有机、地理标志农产品生产，推行食用农产品达标合格证制度。另一个是生产方面的。重点是推动品种培优、品质提升、品牌打造和标准化生产。农业生产的"三品一标"，是引领农业绿色转型的重要措施，也是推进农业高质量发展的重要举措。今年3月，农业农村部正式印发《农业生产"三品一标"提升行动实施方案》，对相关工作作了具体安排。在路径上，体现在4个方面：**一是推进品种培优**。要推进育种创新，加快培育绿色安全、优质高效的新品种，发掘一批优异种质资源，提纯复壮一批地方特色品种，选育一批突破性绿色品种，建设一批良种繁育基地。**二是推进品质提升**。重点是净化农业产地环境，推广应用绿色投入品，集成推广绿色生产技术模式，扩大强筋、弱筋优质小麦，高油、高蛋白大豆等生产。严格农业投入品使用。**三是推进品牌建设**。培育知名品牌，打造一批有影响力的区域公用品牌、农产品品牌和企业品牌。完善品牌目录制度。**四是推进标准化生产**。按照"有标采标、无标创标、全程贯标"的要求，建立现代农业全产业链标准体系，支持农民合作社、龙头企业等新型农业经营主体按标生产。

推进农业生产"三品一标"，是一项崭新的任务，需要创新思路，久久为功，持续推进。**第一，聚焦重点推进**。主要是两个方面：一个是重点品种。主要是优质粮油作物、特色经济作物、特色种养等；另一个是重点区域。在农业现代化示范区、农业绿色发展先行区、农产品质量安全县，以及国家现代农业产业园、优势特色产业集群、农业产业强镇、"一村一品"示范村镇等全域推行，打造一批示范典型。**第二，聚集资源推动**。重点是两个方面：一个是强化政策扶持。农业绿色发展、乡村产业发展、种养业良种繁育、农产品质量安全监管等方面的项目资金，重点向"三品一标"实施区域倾斜。同时，引导金融机构支持农业生产"三品一标"。另一个是强化科技支撑。支持科研单位开展育种联合攻关，加快选育一批突破性品种。**第三，**

聚合力量推进。引导地方把农业生产"三品一标"作为推动农业高质量发展的重要内容，加大投入，扎实推进。引导新型经营主体主动推行农业生产"三品一标"，打造绿色优质产品基地，创响知名品牌，形成上下联动、多方协同的推进格局。谢谢。

 刘均勇：

感谢各位媒体朋友的大力支持，也感谢曾衍德司长、宋丹阳副司长、刘莉华副司长还有陈光华副局长的出席，今天的发布会到此结束。

刘均勇　　　　曾衍德　　　　　宋丹阳　　　　　　刘莉华　　　　　辛国昌

12. 上半年农业农村经济运行情况新闻发布会

一、基本情况

上半年农业农村经济
运行情况新闻发布会

时　间	2021年7月20日（星期二）上午10时	
地　点	农业农村部新闻发布厅	
主　题	上半年农业农村经济运行情况	
发布人	农业农村部总农艺师、发展规划司司长	曾衍德
	农业农村部市场与信息化司副司长	宋丹阳
	农业农村部种植业管理司副司长	刘莉华
	农业农村部畜牧兽医局二级巡视员	辛国昌
主持人	农业农村部新闻发言人、办公厅副主任	刘均勇

二、现场实录

📷 刘均勇：

女士们、先生们，媒体朋友们，大家上午好，欢迎出席农业农村部新闻办公室举行的例行新闻发布会。今天发布会的主题是2021年上半年农业农村经济运行情况。我们邀请到了农业农村部总农艺师、发展规划司司长曾衍德先生，市场与信息化司副司长宋丹阳先生，种植业管理司副司长刘莉华女士，畜牧兽医局二级巡视员辛国昌先生，他们将为我们介绍有关情况，并回答大家的提问。下面，首先请曾衍德先生介绍有关情况。

🪅 曾衍德：

女士们、先生们，新闻界朋友们，大家上午好！过两天就到了二十四节气的"大暑"了，俗话讲"大暑近、农事忙"，目前各地正在紧张有序开展"三夏"农业生产。在此，我通报一下上半年农业农村经济运行情况。

今年以来，农业农村部坚决贯彻落实习近平总书记重要指示批示精神和党中央、国务院决策部署，紧紧围绕国之大者抓主抓重，紧紧围绕中央部署落细落小，一招不落抓好粮食生产，全力保障"菜篮子"产品有效供给，着力巩固拓展脱贫攻坚成果，统筹做好农业农村各项工作，农业农村经济稳中加固、稳中向好，为国民经济平稳发展、社会大局持续稳定提供了有力支撑。主要表现在以下7个方面。

第一，夏粮产量创历史新高。今年以来，我们坚持把抓好粮食生产作为首要任务、第一责任，及早将年度粮食生产任务分解落实到各省份，分品种、分区域制定粮食稳产增产方案，一季一季紧抓，一个区域一个区域推进，一项措施一项措施落实，夏粮首战告捷。一是面积、单产、总产实现"三增"。今年夏粮面积增加398.2万亩，扭转了连续5年下滑势头。亩产367.7公斤、连续3年提高，产量2 916亿斤、比上年增加59.3亿斤，均创历史新高。二是品质持续调优。优质专用小麦面积占37.3%，比上年提高1.5个百分点。三是收获损耗降低。小麦机收率超过98%，主产区机收损耗率下降1个百分点以上。此外，早稻收获近七成，也呈增产趋势。秋粮面积增加，长势正常，全年粮食丰收有了较好基础。

第二，"菜篮子"产品供应充足。严格落实省负总责和"菜篮子"市长负责制，加大生产指导，强化产销对接，保障了市场稳定供应。生猪生产全面恢复，据国家统计局统计，6月末全国能繁母猪存栏4 564万头，相当于2017年年末的102%，生猪存栏4.39亿头，恢复到2017年年末的99.4%。上半年猪肉产量2 715万吨，同比增加35.9%，供求形势持续改善。同时，牛、羊禽肉产量同比增加5.7%，牛奶产量同比增加7.6%，国内水产品产量同比增加4.4%。蔬菜和水果市场供应充足，价格季节性回落。

第三，农业绿色转型持续推进。农业生产"三品一标"提升行动深入开展，食用农产品"治违禁 控药残 促提升"三年行动扎实推进，绿色优质农产品供给持续增加。农产品抽检合格率稳定在97%以上，绿色、有机和地理标志农产品数量累计达到5.62万个。长江十年禁渔开局良好，清理、取缔涉渔"三无"船舶6 800多艘，违规网具18.6万张，禁捕管理秩序总体平稳，退捕渔民基本实现转产就业，社会保障政策全面落实。耕地质量建设和保护进一步加强，实施东北黑土地保护性耕作7 200多万亩，超额完成年度目标200多万亩。

第四，乡村产业稳步发展。以农业农村资源为依托，延伸产业链条，拓展农业多种功能，持续推进乡村产业发展。上半年，创建了50个国家现代农业产业园、50个优势特色产业集群、298个农业产业强镇。各地也加大投入，加快推进产业集聚发展，因地制宜发展"一乡一特""一村一品"，乡村产业呈现良好发展势头。全国农副食品加工业增加值同比增长10.7%，农业产业化国家重点龙头企业采购经理指数（PMI）均值为55.3%，比制造业高4.2个百分点。乡村休闲旅游基本恢复到2019年同期水平，农产品网络零售保持两位数增长。

第五，农民收入较快增长。我们坚持一手抓稳产保供，一手抓就业增收，多措并举促进农民增收。上半年农村居民人均可支配收入达到9 248元，扣除价格因素实际增长14.1%，高于城镇居民收入增速3.4个百分点。农村外出务工总量和收入水平实现双增长，外出劳动力总量达到1.8亿人，同比增长2.7%，月均收入达到4 290元，同比增长17.6%。同时，脱贫地区特色产业稳步发展，脱贫劳动力稳岗就业形势较好，推动脱贫人口外出务工3 060多万人，脱贫人口收入增速继续高于全国农村平均水平。

第六，投资消费和进出口较快增长。农业投资规模扩大，第一产业固定资产投资6 564亿元，同比增长21.3%，分别快于第二、三产业5个百分点和10.6个百分点。农村消费稳定回升，乡村消费品零售额27 807亿元，同比增长21.4%，两年平均增长4%。农产品进出口增长较快，进出口总额达到1 465亿美元，同比增长26.4%。其中，进口1 081.1亿美元，同比增长33.9%，出口383.9亿美元，同比增长9.2%。农村内需潜力不断释放，对经济发展拉动作用不断增强。

第七，乡村建设扎实推进。制定乡村建设行动实施方案，明确"十四五"建设目标、重点任务、工作机制和政策保障。有序推进农村人居环境整治，组织开展村庄清洁行动，统筹推进农村改厕、生活污水和垃圾治理，创建了一批美丽宜居村庄。同时，持续深化农村改革，稳步推进第二轮土地承包到期后再延长30年试点，完成53万个村集体经营性资产股份合作制改革。加强和改进乡村治理，出台《乡村振兴促进法》。

总的看，上半年农业农村经济发展的好形势，为夺取全年粮食和农业丰收奠定了坚实基础，为"十四五"开好局、起好步提供了有力支撑。但也要看到，农业农村经济发展还面临重大病虫害和气象灾害威胁、生猪生产市场和疫情风险、国际农产品市场不稳定等问题，需采取有力措施加以解决。下一步，农业农村部将坚决贯彻落实党中央、国务院决策部署，强化政策措施，逐项压茬推进，狠抓落实落地，确保粮食产量保持在1.3万亿斤以上，坚决守住防止规模性返贫的底线，高质量完成农业农村发展各项目标任务。

谢谢大家。下面，我和我的同事愿意回答大家的提问。

刘均勇：

谢谢曾衍德先生的介绍，下面进入提问环节，请大家围绕今天发布会主题进行提问，提问前请先通报所代表的新闻机构。

新华社记者：

请问一个关于粮食的问题，夏粮丰收对全年粮食生产争取了主动，秋粮是大头，当前我国秋粮生产形势怎么样？接下来会采取什么样的措施来保障秋粮丰收？谢谢。

刘莉华：

感谢您对粮食形势的关注。确实如您所说，目前夏粮已经丰收到手，据国家统计局公布，增产59.3亿斤。早稻目前收获已经近七成，从我们调度、专家田间测产和各方面反映的情况看，也是增产的趋势。全年粮食生产的大头在秋粮，秋粮的产量占全年75%以上。目前，除南方双季晚稻外，秋粮面积都已经基本落地，预计超过12.9亿亩，总体稳中有增，尤其是玉米面积增加。在田作物目前长势总体正常，全年粮食生产的基础是比较好的。

7—9三个月是秋粮产量形成的关键时期，也是旱涝、台风等灾害频发、重发的时期，农业农村部将坚决认真贯彻党中央、国务院的决策部署，紧紧围绕确保粮食产量保持在1.3万亿斤以上的目标，一个季节一个季节、一个品种一个品种、一个区域一个区域、一个环节一个环节地抓细抓实各项工作，落细落小关键措施，特别是抓好抗灾夺丰收、千方百计夺取秋粮好收成，重点是3项工作。

一是抓好"双抢"，确保早稻颗粒归仓，晚稻种足种满。目前正是南方早稻抢收和晚稻抢插的大忙季节，我们已经组织双季稻主产区抓紧调度农机具，加快早稻收获进度，确保颗粒归仓。搞好茬口衔接，抢时抢种晚稻，力争种了早稻的田块都种上晚稻，确保晚稻面积落实。

二是抓好防灾减灾，减轻灾害损失。7月12日，农业农村部联合水利部、应急部和气象局召开了全国农业防灾减灾工作推进视频会，印发了关于做好农业防灾减灾的通知，制定了分区域、分作物、分灾种的预案。现在关键是把工作落实下去，我们将扎实开展奋战100天抗灾夺秋粮丰收行动，加密监测、因地制宜、精准施策，重点是防范好东北地区夏伏旱、黄淮地区局部洪涝、长江中下游高温热害、台风等灾害，抓好草地贪夜蛾、水稻"两迁"害虫等重大病虫害防控，实现"龙口夺粮""虫口夺粮"。

三是强化指导服务，推进措施落实。7—9月农业农村部将组织开展分省包片督导，每位部领导联系一个片区，每个司局都联系1～2个省份，推动防灾减灾、稳产增产关键措施的落实。同时，我们将组织专家和农技人员深入到生产一线，蹲点包片指导农民因时因地落实好田间管理措施，全力以赴夺取秋粮丰收。谢谢。

📝 **曾衍德：**

感谢你的提问。农业农村工作中稳产保供是首要任务，促进农民增收是农业农村工作的中心任务。今年以来，各级农业农村部门在全力抓好粮食和农业生产的同时，也把促进农民稳定增收摆在重要位置，采取了有效措施，促进农民收入稳定增长。刚才通报讲到，国家统计局统计今年上半年农村居民人均可支配收入达到9 248元，同比实际增长14.1%，城乡收入倍差2.61，比上年同期缩小了0.07。可以讲，农民的钱包又鼓了一些，获得感和幸福感又多了一些。

当然我们也应该看到，农资价格上涨推高生产成本，增收的空间受到挤压，农民收入增长面临较大压力。下一步，我们将加大力度，多措并举，稳定农民增收的好形势。主要是以下4方面。

一是稳定提升经营性收入。目前，这块占农民收入的比重是1/3左右，这一块必须下功夫巩固。除了落实好稻谷、小麦最低收购价，玉米大豆生产者补贴、稻谷补贴等政策外，另外还有两个途径。一个是节本增效，就是引导农民应用节水、节药等技术，发展以农机作业为主的专业化、社会化服务，为小农户提供代耕代种、病虫统防统治、肥料统配统施等服务，降低生产成本。还有一个途径，提质增效，推进品种培优、品质提升、品牌打造和标准化生产，增加绿色优质农产品供给，让优质农产品卖得出，也卖上好价钱。

二是努力增加务工收入。总体看，今年农民工的就业形势总体不错，返乡留乡农民工基本实现了就地就近就业，比去年形势好。这对于增加农民务工收入是有积极作用的。下一步，我们还将抓两个方面：一方面是促进外出务工增收。上半年外出务工农民工规模是1.8亿人，形势明显好于上年。平均每月收入4 290元，也是增长的。我们将会同有关部门继续加强农民工技能培训，提高农民工外出务工收入水平。另一方面是促进就地就近就业增收。现在看，在县域内就近就地就业，多数在农产品加工企业、农村电商从业，还有的搞休闲农业和乡村旅游，更有一部分返乡留乡农民工自主创业。我们要巩固这一好形势，让返乡农民工在家门口稳定就业，持续稳定增收。

三是拓展转移性收入。 当前要尽快落实实际种粮农民一次性补贴，及时足额发放到农民手中。今年中央财政拿出200亿元左右补贴实际种粮农民。还要扩大粮食作物完全成本保险和种植收入保险试点，扩大中央财政对地方优势特色农产品保险以奖代补试点覆盖范围，同时继续加大对脱贫地区和脱贫户的扶持力度，保障农民转移性收入稳步提升。

四是释放改革红利。 现在农村还有大量的"沉睡资源"，需要通过改革激活这些资源。我们提出主要通过深化农村土地制度改革、产权制度改革，发展壮大新型农村集体经济，盘活农村闲置资产资源，推动资源变资产、资金变股金、农民变股东，这些措施正在稳步推进，也将在更广领域、更深程度释放改革红利，赋予农民更多财产权利。谢谢。

> 📷 **中央广播电视总台央视记者：**
>
> 据我了解，今年的玉米价格高位运行，并带动了粮价走强，这引起了社会的广泛关注。请问上半年我国粮食市场总体形势怎么样？下半年我国的玉米供给和市场形势又是如何？谢谢。

📧 **宋丹阳：**

感谢你的提问。近年来，我国粮食生产连年丰收，库存总体高位，市场运行基本平稳。今年粮食价格受需求拉动和成本推动，呈恢复性上涨的走势。需求拉动是指由于新冠肺炎疫情防控有力，宏观经济恢复形势良好，粮食下游深加工、饲用等需求旺盛；成本推动是指化肥等农资价格涨幅较大，人工成本、土地成本刚性上升，对粮食价格形成支撑。在三大主粮中，玉米受生猪产能恢复的影响，去年下半年以来价格上涨幅度较大，虽然对稻谷、小麦市场有一定带动，但口粮上涨总体上是较为温和的。

今年1—6月，玉米产区批发均价每斤1.39元，比去年上半年均价上涨44%，比去年下半年均价涨20%，涨势开始趋缓。稻谷、小麦均价同比涨幅都在10%以下，涨幅较为有限，其中粳稻、普通小麦均价分别比去年下半年涨了1.5%和5.5%。随着夏粮丰收上市以及玉米和高粱、大麦等替代品进口到港量的增加，今年秋粮收获前我国玉米市场供给是有保障的，价格高位趋稳的可能性较大，但也要防范国际粮价大幅波动带来的传导影响。由于今年玉米播种面积明显增加，东北、华北主产区气象条件总体有利，目前玉米苗情较好，预计秋粮上市后我国玉米供给形势将进一步改善。谢谢。

📷 农民日报社中国农网记者：

想问一个大家都比较关心的问题，年初以来，生猪价格出现了较大幅度的下跌，一些养殖户出现亏损，请问猪肉价格下跌的主要原因是什么？后期市场走势大概如何？谢谢。

🎙 辛国昌：

感谢你对生猪产业的关注。确实如你所说，从2月份开始，生猪价格连续5个月下降，6月末全国集贸市场猪肉的零售价格是每公斤24.6元，比2020年2月份的历史最高价59.64元降了一半多。可能大家也真真切切地感受到猪肉价格确实是便宜了。但是随之带来的问题，就是养殖利润不断下降，6月份养殖场（户）陷入了亏损，如果持续下去，既不利于产业长期稳定发展，也不利于猪肉长期的稳产保供。所以，猪肉价格高了消费者不高兴，价格低了养殖场（户）不高兴。

目前价格下降的最主要原因是产能上来了，市场供应增加了。据农业农村部对定点屠宰企业统计，6月份规模以上屠宰企业屠宰量2 200万头，同比增加了66%。另外一个助推因素是在今年年初时受寒潮影响，仔猪成活率有所下降，一些商业机构借势炒作，误导了一批养猪场（户）。一些养猪场（户）压栏惜售，甚至养殖场（户）买别人出栏的肥猪，进行二次育肥，"赌"端午节的市场，结果6月份的市场价格行情并不像预期的那样高。

对此，农业农村部连续发布预警信息，提醒养猪场（户）避免投机性压栏和恐慌性出栏，加快淘汰低产母猪，配合国家发展改革委发布了猪粮比价过

度下跌的一级预警，并且分2批收储了3.3万吨猪肉。在各方密切配合下，市场价格下跌的趋势被遏制住了。7月份以来，猪价基本稳定在成本线附近，市场活猪价格每公斤约16元。

关于下一步市场走势，我们也做了一些分析。下半年，猪肉消费将有所增加，但从生产增长惯性看，供应也会有所增加。综合两方面因素分析，未来一段时期猪肉市场供需总体是平衡的，并且要持续一段时间。随着消费趋旺，可能回到正常的利润水平，但是要提醒广大养猪场（户）的是，高利润阶段已经结束了，不要再"赌市场"，要多关注农业农村部门的官方预警信息，要加快淘汰低产母猪，做好节本增效的各项工作，特别是不要听信市场上一些小道消息，不要盲目地压栏，要有序出栏，不要再以投机心态来安排生产，要做好长期的节本增效工作。谢谢。

经济日报社记者：

现在正是小麦购销的旺季，老百姓最关心的是夏粮能否卖得出，能否卖出好价钱。请问小麦今年的购销形势如何？谢谢。

宋丹阳：

感谢你对这个问题的关心。截至6月底，全国夏收小麦收获基本结束，目前正处于购销的高峰期。综合调度情况看，今年小麦购销市场呈现3个明显的特点：**一是产量高、粮源足。**夏粮再获丰收，产量再创历史新高。二是**质量高、价格好。**今年小麦品质提升，籽粒饱满、容重高，特别是北方小麦，质量普遍较好，多元主体采购积极性高，价格高开后稳中有升。6月初，河南新麦开秤价每斤1.18～1.2元，比去年高8分钱到1毛钱；中旬达到了每斤1.25～1.28元；下旬随着供应量的增加，价格略有回落，但仍比去年同期高1毛钱左右。**三是购销旺，进度总体正常。**虽然主产区小麦收获时间较去年有所推迟，但市场购销两旺，收购进度与去年同期相比基本正常。据国家粮食和物资储备局统计，截至7月5日，主产区小麦累计收购2875.9万吨，同比有所增加。

从后期走势看，加工、储备企业补库需求较为旺盛，而且小麦替代玉米仍存在价格优势，饲用采购也将处于相对较高水平，对小麦价格形成有力支撑。但由于今年小麦丰收，加之库存处于高位，预计小麦价格将保持基本稳定，大涨、大跌的可能性都不大。考虑到今年夏季雨水偏多，粮食保存难度较大，建议农民朋友适时售粮，早日变现。谢谢。

第一财经日报社记者：

材料中提到我们农业农村部经济发展还面临2个问题，能不能请领导介绍一下，第一是草地贪夜蛾等重大病虫害发生防治情况。第二是非洲猪瘟到下个月将迎来进入中国的第3个年头，请具体介绍一下疫情的情况。谢谢。

刘莉华：

今年是草地贪夜蛾入侵并在我国定殖危害的第3年，总体发生形势还是比较严峻的。现在已经进入了草地贪夜蛾北迁高峰期，也是往黄淮海夏玉米区迁飞的关键时期，目前在黄淮海地区已经有点状发生，防控形势比较严峻。我们已经采取了加密监测、分区布控、分类施策的方式，加密布设高空捕杀灯，做好了各项草地贪夜蛾"三区四带"布防措施，能有效减轻草地贪夜蛾的发生和危害。谢谢。

辛国昌：

今年以来，全国一共报告发生非洲猪瘟疫情11起，涉及8个省份，扑杀生猪2 216头。如果回顾2018年以来历年非洲猪瘟发生情况，2018年报告疫情99起，扑杀生猪80多万头；2019年报告疫情63起，扑杀生猪39万头；去年报告非洲猪瘟疫情19起，扑杀了1.35万头；今年是11起，扑杀了2 216头。现在没有出现区域性暴发流行，整个疫情形势总体是平稳的。

但也要看到，当前非洲猪瘟防控形势还是很复杂，任务还很重，主要是非洲猪瘟病毒已经在我国定殖了，很顽固，污染面比较广，所有的省份都发生过疫情。各环节也都有阳性检出，包括屠宰、运输等环节，而且最近出现了毒力变弱的新毒株，新毒株表现的病症轻，但是潜伏期长，短期发现也比较难，所以防控形势还是很复杂的。加上我国陆地边境线比较长，所以境外输入的渠道风险也比较大。从防疫能力上来看，现在基层的防疫体系"欠账"还比较多，动物防疫检疫制度落实难度大，疫情反弹的风险仍然存在，在防控工作上也不能有丝毫的松懈，不能有丝毫的马虎。

下一步，我们要努力确保不发生区域性的重大疫情，一是要指导各地加大力度，贯彻《非洲猪瘟疫情应急实施方案（第五版）》，及时规范处置疫情。根据实践情况，我们会适时组织再次修订应急实施方案，对关键措施进行完善。二是要做到早发现，持续开展非洲猪瘟包村包场的排查，重点区域和场所的采样检测，及时汇总分析相关形势，部署采取针对性措施。三是要继续开展非洲猪瘟无疫区和无疫小区的评估创建工作，争取创建一批高水平的无疫小区，示范带动提升养殖场（户）的生物安全水平。四是督促严格落实产地检疫、屠宰环节官方兽医派驻和非洲猪瘟自检的相关制度，加大调运、无害化处理等环节的监管力度，强化闭环管理，阻断疫情的传播渠道。谢谢。

> **中国农业电影电视中心中国三农发布记者：**
> 大家也看到近两年猪肉价格涨涨跌跌，给生猪产业造成了很大影响。请问农业农村部在促进生猪产业稳定发展上有什么样的应对措施？谢谢。

辛国昌：

感谢您的提问。对猪价涨跌问题大家都比较关注，首先要明确的是，生猪价格波动本身也是市场配置资源的一种表现，但是大起大落对行业发展、对群众生活、对物价稳定都会带来一定的负面影响。所以，抑制和缓解猪周期，避免猪贵伤民、猪贱伤农，对我们来说是一个重大课题，也是我们工作的目标。为了应对这种情况，下一步我们将努力做好三方面的工作。

一是巩固生猪生产恢复成果。这一轮生猪产能恢复时间比较快，中央出台了一系列支持政策，地方层层压实责任，恢复成果来之不易。要继续积极协调有关部门，保持用地、环评、金融等基础政策的连续性、稳定性，继续压实地方的稳产保供责任，防止一些地方在政策上"翻烧饼"，营造有利于生猪生产稳定发展的良好环境。同时，也要抓好非洲猪瘟的常态化防控，加强技术指导服务，推广饲料精准配方和配制工艺，帮助养猪场（户）在低谷期节本增效，渡过难关。

二是加快建立稳定的生猪产能调控机制。在2019年我们建立了规模猪场直联直报系统，可以准确掌握全国年出栏500头以上的18万家规模猪场每个月的生产变化情况。下一步，要进一步加强生产与市场的监测预警，加强信息发布服务，使养殖场（户）能够及时准确掌握市场信息，理性调整养殖规模。特别是推动以能繁母猪存栏量为核心的调控指标，建立生猪生产逆周期调控的触发机制，现在这项工作正在做。在充分发挥市场调节作用的同时，要更好地发挥宏观调控政策的兜底保障作用，稳住基础产能，避免生产大起大落。要把产能调控和国家发展改革委牵头的猪肉储备调控两方面结合起来，共同解决市场大起大落的问题。

三是促进生猪产业高质量发展。这是着眼长远的一项工作，在2020年9月份，国务院办公厅印发了《关于促进畜牧业高质量发展的意见》（简称《意见》），这是未来一个时期畜牧业发展的纲领性文件，我们要按照这个《意见》要求，加快建设现代生猪养殖体系，实施生猪遗传改良计划，继续推进标准化规模养殖，支持龙头企业帮带中小养殖户改变传统养殖方式，发展适度规模经营，实现增产增收。同时，要健全动物疫病防控体系，强化非洲猪瘟常态化防控，实行闭环管理，及时堵塞可能出现的漏洞。还要加快建设现代化的生猪产品加工流通体系，优化屠宰加工的布局，还要促进养猪业绿色循环发展，以粪肥还田利用为重点，推进实施整县粪污资源化利用。谢谢。

中国农村杂志社记者：

今年上半年第一产业固定资产投资增势向好，请问有什么特点？农业农村部对扩大农业农村投资有什么考虑？谢谢。

曾衍德：

谢谢您的提问。发展农业农村经济，需要建立稳定的财政投入机制。同时，也需要引入社会资本，更多的信贷资金进入农村。农业农村具有巨量资源和市场，是投资的"蓝海"，今年的情况就可以说明这一点。上半年，第一产业固定资产投资6 564亿元，同比增长21.3%，两年平均增速13.2%，快于2020年同期和2019年同期17.5个和21.9个百分点，也大幅度高于第二、第三产业的投资增速。具体呈现3个特点。

一是畜牧业投资贡献大。 受年初生猪价格上涨带动，畜牧业投资增势明显，同比增长67.3%，增速连续16个月领先其他行业。

二是民间投资主导作用明显。 民间投资占第一产业投资约70%，上半年民间资本投资规模同比增长26%，快于全国第一产业投资增速4.7个百分点。特别是，不少金融机构把农业农村作为投资的热点，积极布局，加大投入。截至6月末，全国涉农贷款余额41.66万亿，同比增长10.1%。

三是东北地区投资增速领跑。 东北地区同比增长42%，比东部、中部、西部分别高出43个、13.4个、4.6个百分点。

总的看，农业农村投资形势是好的，但与全面推进乡村振兴、加快农业农村现代化的需求相比，投资力度还有一定差距。下一步，农业农村部将会同有关部门强化协作，持续扩大农业农村有效投资，主要是3个方面。

第一，巩固扩大财政投入。 这方面重点是围绕实施"十四五"农业农村发展规划，聚焦高标准农田、农产品仓储保鲜冷链物流设施、乡村建设等领域，启动一批重大工程。同时，落实提高土地出让收入用于农业农村比例政策要求。今年要争取比上年提高3～5个百分点。

第二，加大信贷资金支持。 重点是要落实好农村中小金融机构当年新增可贷资金主要用于当地农业农村发展的要求，引导资金流入农业农村。同时，农业农村部还将与各大金融机构开展战略合作，建立信息沟通机制，总结推广典型模式，特别是在乡村建设、农业产业链打造等方面精准对接、加大投入。

第三，引导社会资本投入。重点是要鼓励大型企业集团到粮食生产功能区、重要农产品生产保护区和特色农产品优势区，建立优质原料生产基地，布局加工产能，促进农业转型升级。规范有序推动政府和资本合作的经营模式，引导社会资本参与农村公共服务、村内道路、农村供水、农村垃圾污水收集处理等建设，因地制宜探索区域整体开发模式，实现社会资本与农户的互惠共赢。谢谢。

📷 路透社记者：

我想问一个关于今年小麦的问题，市场上一些产业内的人反映说，由于生长期和收获前后的雨水较多，今年主产区的小麦质量受到了不同程度的影响，市场颇为担忧。请问官方是否有相关的信息披露？大概会影响多少新麦，会对市场有何影响？在这种情况下，今年预计会有多少小麦流入饲用领域？谢谢。

刘莉华：

您这个问题很专业，确实像您说的，今年受病虫越冬基数和气候因素的影响，小麦的条锈病、赤霉病呈重发态势。对此农业农村部高度重视，我们按照中央的要求，把防控小麦重大病虫害作为夺取夏粮丰收的一个重要措施来抓，全力打好虫口夺粮攻坚战，加密监测、早防早治、统防统治。唐仁健部长亲自部署，与重点省政府主要负责同志研究防范工作，重点省的党委政府的负责同志也专题研究，靠前指挥，拿出了真金白银。我们初步统计，中央和地方财政累计投入了小麦病虫防控资金近30亿元，支持开展病虫统防统治，累计防治面积超过10亿亩次，病虫害损失控制在了5%以内。现在夏粮已经丰收到手，从田间调查监测情况看，小麦赤霉病病穗率在30%以上的面积大概在100万亩左右，占全国小麦面积的0.3%，主要是集中在沿江沿淮的个别地区，这些地区都不是小麦主产区，是低产区，也是病虫害易发区，常年都有发生，对全国小麦的质量影响总体有限。至于小麦有多少流入饲料领域，小麦是优质的能量饲料原料，在性价比合适的情况下，饲料企业会根据自身的情况来采购用于饲料加工，具体的用量由企业来根据成本核算自主决定。谢谢。

刘均勇：

今天的发布会到此结束，感谢媒体朋友的大力支持，也感谢曾衍德总农艺师、宋丹阳副司长、刘莉华副司长和辛国昌二级巡视员的出席，谢谢大家。

13. "中国渔政亮剑"渔政执法工作情况新闻发布会

一、基本情况

"中国渔政亮剑"
渔政执法工作情
况新闻发布会

时　间	2021年3月29日（星期一）上午10时	
地　点	农业农村部新闻发布厅	
主　题	介绍"中国渔政亮剑"渔政执法工作有关情况	
发布人	农业农村部渔业渔政管理局局长	刘新中
	农业农村部长江流域渔政监督管理办公室主任	马　毅
	农业农村部渔业渔政管理局副局长	江开勇
主持人	农业农村部新闻发言人、办公厅副主任	刘均勇

二、现场实录

📷 **刘均勇：**

女士们、先生们、媒体朋友们，大家上午好。欢迎出席农业农村部新闻办公室举行的新闻发布会。今天发布会的主题是介绍"中国渔政亮剑"渔政执法工作有关情况。我们邀请到农业农村部渔业渔政管理局局长刘新中先生，长江流域渔政监督管理办公室主任马毅先生，渔业渔政管理局副局长江开勇先生。他们将为我们介绍有关情况，并回答大家的提问。下面，首先请刘新中先生为大家介绍有关情况。

刘新中：

女士们、先生们，新闻界的各位朋友们，大家好。为贯彻落实党的十九大和十九届二中、三中、四中全会精神，践行乡村振兴战略，加强水域生态文明建设，深入推进渔业高质量发展，2020年，农业农村部组织各地渔业渔政部门和渔政执法机构，实施了"中国渔政亮剑2020"系列专项执法行动（简称"亮剑2020"）。"亮剑2020"系列专项执法行动聚焦长江禁捕、水生野生动物保护、海洋伏季休渔、渤海综合治理、清理取缔涉渔"三无"船舶和"绝户网"等9个领域。1年来，各地渔业渔政主管部门和渔政执法机构按照农业农村部的部署安排，坚守发展和生态2条底线，疫情防控和渔政执法两手抓、两手硬，"亮剑2020"在执法力量投入、执法检查区域、清理整治规模、处理违法案件等方面，较上年均有大幅增加，延续了"最严执法"的强劲势头。

从执法数据上看，据统计，"亮剑2020"全国累计出动执法人员179.18万人次、出动执法车辆32.08万车次、执法船艇18.78万艘次、检查渔船、渔港码头及渔船自然停靠点、市场、船舶网具修造厂点87.42万艘（个）、水上巡查326.86万海里、陆上巡查766.04万公里。各地总计查办各类渔业违法违规案件4.19万件，行政罚款2.09亿元，查获涉案人员5.51万名，同比分别增长29.16%、28.14%、27.61%；向公安机关移送涉嫌犯罪案件5 582件、涉案人员8 870名，同比分别增长91.89%、88.36%。同时，查处跨区作

业渔船2 219艘，清理取缔海洋涉渔"三无"船舶10 781艘、"绝户网"66万余张（顶）。

从协作机制建设上看，渔政与公安、海警、市场监管等部门协作机制建设进一步完善，江浙沪、闽粤、粤桂琼等省际渔政联合执法合作逐步实现常态化，应该说合作机制更加顺畅，合作内容更加务实，合作成效更加明显。

从加强宣传引导上看，先后发布2019年涉渔违法违规十大典型案例、长江流域涉渔十大典型案例。据不完全统计，2020年各地累计发放宣传材料754.14万份，新闻媒体宣传42.45万次。这要感谢大家。组织开展涉渔"三无"船舶和违规渔具集中公开拆解销毁活动9 320场次，向社会传递了渔业管理部门对打击渔业违法违规行为的坚定决心，向社会传递了严处重罚的强烈信号。

从制度建设供给上看，出台《渔业执法工作规范（暂行）》《渔政执法装备配备指导标准》《重大渔业违法违规案件挂牌督办工作规定》《非法捕捞案件涉案物品认（鉴）定和水生生物资源损害评估及修复办法（试行）》等文件，进一步提升严格规范、公正文明执法水平。"亮剑2020"执法过程中，各地渔业渔政主管部门及渔政执法机构重拳打击非法捕捞，严肃查处了一批违法违规案件，严厉处罚了一批违法捕捞人员，维护了守法渔民的合法权益和敏感海域的渔业生产秩序。为进一步强化警示教育，提升法律震慑，我们筛选了鲁某渔加60888船伏季休渔期非法收购捕捞渔获物案、张某俊等31人团伙非法捕捞销售鳗苗案、冀某渔03666等6艘渔船"7·29"伏季休渔期特大非法捕捞案等10个典型案例拟予公布，材料已经发给大家，请大家参考。"亮剑2020"虽然取得了显著成效，但是推进渔业高质量发展和水域生态文明建设给渔政执法机构提出了更高要求。按照"大稳定、小调整"的原则，农业农村部对"中国渔政亮剑2021"系列专项执法行动（简称"亮剑2021"）进行了调整，3月上旬印发了《"中国渔政亮剑2021"系列专项执法行动方案》。"亮剑2021"共包括长江流域重点水域全面禁捕专项执法行动、海洋伏季休渔专项执法行动、涉外渔业专项执法行动、水生野生动物保护和规范利用专项执法行动、水产养殖用投入品规范使用专项执法行动等9个具体的专项行动。文件也已发给大家，请自行参阅。各级渔业渔政主管部门和渔政执法机构将立足新发展阶段、贯彻落实新发展理念、构建新发展格局，准确识变、科学应变、主动求变，坚持问题导向、结果导向，突出重点问题，强化执法攻坚，为全面实施乡村振兴、建设生态文明开好局、立好功！下面我和我的同事愿意回答大家的提问，谢谢。

刘均勇：

谢谢刘局长的介绍。下面进入提问环节，请大家围绕今天发布会的主题进行提问，提问时请先通报一下所代表的新闻机构。

中央广播电视总台央视记者：

我的问题是农业农村部已连续4年组织开展"中国渔政亮剑"专项执法行动，应该说在社会上形成了一定的影响力，请问"亮剑2021"在具体行动设计上有哪些考虑？谢谢。

刘新中：

谢谢，你刚刚的问题让我感受到了媒体朋友们对"亮剑"行动还是比较了解的，看来我们的效果还是显现出来了。正如你所说，我们"亮剑"行动已经开展了4年，今年再搞就是第5年了，今年3月8日，我们印发了"亮剑2021"专项执法行动方案，其中包括9个具体的行动方案，应该说去年也是9个，今年也是9个。在设计这些具体行动上，我们的基本考虑就是要立足新发展阶段、贯彻落实新发展理念、构建新发展格局，守好发展和生态2条红线，统筹发展与安全。进一步强化渔政执法监管，推动渔业高质量发展。可以用"四个聚焦"来概括。**一是聚焦落实党中央决策部署。**长江十年禁渔，是为全局计、为子孙谋的重大决策，黄河流域生态保护和高质量发展也是事关中华民族伟大复兴的千秋大计。"中国渔政亮剑2021"的首要任务就是要保障党中央的决策部署落实落地。**二是聚焦渔业突出问题。**涉渔"三无"船舶、"绝户网"和电毒炸鱼等是危害渔业资源和生态环境的毒瘤，也是长期影响渔业可持续发展的难点问题。这些问题有一个共同的特点，就是反复性高、根治困难。"亮剑2021"坚持问题导向、目标导向，严打以上各类违法行为，对以上的违法违规行为持续保持高压态势，务求取得扎实成效。**三是聚焦渔业生态保护和可持续发展。**海洋伏季休渔和内陆主要江河禁渔是保护渔业资源的有效措施，也是推动渔业生态文明建设的重要举措，强化渔政执法，是落实好休禁渔制度的重要手段。**四是聚焦涉外渔业管理。**严厉打击侵渔和非法捕捞、越界捕捞行为，保护渔民合法权益，稳定周边海域渔业生产秩序，是我们作为一个负责任渔业国家的应有担当。同时，加强与相关国家渔政执法合作，打击非法作业行为，也是促进国际渔业合作的现实需要。总体概括起来说，今年的九大渔业执法行动既是业务问题，也是政治问题。我想这个重要性在下一步的执行当中我们会逐步体现出来。谢谢。

中央广播电视总台央广记者：

随着天气转暖，很多地方的垂钓行为多了起来。有报道称在长江流域内还存在垂钓涉嫌变相生产性捕捞的现象，请问农业农村部对于这些垂钓行为怎么看？将会采取哪些政策措施来规范管理呢？谢谢。

马毅：

你这个问题现在很多人都很关注，提这个问题也很有代表性。咱们讲的垂钓就是通常说的钓鱼，这本来是一个休闲娱乐活动，我们国家有很多的

钓鱼爱好者。传统的休闲垂钓应该讲对渔业资源的损害是极其有限的，所以我们长江的十年禁渔令，禁的是生产性捕捞。但是现在有些地方出现了使用爆炸钩、串钩、可视锚钓等破坏性渔具，还有一人多杆、一线多钩、多线多钩等不规范的垂钓行为，这就跟禁渔令就有悖了。对这个问题农业农村部采取了一系列措施，很多地方政府也在陆续出台一些规定进行规范。主要的做法有这么几个方面：**一是划定垂钓区域。**明确要综合考虑水生生物资源保护和公众休闲垂钓需求。在保护区要禁止垂钓，在长江和重要支流干流以及鄱阳湖、洞庭湖等大型通江湖泊要严格控制垂钓，在其他水域要科学地划定禁钓区和允许垂钓区。**二是规范钓具钓法。**要求各地根据实际制定准用的钓具目录，限制钓具的数量，严格禁止使用严重破坏水生生物资源的钓具、钓法及各类探鱼设备、视频辅助装置，禁止使用船艇、排筏等水上漂浮物进行垂钓。**三是规范饵料的类型。**禁止使用含有毒、有害物质的钓饵、窝料和添加剂，以及鱼虾类活体水生生物饵料，防止钓鱼饵料污染水体。**四是规范钓获物的处置。**严格禁止钓获物买卖交易，有交易行为的视同非法捕捞，确保垂钓回归到休闲娱乐的定位。五是明确垂钓时间。根据地方的渔情、水情制定禁止垂钓期，避让水生生物的繁殖、洄游等生活史关键的阶段，避免对水生生物资源造成破坏。近期，农业农村部组织"中国渔政亮剑2021"系列专项执法行动，要求各地坚决打击利用垂钓变相进行捕捞生产的行为。同时，加快推进《渔业法》（全称《中华人民共和国渔业法》）、《长江水生生物保护管理规定》等制修订，积极推动各地制定垂钓管理办法，将休闲性、娱乐性的垂钓行为纳入监管范畴，坚决把生产性、破坏性的垂钓行为阻挡在法律门外，切实维护禁渔秩序，保护水域生态。谢谢。

东方卫视记者：
今年2月22日，农业农村部发布了《关于调整海洋伏季休渔制度》的通告，请问最新的海洋休渔制度主要有哪些变化？谢谢。

江开勇：
海洋伏季休渔制度是我们国家一项非常重要的渔业资源养护制度。海洋伏季休渔制度从1995年实施以来，应该说有效保护了海洋渔业资源，增加了捕捞渔民的收入，也得到了广大渔民群众的欢迎和社会各界的关注。在休渔制度的执行实施过程中，我们也收到了很多方面提的很好的建议和意见，为了进一步加强海洋渔业资源的养护和保护，农业农村部在深入调查研究、广

泛听取渔民群众等各方面意见的基础上，本着"总体稳定、局部统一、减少矛盾、便于管理"的原则，从今年起，对北纬26度30分以南的福建海域休渔时间进行了优化，延长了桁杆拖虾、笼壶类、刺网和灯光围（敷）网4种作业类型的休渔结束时间，即由8月1日延长到8月16日，与南海海域的休渔时间保持一致。总的来看，新的休渔制度减少了福建海域的休渔时间节点，还进一步明确了应休渔渔船需要回船籍港休渔，对非休渔的钓具渔船实行管控等相关措施。新休渔制度充分考虑到我国海域南北跨度大、气候、渔业资源分布、渔民作业方式差异较大，渔船、渔民数量较多等多方面的因素，制度的调整幅度不大，但有利于闽粤交界海域伏季休渔管理，也有利于保持渔民生产和渔区的总体稳定。我们将不断地强化伏季休渔的执法监管，持续关注和评估新的休渔制度实施情况，不断加大海洋渔业资源养护力度，为推进海洋渔业的可持续发展、促进生态文明建设和美丽中国建设发挥积极的作用。谢谢。

人民日报社记者：

我注意到"中国渔政亮剑2021"方案中增加了一项全新的行动，也就是水产养殖用投入品规范使用专项执法行动，请问农业农村部对此有何考虑？打算如何开展此项行动？谢谢。

刘新中：

你的关注点非常好，我想这个问题不仅仅是你关心，好像全国喜欢吃鱼的人都很关心。水产品质量安全是我们产业提供产品的重要关注点，我们不但要提供优质的水产品，还要提供大家放心的水产品，这是我们的职责所在。影响水产品质量安全的重要因素就是水产养殖用投入品，包括兽药、饲料和饲料添加剂，这些产品的生产、经营和使用行为的监管，关系到养殖水产品质量安全和水域生态环境安全，关系到广大人民群众切身利益。农业农村部一直高度重视水产品养殖用投入品的监管，持续打击相关违法行为，养殖水产品质量安全也一直保持在较高或者很高的水平上。但是，近些年来有部分企业故意以所谓"非药品""水质改良剂"等名义规避监管、鱼目混珠，生产并向养殖者推销假、劣投入品，造成了质量安全和生态安全隐患，威胁到广大渔民利益和消费者身体健康，对这种行为进行整治是势在必行的。为此，农业农村部决定从今年开始将水产养殖用投入品规范使用作为"亮剑"行动的重要内容，要求地方农业农村部门连续3年专项整治，加快恢复水产养殖用投入品规范使用良好秩序，确保广大人民群众消费养殖水产品"舌尖上的安全"，保护水域生态环境。我们要求各级农业农村部门以及执法机构首先要提高政治站位，主动担责尽职，周密制定方案，明确职责分工，加强部门协作，确保执法行动取得实效。还要强化普法教育培训，广泛宣传引导，通过举办培训班、张贴海报、发放宣传材料等形式，广泛开展《渔业法》《兽药管理条例》《饲料和饲料添加剂管理条例》等法律法规和水产养殖规范用药知识宣传，让老百姓明白什么能用，什么不能用，什么是安全的，什么是不安全的。强化执法检查，突出执法重点，严查大案要案，发布指导案例，做到查处一件、教育一片、震慑一方。同时，我们还将畅通举报渠道，充分发挥社会监督作用，构建职责部门严打严管、社会广泛参与的良好整治格局，让大家吃到放心鱼。谢谢。

中国农业电影电视中心中国三农发布记者：
我们了解到当前长江口以及长江下游已经迎来了刀鱼汛期，就是传统的捕捞消费季。请问在打击市场非法渔获物尤其是刀鱼上有哪些举措和安排？

马毅：
你们提这个问题非常有针对性。刀鱼是江海洄游的鱼类，在很多地区都有分布，在海里叫"海刀"；洄游到江河里叫"江刀"，洄游的通道不光是长江，还有钱塘江、瓯江等，这些刀鱼也是"江刀"；还有在湖里定居的叫"湖刀"；另外，现在刀鱼可以人工养殖，就是养殖刀鱼。传统上一些消费者追捧的刀鱼，也就是所谓的"天价刀鱼"，就是指洄游到长江里的野生刀鱼。过去的美食家们最追捧的长江刀鱼就是清明前后的，所以你提的时间点，正好是现在这段时间。我们从3月1号开始到4月30号组织开展专项打击行动，渔政、公安、海事等相关部门24小时全天候联合执法，保持高压态势。同时，对水产品市场、餐饮场所进行暗查暗访，各地对市场销售的水产品也进行索票索据、追溯来源，无票证的严格禁止销售，以"海刀""湖刀"冒充"江刀"的，从市场监管的角度进行处罚。下一步，我们将紧盯长江口的重点区域，持续加强长江禁渔管理，通过水上打、港口堵、市场查，确保禁渔令执行有力、落地见效。主要做法：**一是做好刀鱼来源的监测鉴定。**加强各类水产品的销售管理，推动建立"合格证＋追溯凭证"制度，严防长江野生刀鱼流入市场。**二是畅通案源信息共享渠道。**要继续加大跨区域、跨部门的联合执法频度，强化行刑衔接，严厉打击各类违法案件。**三是开展有奖举报。**引导群众拒买、拒食长江刀鱼，这里我也借这个机会呼吁媒体朋友帮助我们宣传引导群众，就我刚才说的，告诉大家你买的刀鱼、吃的刀鱼不是传统上说的刀鱼，名称一样，内涵不一样，实际上花了大价钱买的不是想吃的刀鱼，让老百姓别去当那个冤大头，共同营造水上不捕、市场不卖、餐馆不做、群众不吃的社会舆论，谢谢。

每日经济新闻社记者：

按照国务院部署，2021年元旦之前长江流域实现全部禁捕，启动长江十年禁渔，能否介绍一下3个月来的禁渔成效？查获非法捕捞的情况如何？谢谢。

马毅：

今年1月1号以来，农业农村部牵头，会同有关部门和各级地方人民政府、公安、市场等，大力贯彻落实党中央、国务院的决策部署，开局势头良好。主要开展以下工作：**一是按时完成长江流域重点水域的退捕任务。**这个大家都清楚，我们继续做好退捕群众的安置保障工作，确保群众能退得出、稳得住、能致富。**二是继续完善长江禁捕管理机制。**农业农村部联合发展改革委、财政部、公安部、交通运输部、市场监管总局印发了意见，推动完善长江禁捕执法长效管理机制。最近农业农村部又会同水利部联合印发文件，在河湖长制的基础上，继续完善网格化管理，推动长江禁捕水域管理执法责任全覆盖。地方层面，上海、江苏、浙江、安徽人大常委会审议通过了《关于促进和保障长江流域禁捕工作若干问题的决定》，进一步加强长江口等跨省交界水域的禁捕管理。其他一些地区也在相继出台政策，完善地方法规。长江禁捕的政策顶层设计和制度建设正在加快完善。**三是积极提升渔政执法监管能力**。农业农村部、发展改革委紧急购置了一批执法装备，编制了"十四五"期间的《长江生物多样性保护工程建设方案（2021—2025年）》，支持和推动各地加强渔政执法能力建设。**四是始终保持高压态势打击非法捕捞**。1—3月份，各地渔政部门共清理取缔"三无"船舶3 437艘，清理违规网具37 255张，查办违法违规案件1 834起，查获涉案船舶464艘，查获涉案人员1 955人，其中司法移送481人，行政处罚金额约220万元。通过我们持续保持高压严管态势，长江禁捕秩序总体是平稳的。同时我们也在及时处理各地的信访案件。信访问题主要集中在渔民的身份识别、退捕补偿、补助标准、安置保障政策落实等方面。1—3月份专班共收到各地的信访电话33个，月平均信访电话数量从2020年的28个降低到目前的11个，总体趋势向好。

下一步，我们重点做好以下几个工作：一是持续推动把长江禁捕工作纳入地方政府的绩效考核、纪检监察、党风政风监督和地方领导干部自然资源资产离任审计的范围，压紧压实地方政府的主体责任和属地责任。二是发挥禁捕执法网格化管理的体系作用，实现禁捕水域管理责任的全面覆盖、无缝衔接。继续加强长江渔政执法队伍和装备建设，强化部省共建的渔政基地和长江渔政特编执法船队的作用，联合公安、市场监管、交通等部门，组织开展系列执法专项整治行动，严厉打击非法捕捞等违法犯罪行为。三是启动实施"十省百县千户"跟踪计划，开展退捕渔民安置保障情况的跟踪回访，指导各地落实安置保障政策。四是发布实施《长江生物多样性保护工程建设方案（2021—2025年）》，推进落实中华鲟、长江江豚、长江鲟拯救行动计划，提升长江珍稀濒危物种的种群恢复能力。五是构建长江生物资源监测网络，组织开展长江生物完整性指数评价，发布长江流域水生生物资源及生态环境状况公报，科学评估长江禁捕和物种保护成效。谢谢。

中国县域经济报社记者：

电鱼作业对渔业资源和生态环境危害很大，请问今年开展打击电鱼专项执法行动，农业农村部将采取哪些措施？谢谢。

江开勇：

电鱼确实是严重破坏渔业资源和水域生态环境的捕捞活动，是我们国家法律法规明令禁止的捕捞方法。打击电鱼也是我们长期以来各级渔政执法机构的一项重点任务，2018年，农业农村部就将打击电鱼纳入"中国渔政亮剑"系列专项执法行动当中。2020年，各级渔业渔政部门会同相关部门，从电鱼器具的制造、销售、使用等全链条开展打击整治，取缔了一批制造电鱼器具的窝点，查处了一批销售电鱼器具的商家，打掉了一批电捕鱼团伙，对非法电鱼活动形成有效震慑。据不完全统计，2020年全国各地查处电鱼案件7 160件，没收电鱼器具1.72万台（套），农业农村部通报的涉渔违法违规十大典型案例当中就有这样的案例。今年农业农村部也将继续组织实施打击电鱼专项执法行动，指导各地渔政加强与公安、海警、市场监管等部门的执法协作，开展电鱼器具的制造、销售、使用等全产业链的打击，持续保持对电鱼的高压严打态势，我们将配合有关部门，将打击电、毒、炸鱼等非法捕捞行动纳入各级的河长制、湖长制工作绩效考核范围，实施网格化管理，压实监管责任。依据最高法、最高检、公安部和农业农村部4部门联合印发的《依法惩治长江流域非法捕捞等违法犯罪的意见》，对现场查获、证据确凿的电鱼行为严惩重处；同时对携带电鱼器具进入渔业水域但没有查获渔获物的相关行为，也将结合视频监控的资料、证人证言等进行综合认定、严格调查。在加大行政处罚和依法追究刑事责任的同时，我们也将按照农业农村部《非法捕捞案件涉案物品认（鉴）定和水生动物资源损害评估及修复办法（试行）》的要求，配合司法部门做好电鱼对水生生物及其生存环境损害的修复和评估，推动对违法电鱼实施公益诉讼，提高电鱼违法成本，加大违法电鱼的震慑力度。谢谢。

农民日报社中国农网记者：

从这些年农业农村部公布的数据来看，每年清理的涉渔"三无"船舶不在少数，这说明"三无"船舶问题很容易反弹，请问下一步如何从根本上解决这个问题？谢谢。

🖋 刘新中：

这是个老问题，这几年大家都在持续关注。涉渔"三无"船舶，是个专业的说法，是指无船籍港、无船名号、无船舶证书的船舶。涉渔"三无"船舶在内陆和沿海都有，它们长期脱离监管，为非作歹，不管不顾，想去哪儿去哪儿，有的"三无"船舶甚至越界捕捞，损害我们国家形象。加强生态文明建设，绝不允许大量破坏渔业资源、损害水域生态环境的行为长期存在，打击涉渔"三无"船舶意义非同一般。同时，我国正向着第二个百年奋斗目标进发，更不可能长期容忍非法、不受监管的涉渔"三无"船舶存在。下一步，在打击方式上，我们将借鉴反腐败的经验，对打击涉渔"三无"船舶采取"三不"协同推进。**一是通过大案要案的查处，严管重罚，增加违法成本，让他"不敢干"**。我们持续把它列入"亮剑"行动的重点内容，目的就是保持高压的严打态势。从2015年起，经过各级渔业渔政部门和渔政执法机构的不懈努力，共取缔、拆解涉渔"三无"船舶6万艘以上，尤其是去年长江禁捕退捕实施以来，持续跟进打击涉渔"三无"船舶，效果十分明显。**二是建机制，让他"不能干"**。除现场巡查执法之外，更加聚焦源头治理，通过渔业、海警、工信、交通运输、市场监管、公安等多部门、多领域、多环节的无缝对接，按照接力跑的方式，协同监管。最近一段时间，山东省威海市和辽宁省大连市等一些重点渔区从涉渔"三无"船舶的建造、检验、作业等多角度入手，强化打击管控力度。同时，我们聚焦渔港监管，推动渔政执法机构加强区域合作，联查联管，让他无法存在。**三是加强转产转业，推动渔民向"不想干"转变**。执法中，我们发现很多非法渔船是传统渔民在经营，他靠山吃山、靠水吃水，为了生计从事违法捕捞，当然这不能作为违法违规的理由，但对于渔民的实际困难我们也得考虑。对此，我们将通过产业融合发展、全面推进乡村振兴，创造更多岗位，解决渔区渔民的就业和生活问题，让他们不再去想使用涉渔"三无"船舶从事非法捕捞。这是我们努力的方向，也需要一定的时间，但工作力度只会更严，不会放松。谢谢。

📷 刘均勇：

感谢各位媒体朋友的大力支持，也感谢刘新中先生、马毅先生、江开勇先生出席今天的发布会，发布会到此结束。

14. 新一轮畜禽遗传改良计划情况新闻发布会

一、基本情况

新一轮畜禽遗传改良
计划情况新闻发布会

时　间	2021年4月28日（星期三）上午10时
地　点	农业农村部新闻发布厅
主　题	新一轮畜禽遗传改良计划有关情况
发布人	国家畜禽遗传资源委员会副主任、 农业农村部种业管理司副司长　　　　　　　　　　孙好勤
	国家畜禽遗传资源委员会副主任、全国畜牧总站党委书记　时建忠
	国家生猪产业技术体系首席科学家、 全国生猪遗传改良计划专家委员会主任　　　　　陈瑶生
主持人	农业农村部新闻发言人、办公厅副主任　　　　　刘均勇

二、现场实录

📷 **刘均勇:**

女士们、先生们，媒体朋友们，大家上午好！欢迎出席农业农村部新闻办公室举行的新闻发布会。今天发布会的主题是介绍新一轮畜禽遗传改良计划有关情况，我们邀请到国家畜禽遗传资源委员会副主任、农业农村部种业管理司副司长孙好勤先生，国家畜禽遗传资源委员会副主任、全国畜牧总站党委书记时建忠先生，国家生猪产业技术体系首席科学家、全国生猪遗传改良计划专家委员会主任陈瑶生先生，他们将为我们介绍有关情况，并回答大家的提问。下面，首先请孙好勤副司长介绍有关情况。

孙好勤:

女士们、先生们，媒体朋友们，大家上午好！今天农业农村部发布《全国畜禽遗传改良计划（2021—2035年）》，明确了未来15年我国主要畜禽遗传改良的目标任务和技术路线。作为国家层面启动的第二轮畜禽遗传改良计划，提出了立足"十四五"、面向2035年推进畜禽种业高质量发展的主攻方向，这是确保种源自主可控、打好种业翻身仗的一个重要行动。下面，我从两个方面向大家简要介绍有关情况。

一、关于新一轮全国畜禽遗传改良计划的编制背景。新中国成立以来，我国畜禽种业不断发展，但总体上长期处于"散、小、慢"的状态。从2008年到2020年，农业农村部实施第一轮畜禽遗传改良计划，覆盖了奶牛、生猪、肉牛、蛋鸡、肉鸡和肉羊等六大主要畜种。经过12年的努力，畜禽生产性能水平明显提升，畜禽种业发展的整体性、系统性明显提高，核心种源自给率超过75%。总体看，我国畜禽种源立足国内有保障、风险可管控，基本解决了我国畜禽良种"有没有""够不够"的问题，为畜牧业健康稳定发展提供了有力的种源支撑。"十四五"时期，贯彻新发展理念，构建新发展格局，加快农业农村现代化，适应人民对美好生活的向往，我国畜禽种业必须再上新台阶。**一是中央有明确要求。**党的十八大以来，党中央、国务院高度

重视种业发展。习近平总书记强调，要下决心把我国种业搞上去。今年中央一号文件和去年国务院《关于促进畜牧业高质量发展的意见》都明确提出，要实施畜禽遗传改良计划。**二是产业有迫切需要**。随着畜牧业规模化、标准化发展进程不断加快，对稳定的优质畜禽种源供给需求愈加迫切。人民群众对"有肉吃，吃好肉，还要吃得多样"的需求日益增长。从我国畜禽种源保障看，黄羽肉鸡、蛋鸡、白羽肉鸭种源能实现自给且有竞争力；生猪、奶牛、肉牛种源能基本自给，但性能与世界先进水平相比还有较大差距，个别种源还主要从国外进口。要不断满足新需求，就必须在国家层面统筹部署安排，尽快补齐短板弱项。**三是国际有成功经验**。制定实施中长期的畜禽育种战略规划，是发达国家的普遍做法。如丹麦政府主导组织实施国家生猪育种计划已长达百年之久。美国通过实施奶牛群体遗传改良计划，50年将产奶量提高了近2倍。

今年是"十四五"开局之年，我国将开启全面建设社会主义现代化国家新征程，2035年将基本实现农业农村现代化。中央经济工作会议和中央农村工作会议对打好种业翻身仗作出了总体部署，为我们制定实施新一轮畜禽遗传改良计划及畜禽种业自主创新指明了主攻方向，提供了基本遵循。

二、关于新一轮全国畜禽遗传改良计划的主要内容。新一轮畜禽遗传改良计划坚持系统谋划、分类施策、聚焦重点、精准发力，重点是要解决"好不好""强不强"的问题。实施期限为2021—2035年，主要内容可以概括为：瞄准一个主攻方向，覆盖三大发展领域，聚焦四个全面强化，把握好五个方面关系。"一个主攻方向"，就是要力争用10～15年，建成比较完善的商业化育种体系，显著提升种畜禽生产性能和品质水平，自主培育一批具有国际竞争力的突破性品种，确保畜禽核心种源自主可控。"三大发展领域"，就是包括生猪、奶牛、肉牛、羊、马、驴等家畜品种，蛋鸡、肉鸡、水禽等家禽品种，以及蜜蜂、蚕等。"四个全面强化"，就是要全面强化自主创新，以高质量发展为主线，突出主导品种选育提升，注重地方品种开发利用，提高育种关键核心技术研发和应用能力；要全面强化育种基础，开展高效、智能化性能测定，构建育种创新链大数据平台，提高遗传评估支撑服务能力；要全面强化育种体系，以国家畜禽核心育种场为依托，支持发展创新要素有效集聚、市场机制充分发挥的联合育种实体，提高核心种源培育能力；要全面强化企业主体，支持畜禽种业企业做强做大、做专做精，打造一批具有核心研发能力、产业带动力的领军企业，提高企业品牌影响力和市场竞争力。"五个方面关系"，就是注重把握好传承与创新、政府与市场、中央与地方、自主与开放、当前与长远等5个方面的关系，较好地体现了科学性、战略性和前瞻性。下面，我和我的同事愿意回答大家的提问。

⬚ 刘均勇：

谢谢孙司长的介绍，下面进入提问环节，请大家围绕今天发布会的主题进行提问，提问之前请先通报所代表的新闻机构。

⬚ 中央广播电视总台央视记者：

刚才提到第一轮全国畜禽遗传改良计划，请详细介绍一下第一轮计划实施以来取得了哪些进展、存在哪些问题？

时建忠：

畜禽种业的发展是一个循序渐进的过程，长期以来，我国畜禽种业长期处于"散、小、漫"的状态，2008年开始，农业部（现农业农村部）陆续发布实施主要畜禽遗传改良计划，实现了遗传改良的全国大联合、大协助，开启了新阶段，取得了积极的进展。**一是全国畜禽育种体系初步建立。**遴选、建立了191个国家畜禽核心育种场，构建了以企业为主体的测定体系，建立了猪、奶牛、肉牛遗传评估平台，培养了一大批的专业技术人员，初步形成了以企业为主体，产学研相结合的商业化育种体系。**二是全国畜禽生产性能显著提升。**引进的品种经过本土化的选育，杜洛克猪达到100公斤的饲养天数减少了9天；大白猪总产仔数增加了1.7头；奶牛单产达到8.3吨，相比2008年增加了73%。自主培育的高产蛋鸡和白羽肉鸭性能达到国际先进水平。**三是全国畜禽种业创新能力不断增强。**传统的育种技术与现代的育种技术协同发展，自动化、智能化的生产性能测定技术逐步推广应用，猪、鸡等全基因组选择育种芯片相继发布。育成新品种和配套系90多个，黄羽肉鸡全部是我国自主培育的品种，蛋鸡也打破了国外的垄断。第一轮畜禽遗传改良计划的实施，有力地支撑了畜牧业的高速发展，为满足畜牧业用种需求和人

民群众对畜产品的需求发挥了重要作用，事实也证明这是一个好的计划，实现了种源立足国内有保障、风险可管控。在看到成绩的同时，我们也应该清醒地看到，与国外先进水平相比，我们还有不小差距，主要表现在以下几个方面：一是自主创新能力有待加强，白羽肉鸡还没有突破，我国能繁母猪年均提供育肥猪数量比发达国家低30%左右；奶牛水平也只有国际先进水平的80%。二是育种基础还有待夯实，生产性能测定规模小、性状少，自动化、智能化的程度还不太高，我国种猪平均测定的比例仅为发达国家的1/4左右。三是育种体系还有待完善，国家畜禽核心育种场发展水平参差不齐，实质性的联合育种推进比较缓慢。四是企业主体还有待强化，畜禽企业总体实力弱，竞争力不强。这些问题不解决，将会严重制约我国畜牧业的高速发展，畜牧业的现代化也难以实现。问题就是导向，就是我们今后的努力目标。谢谢。

📷 中央广播电视总台央广记者：
和第一轮的畜禽改良计划相比，新一轮的畜禽改良计划有什么特点？为什么要实施15年？

🎙 孙好勤：

　　谢谢这位记者的提问，概括来说，新一轮全国畜禽遗传改良计划要立足新的发展阶段，实现品种在性能和品质上的双突破；要贯彻新发展理念，把自主创新摆在首位，加快畜禽种业向数量质量并重、资源节约高效方向发展。以我们的生猪为例，据测算，如果我们的生猪性能达到国际先进水平的话，可节约的饲料能够达到630亿斤，相当于节约耕地5 500万亩。着眼构建新发展格局，就是要确保畜禽核心种源自主可控。具体体现为三个方面的特点：在品种范围上，除原来六大畜种以外，我们增加了水禽、马、驴、蜜蜂和蚕，基本形成了"主导＋特色"的发展格局。其中生猪、奶牛、肉牛、羊的生产性能要达到国际先进水平，白羽肉鸡要实现零的突破，蛋鸡、黄羽肉鸡、白羽肉鸭还要在现有的基础上加快培育具有国际竞争力的新品种。在育种体系上，支持企业牵头组建多种形式的联合育种实体，培育、壮大第三方社会化育种服务组织，加快组建国家畜禽遗传评估中心，大幅度提升企业精准选育的能力。性能测定的指标由原来的以生长发育性状为主增加了肉质、健康等性状，育种数据获取由核心育种场拓展到全产业链。在技术应用上，我们要加快育种基础由传统向现代的转变，推动饲料转化率、肉品质等性状的智能化测定技术研发和应用，推进基因组选择技术平台升级，大幅度提升遗传评估结果的准确性，强化种源净化和疫病防控，整体缩短育种时间，提高育种效率。新一轮遗传改良计划时间跨度定为15年，一方面是由畜禽育种培育需要8～10年，家畜要15～30年，应用新技术可以缩短育种时间，但至少也要15年，所以着眼15年有利于强化我们工作部署的系统性和整体性，也有利于引导企业长期、稳定地投入；另一方面这也是我们基本实现农业农村现代化目标、种业翻身仗要取得重大突破的根本要求。15年转瞬即逝，我们要有使命感和紧迫感，必须以只争朝夕的精神朝着既定的目标和方向去努力、去前进。谢谢。

农民日报社中国农网记者：

我们注意到有媒体报道，我国的猪都是进口的，"猪芯片"不能自主，地方猪种都快灭绝了，请问情况如何？下一步该怎么办？

陈瑶生：

感谢这位记者的提问，这也是近期很多媒体询问我们的问题。其实"猪芯片"只是一个形象的比喻，大众熟悉的"芯片"是技术含量很高、不可替代的硬件，也是消耗品，生猪品种则是没有技术壁垒的、可持续不断繁衍的生物活体，应该说二者不可同日而语，但这种类比也反映了大众对我国生猪种源的高度关注。我国猪肉消费和全球消费演变趋势类似，也由短缺时期的脂肪型逐渐过渡到供需基本平衡时期的以瘦肉型为主，发达国家这一转变远早于我国。当今世界瘦肉型品种有3个，杜洛克猪、长白猪和大白猪，由于吃得少、长得快、瘦肉率高，成为全球生猪养殖的当家品种。从全球来看，根据本国市场需求对"杜长大"进行本土化选育，是国际通行的做法。我国自20世纪80年代开始引进"杜长大"以来，和美国、加拿大、丹麦等国类似，实施了本土化选育，特别是2009年启动全国生猪遗传改良计划以来，进一步加快了系统选育，从而保障了我国接近90%的生猪市场的种源供给。关于种猪进口问题，经过多年发展，目前我国种猪供给立足国内是有保障的。

近十年来，全国年均进口种猪不到 1 万头，占核心育种群更新比例不足 10%，少量进口主要用于补充资源、血统更新和改善种猪性能。事实上，发达国家间都在相互进行品种交流，这是国际惯常做法，我国也是一样。虽然我们进步很快，但规范的系统选育历史积淀不足，比国外晚了近 50 年，核心育种群的产仔数、饲料转化率等关键性状与发达国家还有 10% ~ 30% 的差距。因此，适当引种有利于国内生猪种业加快追赶，完全不引也可以，但会影响发展效率，不利于加快缩短与国际先进水平的差距。

关于地方猪的问题，我国现有地方猪种 83 个，品质好、风味佳，但由于吃得多、长得慢、瘦肉率低，无法满足快速增长的瘦肉消费需求和现代化的生产方式，导致养殖规模不断萎缩，资源群体缩减。这些年来，我国建设了 62 个国家级地方猪保种场和保护区，开展了猪遗传材料采集保存，应该说实现了应保则保。同时，以用促保，利用地方猪种培育了 30 个新品种和配套系，一批黑猪品牌加快进入市场，逐步满足了人们对优质特色猪肉的需求。下一步，在全国实施新一轮全国生猪遗传改良计划中，一是实施大规模的主导品种联合育种，尽快实现生产性能比肩国际先进水平，加强优质种源供给。二是加强地方品种保护，今年已启动了全国畜禽遗传资源普查，摸清家底以后，将进一步完善保护体系，加大保护力度。三是大力推进地方品种开发利用，深入挖掘其优质特性，培育以风味独特、肉质鲜美为主，兼顾生长速度的特色猪种，更好地满足多元化的市场消费需求。谢谢。

> **人民日报社记者：**
> 请问在新一轮畜禽遗传改良计划中，对于奶牛、生猪、肉牛、蛋鸡、肉鸡和肉羊六大畜禽，主要是聚焦哪些方面？解决什么问题？

时建忠：
总体来讲，生猪、奶牛、肉牛、羊、蛋鸡、肉鸡等六大畜禽的主攻方向，都是实现品质和性能持续提升，缩小与国际先进水平的差距。但六大畜种各有特点、差异较大，在新一轮畜禽改良计划当中，我们坚持问题导向、结果导向和目标导向相统一，分别锁定了具体主攻方向。生猪主要聚焦瘦肉型品种和地方品种。一是要构建国家生猪核心育种场 + 国家核心种公猪站＋国家生猪战略种源基地"三位一体"的育种新格局，支持发展区域性联合育种，推动育种体系的全面升级；二是要建立高效的智能化种猪性能测定体系，加快全基因组选择等育种新技术的应用；三是要大力推进地方猪的开发利用。奶牛主要聚焦主导品种。一是要建立以国家奶牛核心育种场和种公牛为主导的核心种源培育体系，创新联合育种组织机制；二是要扩大生产性能测定规模，完善奶牛的基因组选择技术平台；三是要实现奶牛遗传物质质量监管全覆盖。肉牛主要聚焦普通牛、水牛、牦牛和乳肉兼用牛。一方面要扩大高质量育种核心群规模，完善育种基础工作，加快基因组选择技术应用，发展多种形式联合育种组织；另一方面要支持群体规模大、特色优势明显的地方品种，持续开展本品种选育，提高生产性能。羊主要聚焦肉羊、毛（绒）用羊和乳用羊。坚持本品种持续选育和新品种培育并重，完善以国家羊核心育种场为主体的良种繁育体系，开展主导品种的联合育种，建立完善的性能测定体系，逐步推进基因组选择技术的应用。蛋鸡主要聚焦高产蛋鸡和地方特色蛋鸡。一是要继续培育高产蛋鸡新品种，不断提高蛋品的质量，扩大市场占有率；二是要结合资源优势和区域消费需求，培育地方特色蛋鸡新品种，满足多元化的市场需求。肉鸡主要聚焦黄羽肉鸡、白羽肉鸡和小型白羽肉鸡。黄羽肉鸡主要是培育适合屠宰、加工的新品种；白羽肉鸡主要是尽快实现零的突破；小型白羽肉鸡主要是完善良种繁育体系。谢谢。

📷 中国农业电影电视中心中国三农发布记者：

知识产权一直是社会广泛关注的问题，请问在畜禽育种领域，这个问题是否突出？农业农村部对加强知识产权保护有什么举措？

🎙 孙好勤：

保护知识产权就是保护创新，关系到种业高质量发展，关系到种业自立自强，关系到打好种业翻身仗。国家高度重视并积极采取有效的措施加强种业知识产权保护。在畜禽育种领域，知识产权保护主要是对育种人发明创造的测定方法、遗传评估算法、基因芯片等进行保护，这方面我们已经有了一套比较完善的措施，主要是通过《专利法》（全称《中华人民共和国专利法》）来实施。此外，我们也支持企业将自己独有的、不便公开的技术成果形成商业秘密，从而达到保护的目的。如果出现侵权现象，支持权利人依法维护自身权益。在农作物育种领域，业界反映比较集中的套牌侵权、"仿种子"以及同质化等问题，我们已经将其作为净化种业市场、保护种业知识产权、打好种业翻身仗的重点任务。今年主要在以下几个方面加大工作力度：在法制制度上，积极推进《种子法》（全称《中华人民共和国种子法》）、《植物新品种保护条例》等相关法律法规的修订工作，着力提升种业知识产权保护力度和保护水平，同时积极争取有关方面的支持，为保护种业知识产权提供有力的法制保障。目前，最高人民法院关于审理侵害植物新品种权纠纷案件具体应用法律问题的司法解释，已经于2021年3月23日公开向社会征求意见。在品种管理上，我们要提高主要农作物品种审定标准，严格绿色通道和联合体实验，规范非主要农作物品种登记，启动品种审定登记退出机制。在市场监管上，开展种业监管执法年活动，以套牌侵权、制售假劣等为重点，开展集中清理整治，强化部门协作和上下联动，建立跨区域执法联动响应机制，实现"一处发现、全国通报、各地联查"。谢谢。

📷 **第一财经日报社记者：**

畜禽遗传资源是国家战略资源，也是种业创新的物质基础，自2021年4月15日起施行的《生物安全法》（全称《中华人民共和国生物安全法》）中提到国家对我国人类遗传资源和生物资源享有主权，如何保障企业参与保种的积极性？是否会启动《畜牧法》关于畜禽种业自主创新、畜牧业科技成果转化推广等方面的修法？

🔖 **孙好勤：**

实际上，《畜牧法》已经对畜禽遗传资源调查保护等方面作出了比较详细的规定。畜禽遗传资源需要多层次收集保护、多元化开发利用，我们始终鼓励支持企业参与畜禽遗传资源保护事业，推动开发利用。去年，国务院办公厅印发了《关于加强农业种质资源保护与利用的意见》，其中明确提出，鼓励育繁推一体化种业企业开展种质资源收集、鉴定和创制，逐步成为种质创新应用的主体。鼓励支持地方品种申请地理标志产品保护和重要农业文化遗产，发展一批以特色地方品种开发为主的种业企业，推动资源优势转化为产业优势。目前，我们正在加快推进各方面工作的落实。去年以来，全国人大已经在组织开展《畜牧法》修订的相关工作，我们也在积极参与和配合，努力为畜禽种业发展提供更强有力的法制保障。谢谢。

> 📷 **光明日报社记者：**
>
> 新一轮全国畜禽遗传改良计划时间跨度比较长，任务涉及三大领域的多种畜禽，请问如何保障这些任务落实落地？

孙好勤：

实施新一轮全国畜禽遗传改良计划是落实打好种业翻身仗的一项重要工作，既等不得、慢不得，也急不得。我们要坚持按照自身科学规律，抓好各项政策和技术措施的落实。第一轮计划积累了很好的经验和做法，但坦率地讲，我们也有一些值得总结的教训和不足。应该说抓好新一轮遗传改良计划的落实落地不是一件容易的事，既要全面系统谋划、抓主抓重，也要精准有效推进、落细落小。概括来讲，要抓好"四个到位"。**一是组织协调推动到位。**改良计划需要中央和地方齐抓共管，农业农村部成立了专门的领导小组，分管部领导任组长，亲自抓、亲自管、带头干。我们设立了领导小组办公室，要盯住抓、抓到底。各省级农业农村部门也要高度重视，上下联动，将新一轮计划的实施工作纳入全面落实打好种业翻身仗当中，形成协同攻坚的合力。**二是主体作用发挥到位。**育种企业和科研院所是实施新一轮计划的主体。要弘扬企业家精神，用好市场这只"看不见的手"，增强市场主体资源要素配置的效率和竞争力，打造畜禽种业领军企业。要培育一批帅才型的科学家，有效整合科研资源，推进产学研用深度融合，加快关键核心技术攻关。**三是政策支持跟进到位。**优先支持国家畜禽核心育种场，提升基础设施装备水平。今年起，中央财政新安排专门经费，稳定支持开展种畜禽生产性能测定。各地也要加大项目资金支持的力度，保障好国家畜禽核心育种场用地。**四是社会力量动员到位。**多措并举调动各方面支持种业发展的积极性，及时宣传报道发展成效、先进人物和先进事迹，弘扬"一茬接着一茬干"的工匠精神。积极发挥现代种业发展基金引导作用，带动各类社会资本、金融资本积极支持畜禽种业发展。抓好计划的落实是一个动态的过程。新一轮计划实施后，我们还将建立健全动态调整和跟踪评估机制，及时查漏补缺，步步深化、久久为功，努力实现预期目标。谢谢。

刘均勇：

感谢各位媒体朋友的大力支持，也感谢几位领导的出席，今天的发布会到此结束。

15. 当前农业抗灾救灾情况新闻发布会

一、基本情况

当前农业抗灾救灾情况新闻发布会

时　间	2021年7月30日（星期五）上午9时	
地　点	农业农村部新闻发布厅	
主　题	当前农业抗灾救灾情况	
发布人	农业农村部种植业管理司司长	潘文博
	农业农村部市场与信息化司司长	唐　珂
	农业农村部畜牧兽医局局长	杨振海
主持人	农业农村部新闻发言人、办公厅副主任	刘均勇

二、现场实录

刘均勇：

　　女士们、先生们、媒体朋友们，大家上午好！现在正是"七下八上"的防汛关键期，河南等地近日出现了极端暴雨天气，造成部分地区农业受灾严重，目前各项抗灾救灾工作正在紧张有序进行。今天专门举行农业抗灾救灾工作情况新闻发布会，我们邀请农业农村部种植业管理司司长潘文博先生，市场与信息化司司长唐珂先生，畜牧兽医局局长杨振海先生回答大家关心的问题。下面进行提问，提问前请先通报所代表的新闻机构。

中央广播电视总台央视记者：

　　近期河南遭遇历史罕见的暴雨洪涝灾害，当地农业受灾情况怎么样？农业农村部采取了哪些救灾措施？下一步有什么具体安排？谢谢。

潘文博：

　　大家都知道，7月17—24日，河南出现了历史罕见的极端暴雨天气。农业农村部第一时间调度雨情、灾情，第一时间派出工作组实地查看，研判灾情。这次极端降雨给河南部分地区的农业生产确实造成了严重影响，灾情确实比较重。据农业农村部农情调度，截至7月29日，河南省全省农作物受灾1 450万亩，成灾940万亩、绝收550万亩。受灾区主要集中在新乡、周口、开封、安阳、焦作、鹤壁、郑州等地，受灾作物主要是秋粮作物、玉米、花生和大豆，由于部分地区的河道水位还很高，农田排水困难，灾情还在发展。灾情发生后，农业农村部高度重视，迅速行动，积极应对，切实指导河南抗灾救灾。

　　一是密切跟踪了解灾情。我们第一时间派出工作组实地调查了解灾情，与气象部门实时会商，研判雨情、灾情发生发展动态。7月24日，部领导带队去了灾情较重的安阳、鹤壁等地市，深入田间地头，实地查看灾情，研究救灾措施。

二是加强科学抗灾指导。灾情发生后，我们立即组织专家根据灾区的生产实际制定了玉米、大豆、花生等作物的抗洪涝、促生长以及病虫防治的技术指导意见，编制了农业防灾减灾技术手册。7月25日，又派出4个救灾专家组蹲点包片指导重灾地市搞好灾后生产恢复。做到积水不排完、生产不恢复、专家组不撤回。

三是紧急调集调运救灾物资。动员全国农业农村部门支持河南抢排农田积水，先期已经调运了2 000台抽水设施支援灾区，调集100台无人机组成50个作业小分队，开展灾后施肥打药作业服务。同时，调用国家救灾储备种子，协调16省份的种子企业捐赠救灾种子，可满足500万亩灾后改种补种。

四是加大救灾的资金支持。中央财政先后两批次下拨了1亿元的农业生产救灾资金，协调金融机构给予受灾农户免息贷款，支持河南灾后恢复生产。在上下共同努力下，救灾取得了阶段性进展。

有一组数据我向大家通报一下，目前已排出农田积水1 190万亩，改种补种15万亩，灾后病虫防控240万亩，追施肥100多万亩。下一步，我们将与河南同舟共济、共渡难关，加大帮扶力度，尽快恢复灾后农业生产，努力将灾害的损失降到最低。

一是组织专业力量投入灾后生产恢复。组织农机作业服务队抓紧抢排田间积水，加快修复水毁农田，排水后继续改种补种，有条件的地方可以中耕追肥、铲趟散墒。我们在河南实地看到，由于农田积水面积比较大，积水时间又比较长，作物的抗逆性下降，我们要继续发挥社会化组织的作用，帮助灾区喷施叶面肥、杀虫剂、杀菌剂等，增强作物抗性，抑制病虫害发生，促进作物尽快恢复生长。我们与相关协会一起，组织农资生产企业捐赠了一批化肥和农药，支持灾后田间管理。

二是抓紧改种补种。过水时间比较长了，有一部分绝收地块，退水后要组织农民及时改种青贮玉米、甜玉米、绿豆、蔬菜这种短生期作物，能种一季是一季，能增一亩是一亩，既可增加产量又可以增加收入。

三是加强病虫防控。过水后作物，尤其是玉米，茎基腐病、青枯病、大小斑病都容易重发，指导农民及时防病，减少水灾带来的次生灾害。同时，我们还要继续抓好草地贪夜蛾防控，这时候是黄淮海地区草地贪夜蛾防控的关键时期，要减轻危害。

四是继续做好指导帮扶。农业农村部4个救灾专家组将在河南继续开展技术指导服务，近期又增派了20个专家小分队，这都是从中国农科院各个所抽调的专家，分赴受灾重点县，带技术、带物资，指导农民生产自救，帮助解决实际困难。谢谢。

📷 **人民日报社记者：**
请问河南等地灾情会对我国的粮食市场造成哪些影响？是否会引起国内粮食价格波动？后期主产区小麦、玉米购销和市场走势如何？谢谢。

唐珂：

河南是我国冬小麦和夏玉米主产区，这次局部地区发生严重洪涝灾害后，大家都比较关心我国粮食市场运行是否会受到不利影响，我们也加强了这方面的调度分析。从监测情况看，我国粮食价格没有出现明显波动，市场运行仍保持基本稳定。其中，小麦市场购销总体正常，价格继续呈稳中偏弱趋势。和往年一样，6月底前后，河南的小麦已经基本收获完毕。由于今年小麦单产高、品质好，市场购销活跃，开秤初期，收购价每斤普遍比去年高1毛钱左右，之后随着上市量的增加，农户售粮进度加快，市场收购价稳中略跌。这次郑州、新乡等地发生强降雨灾害之后，部分农户和贸易商手中的粮食保管难度加大，售粮意愿加强，导致小麦价格继续走弱，但跌幅不明显。据调度，7月26日，主产区普通小麦收购均价约每斤1.25元，较受灾前跌1分钱左右。玉米价格局部地区小幅上涨，全国市场变化不大。由于去年以来，玉米价格涨幅较大，受到市场各方高度关注，从今年6月份开始，随着供给偏紧的局面缓和，玉米价格高位回落。河南等地暴雨灾害发生后，市场担心玉米生产供给受影响，华北部分地区价格短期内出现了小幅反弹，收购价每斤上涨2～3分钱，但并没有带动全国玉米价格上涨。7月26日，全国玉米收购均价约每斤1.3元，仍然保持基本稳定。

从国际市场看，近期也没有出现大幅波动，总体仍然是高位震荡回落的走势。7月26日，芝加哥期货交易所的小麦和玉米的主力合约收盘价都比1周前有所下跌。

总体来说，粮食市场运行虽然受市场预期、资本炒作等多种因素的影响，但主要还是看供需基本面。这次河南暴雨洪涝灾害对粮食市场的影响是局部的、短期的，对我国粮食生产供给全局影响较为有限，在这一点上，市场各方的判断和预期也是基本一致的。今年我国夏粮已经丰收到手，秋粮长势总体较好，再加上粮食库存总量充足，粮食保供稳价基础牢固，后期粮价有望继续以稳为主。值得注意的是，夏季高温多雨，粮食不好保管，当前又处于面粉需求淡季，低品质小麦价格可能会持续走弱，所以我们提醒受灾地区的部分手中仍然有余粮的农户和贸易商要做好科学储粮，及时有序售粮，防止粮食受潮霉变和价格下跌带来损失。谢谢。

📷 **农民日报社中国农网记者：**

据了解，部分养殖场在这次洪涝灾害中被淹，请介绍一下整体的情况。另外，这次灾害对生猪等畜禽生产影响如何？是否会影响畜产品的市场供应？谢谢。

📢 **杨振海：**

我们都知道生产是供应的基础。今年以来，畜牧业生产总体是平稳的，生猪产能继续增加，猪肉市场供应由偏紧转向充足，价格大幅回落，大家都有体会。目前，全国生猪生产已经恢复到正常年份水平，提前半年完成了三年行动方案确立的目标任务。据国家统计局的数据，2021年6月末，全国生猪存栏4.39亿头，恢复到2017年年末的99.4%，其中能繁母猪存栏恢复到2017年年末的102.1%。今年上半年，猪肉产量2 715万吨，同比增加35.9%。7月最后一周最新的数字，全国集贸市场猪肉价格每公斤25.9元，比今年1月份的价格高点下降了一半还多。牛、羊肉和家禽生产也保持了稳定增长。从这些数据可以看出，畜产品的供应基础是比较好的。

近期，河南等地发生洪涝、台风等灾害，局部地区畜牧业的损失很重。据调度，截至7月29日，全国有1.5万家养殖场（户）受灾，倒塌、损毁的圈舍427.6万平方米，死亡生猪24.8万头、大牲畜和羊4.5万头（只）、家禽644.6万羽，直接经济损失22.5亿元。从全国面上看，畜牧业生产秩序总体正常，洪涝灾害对全国畜产品生产影响是有限的。比如，生猪死亡24.8万头，与全国6月末生猪存栏4.39亿头相比较，占比很小。据监测，近期全国畜禽养殖和出栏上市总体保持正常，猪肉市场价格比较平稳。与7月中旬相比，近期禽肉、禽蛋和牛羊肉价格略有上涨，但总体平稳。

入汛以来，农业农村部持续加强畜牧业防灾减灾指导与服务，强化灾害应急响应与灾情上报，指导地方扎实做好防汛、防台风各项应对工作。下一步，在抓好面上生产发展的同时，继续加大对灾区的指导帮扶力度，尽快恢复正常的生产秩序，保障畜产品稳定供应。我们将强化3项措施。

一是巩固生猪生产恢复成果。会同有关部门继续压实地方稳产保供责任，稳定并落实用地、环保、财政、金融等政策。毫不放松抓好非洲猪瘟常态化防控。建立生猪产能调控机制，强化生产跟踪监测，及时发布预警信息，稳定养殖信心，防止生产出现大的起伏。

二是加强灾后生产技术指导。制定畜牧业恢复发展工作方案，细化种、料、病、管各环节的针对性措施。指导养殖场（户）选择市场行情好、生产周期短的养殖项目，及时补栏增养。加强养殖场饲养管理，做好环境控制和消杀，优化日粮配方，提高畜禽抗应激能力。

三是强化灾后生产恢复支持。主动对接畜禽养殖保险承保机构，抓紧开展定损理赔，减轻养殖场（户）的损失。支持养殖场（户）对受损的畜禽圈舍和设施进行修缮和加固，组织种畜禽场和饲料企业与受灾地区对接，保障种畜禽、仔畜雏禽和饲料等生产资料供应，帮助养殖场（户）尽早恢复生产。谢谢。

📷 **封面新闻记者：**

我们注意到这次汛情期间有些受灾地区出现的死亡畜禽比较多，也出现了水里漂浮死猪等现象，疫情传播风险加大。想请问的是，下一步将如何做好死亡畜禽处理和疫情防控工作？谢谢。

杨振海：

这个问题大家都非常关注。洪涝灾害之后，容易出现因灾死亡畜禽漂浮的情况，网上也报道了。如果处理不及时、不到位，可能会造成高致病性的重大动物疫病、人畜共患病发生，传播风险加大。进入汛期后，农业农村部先后制定、印发了汛期、洪涝灾害后动物防疫技术指南，指南都在农业农村部的官方网站上发布，指导各地做好灾后动物防疫工作，防止大灾之后有大疫。

关于死亡畜禽的无害化处理，我们指导地方强化3项措施：一是加大对重点区域、重点时段的排查力度和频次，组织力量及时打捞收集因灾死亡的畜禽尸体。二是按照病死及病害动物无害化处理技术规范的要求，采取无害化处理场集中处理、深埋等多种方式，因地制宜，及时处理，防止动物疫病的传播和污染环境。三是对死亡畜禽发现、收集、处理等场所和运输工具，按照规范要求，开展消毒、清洗，防止病原扩散。河南省是此次洪涝灾害的重灾区，农业农村部及时指导当地进行死亡畜禽无害化处理工作，截至7月29日，已处理因灾死亡猪牛羊禽356.2万头（只）。目前，打捞收集和无害化处理工作还在有序地进行。

关于疫病防控，农业农村部在做好日常动物疫病防控工作的同时，采取4项强化措施，针对性做好动物疫病防控。一是紧急向河南等地调拨动物防疫应急物资，组织中国兽医药品监察所、中国兽药协会倡议兽药企业向河南省捐赠防疫物资，特别是消杀用品，支持地方做好防疫工作。截至目前，已经有85家兽药企业捐赠了兽用疫苗监测试剂盒、消毒剂、防护服和口罩等防疫物资，共计1 625万元。二是组织做好重大动物疫病强制免疫，对于抗体水平比较低，低于70%的畜禽及时开展补免。三是加强动物疫病监测，早发现、早处置，坚决防止动物疫情扩散蔓延。四是指导养殖场（户）加强畜禽饲养管理，提高健康水平和抗病力，减少畜禽发病。

下一步，农业农村部将继续做好因灾死亡畜禽无害化处理工作，落实好免疫、监测、消毒等各项疫病防控措施，指导地方及时消除疫情风险隐患，努力确保大灾之后无大疫。谢谢。

📷 **21世纪经济报道报社记者：**

这段时间极端天气频发，多地农业出现受灾情况，这对全年粮食产量有什么影响？农业农村部将采取何种措施保证丰收？谢谢。

潘文博：

正像你所说的，今年极端天气多发频发，给农业生产带来一定影响。我们国家地域辽阔，种植制度比较复杂，灾害年年有、季季有。农业生产的过程也就是与自然灾害抗争的过程。抗灾夺丰收是我们多年来一直坚持的工作方针。总的看，今年尽管局部地区农业灾情较重，但全国范围还是相对较轻的。据农情调度，1—7月全国农作物累计受灾6 300多万亩，比去年同期少9 000多万亩，比近5年同期少1.2亿亩。从受灾的面积来看，比去年同期是少的，去年这个时候长江流域洪涝灾害也非常重。

但是目前受灾最重的还是河南。刚才你提到粮食，河南的粮食作物受灾1 000多万亩，主要在蓄滞洪区。河南秋粮面积有7 500多万亩，这就是说还有6 000多万亩没有受灾，而且长势好于常年。没有受灾的区域，如果后期没有大范围灾害，田间管理措施到位，有望通过无灾区的好形势，来弥补灾区的部分损失。

从全国来看，目前双季晚稻栽插已基本进入尾声，秋粮的播种面积基本落地。预计今年秋粮面积12.9亿亩以上，比去年有所增加。特别是大家都关心的玉米，面积增加较多。现在看除河南外，全国大部分地区灾害发生程度轻于上年，秋粮长势较好，夺取丰收还是有基础的。今年以来，农业农村部坚决贯彻党中央、国务院决策部署，一个品种一个品种、一个区域一个区域、一个季节一个季节、一个环节一个环节地抓紧抓实粮食生产，特别是坚持防灾就是增产、减损就是增粮的理念，全力做好防灾减灾工作，千方百计抗灾夺粮食丰收。

主要有以下几方面措施。

一是工作早部署。 7月12日，农业农村部与水利部、应急管理部、中国气象局联合召开了视频会，在"七下八上"防汛抗旱关键期前，提早部署农业防灾减灾夺丰收工作，分区域、分作物、分灾种制定了防灾减灾预案，开展了"奋战100天抗灾夺秋粮丰收"行动。

二是灾情早预警。 坚持日调度和24小时值班制度，密切关注天气变化，准确研判灾情动态，及时发布预警信息。7月以来，共发布了10多个预警信息。

三是措施早落实。 组织开展农业防灾减灾包片包省督导，每位部领导联系1个片区，每个司局联系1～2个省份，动员全部门的力量做好防灾减灾工作。在9月底秋粮收获前开展全过程督导联系，推动防灾减灾、稳产增产责任落实、技术落实、措施落实。

下一步，我们将继续立足抗灾夺丰收，力度再加大、措施再加强，努力实现重灾区少减产、轻灾区保稳产、无灾区多增产，以丰补歉，确保全年粮食产量保持在13 000亿斤以上。重点是3件事：第一件事，狠抓秋粮田管。秋粮一天不到手，管理一天不放松。继续组织专家和农技人员深入一线开展技术指导和服务，指导农民加强分类管理，搞好肥水调控，提高秋粮单产。第二件事，狠抓防灾减灾。继续发挥包片、包省督导作用，分品种、分区域研判灾情趋势，提早做好防御准备，重点防范东北洪涝、伏秋旱和早霜，黄海地区洪涝，长江流域高温热害，西南西北干旱，华南台风等，实现"龙口夺粮"。第三件事，狠抓病虫防控。突出抓好草地贪夜蛾、稻飞虱、稻纵卷叶螟和稻瘟病等重大病虫害，稻飞虱、稻纵卷叶螟、草地贪夜蛾都是迁飞性的害虫，我们周边几个国家今年病虫害也很重，有一部分是从境外迁飞来的，加上国内的病虫基数比较大，就容易暴发流行，这是防病虫的重点。我们将加强监测预警，预警是防治的前提。预警准确，防治才能准确。组织好统防统治和应急防治，最大限度减轻病虫危害，实现"虫口夺粮"。谢谢。

📷 **中国农村杂志社记者：**

这几天江苏、浙江等地遭受台风，请问对于渔业生产有什么影响？农业农村部将采取哪些措施应对？谢谢。

🎙 **刘均勇：**

今年第6号台风"烟花"7月25日在浙江舟山普陀区登陆，最强的时候达到强台风级别。这次台风的特点是维持时间比较长、影响范围比较广，现在还没有结束，已经给浙江、江苏、上海、福建、山东、河北、辽宁、天津、安徽9省市带来了大到暴雨，给渔业生产带来了一定影响。根据不完全统计，截至7月29日20时，造成了3艘渔船沉没，152艘渔船受损，还有58座渔港码头受灾。水产养殖受灾面积18.4万多亩，直接经济损失10亿元。

这次台风的影响确实比较大。

这次台风发生后，农业农村部迅速反应，重点做了以下几件事。

一是紧盯台风发展演变动态。第一时间给出海渔船播发预警信息，同时加强与各省份渔业主管部门的研判会商，坚持24小时的双人值班和领导带班制度，及时报送险情灾情信息。

二是狠抓责任落实。第一时间组织渔船回港避风，组织渔业从业人员上岸避险，也就是常说的"船回港、人上岸"，做到"不漏一船、不落一人"，坚决清零，保障广大渔民群众的生命财产安全。

三是开展渔业防灾减灾技术指导。组织加固维护渔港设施、堤坝、养殖设施，还有一些养殖的鱼排，及时补放鱼苗鱼种，积极恢复渔业生产，努力把灾害造成的经济损失降到最低。

四是及时调度重点地区渔业受灾情况。分析研判灾情和损失，督促有关保险机构及时开展查勘定损和防灾减灾工作，妥善推进理赔支付，稳定受灾渔民的生产生活。

根据国家气候中心的预测，今年登陆的台风可能有6～8个。下一步，我们将继续抓好各项防台措施落实，加大指导帮扶力度，帮助受灾地区尽快恢复渔业生产，防范次生灾害，确保水产品稳定供应。谢谢。

🎙 唐珂：

民生无小事，特别是在遭遇重大自然灾害的时候，"菜篮子"保供往往成为社会舆论关注的焦点。这次洪涝灾害发生后，农业农村部密切关注灾区的"菜篮子"稳产保供，第一时间调度了河南、浙江、江苏、上海等灾情较为严重地区的情况。总体上看，近期全国"菜篮子"产品量足价稳、产销顺畅，供应有保障，蔬菜、鸡蛋价格季节性的上涨，猪肉价格基本稳定。7月28日"菜篮子"产品批发价格200指数是112.21，比7月20日上升1.9个点，全国农产品批发市场重点监测的28种蔬菜均价是每公斤4.41元，比7月20日上涨6.5%；鸡蛋为每公斤9.22元，上涨6.2%；猪肉为每公斤21.71元，下跌0.4%。

从重点地区看，河南等灾区短暂田间积水对蔬菜生产影响不大，没有发生持续大范围的脱销断档。蔬菜价格短期上涨后已经出现回落。河南的郑州重点批发市场蔬菜均价7月25日涨至每公斤5.50元的高点后明显下降，7月28日已经降至每公斤5.22元。河南中西部及北部渔业生产受到一定影响，部分养殖池塘设施损毁、鱼种流失，但是对全国水产品市场影响有限。7月19—25日，全国水产品综合均价每公斤26.12元，环比上涨2.7%，其中淡水鱼类涨1.7%，上海、江苏、浙江等沿海地区受台风影响，农业生产遭受一定的损失，局部地区出现蔬菜采收、道路运输等困难，短期内市场有一定波动。据农业农村部对批发市场的调度，7月28日，上海市、江苏南京、浙江宁波等地的重点批发市场蔬菜均价分别比7月20日上涨11.1%、18.7%、20.5%，也就是涨幅有一定的程度。台风过后，预计会有所回落。

针对夏季极端天气频发、"菜篮子"保供稳价压力大的形势，下一步，农业农村部将坚持把保地产和促调运相结合，把常规渠道和应急保障相结合，把传统流通和新兴业态相结合，多措并举、合力推进，切实保障城乡居民特别是受灾地区"菜篮子"产品的需求。主要有4条保障措施。

一是稳定生产供应。加强蔬菜生产技术指导，督促各地加强田间管理，落实防灾减灾措施，减少因灾损失，努力保障蔬菜生产供应平稳，及时修复受损渔业设施，强化防御措施，统筹调剂鱼苗鱼种，助力渔民灾后夺丰收。

二是加强产销衔接。完善产销对接机制，依托行业协会、流通主体、大型电商，组织做好重点地区、重点品种的产销对接工作，推动落实好鲜活农产品运输"绿色通道"政策，保障蔬菜、水果顺畅流通。继续加大推进农产品仓储保鲜冷链物流设施建设工程的力度，减损增效，提升"菜篮子"产品抗风险能力。

三是紧盯市场异动。密切跟踪灾区"菜篮子"等重要农产品市场动态，加大对灾区重点"菜篮子"产品价格、上市量等信息监测，实时开展形势会商研判，及时发布预警信息，引导市场供应平稳有序。

四是抓好应急保障。督促各地建立健全常态化沟通协调和应急保障机制，组织调动一批重点生产企业、批发市场、电商平台等主体，及时掌握生产供应动态，确保关键时刻产得出、供得上、运得走。谢谢。

 刘均勇：

今天的发布会到此结束，谢谢大家！

16. 2021年中国农民丰收节新闻发布会

一、基本情况

2021年中国农民丰收节新闻发布会

时　间	2021年9月1日（星期三）上午10时
地　点	农业农村部新闻发布厅
主　题	2021年中国农民丰收节有关情况
发布人	中国农民丰收节组织指导委员会副主任、农业农村部副部长　　马有祥
	中国农民丰收节组织指导委员会办公室主任、
	农业农村部市场与信息化司司长　　唐　珂
主持人	农业农村部新闻发言人、总经济师、办公厅主任　　魏百刚

二、现场实录

📷 **魏百刚:**

女士们、先生们、媒体朋友们,大家上午好。欢迎大家出席中国农民丰收节组织指导委员会新闻发布会。经党中央批准、国务院批复,自2018年起将每年农历秋分设立为中国农民丰收节。这是在国家层面为农民设立的第一个节日。3年来,习近平总书记每年都通过视频讲话或贺信的方式向广大农民祝贺节日,充分体现了以习近平同志为核心的党中央对三农工作的高度重视、对广大农民的亲切关怀。今年是党的百年华诞,亿万农民与全国人民一道迈入了全面小康社会,三农工作重心历史性地转向全面推进乡村振兴,办好今年的中国农民丰收节意义重大。

日前,农业农村部印发了《关于做好2021年中国农民丰收节有关工作的通知》,制定了具体的组织实施方案,标志着2021年中国农民丰收节工作的全面启动。为了让大家更好地了解相关情况,今天我们非常高兴地邀请到中国农民丰收节组织指导委员会副主任、农业农村部副部长马有祥先生,请他为大家介绍有关情况并回答记者提问。出席今天发布会的还有中国农民丰收节组织指导委员会办公室主任、农业农村部市场与信息化司司长唐珂先生。组委会举行这场新闻发布会的同时,在丰收节主场活动承办地浙江嘉兴、湖南长沙、四川德阳也同步举行新闻发布会,详细介绍主场活动的具体安排,也请媒体朋友们多加关注。下面,首先请马有祥副部长介绍有关情况。

🎤 **马有祥:**

女士们、先生们、新闻界的朋友们,大家上午好。今年9月23日,农历秋分,我们将迎来第4个中国农民丰收节。3年来,在社会各界和各地各部门的共同支持下,丰收节力度一次比一次增强,特色一次比一次鲜明,影响一次比一次扩大,丰收节逐渐成风化俗、深入人心,成为全国农民自己的节日、中华农耕文明的符号、全面推进乡村振兴的窗口。丰收节的成功举办,得益于新闻界朋友们的鼎力支持。借此机会,我代表中国农民丰收节组织指导委员会向各界朋友表示感谢。下面，我介绍一下今年丰收节的有关情况。

为贯彻落实习近平总书记重要指示精神和党中央、国务院决策部署，今年丰收节继续秉承"庆祝丰收、弘扬文化、振兴乡村"宗旨和"农民主体、因地制宜、开放创新、节俭热烈"的办节原则，以"庆丰收、感党恩"为主题，引导、带动广大农村地区和社会各界开展丰富多彩的群众性庆祝活动，深化、实化内涵内容，充分展现三农在革命、建设、改革发展各个历史时期的责任担当，充分展现三农在构建新发展格局中的稳健力量，充分展现全面建成小康社会的伟大成就，营造城乡共庆丰收、共迎中国共产党百年华诞的良好氛围。

唐仁健部长对办好今年的丰收节非常重视，提出了方向性、针对性的具体指导意见。前不久，受唐仁健部长委托，我在丰收节组织指导委员会全体会议上，对今年丰收节工作进行了再动员、再部署，组委会全体会议审议确定了2021年丰收节总体安排。主要内容包括3个层面。一是组委会3个主场活动。今年丰收节主场活动安排在长江流域的浙江嘉兴、湖南长沙、四川德阳，长江经济带11省份参加，呼应长江经济带高质量发展和长江大保护战略。二是成员单位系列重点活动。教育、文旅、体育总局等18个成员单位充分发挥各自优势，将组织开展文化研学、产品促销、民俗节庆、农民赛事等近百项庆丰收活动，把节日办得精彩、办出成效。三是各地开展丰富多彩特色活动。各地发挥优势，将举办一系列极具乡土气息、现代元素的产品展示、民俗表演、为农服务等活动。可以说，今年的丰收节底蕴厚重、异彩纷呈。

今年丰收节将突出5个方面特点。**一是突出百年历程。**各地各有关部门的庆丰收活动紧紧围绕党的百年华诞这个主题，彰显百年大党伟大风采，礼赞百年大党丰功伟绩，让农民群众以节日为媒、释放情感，国家民委将动员1 652个少数民族村寨开展"千村万寨心向党·载歌载舞庆丰收"活动，农业农村部举办庆祝建党百年农业农村成就展，回顾百年来三农发展历程和辉煌成就。**二是突出为农惠农。**农民的获得感、幸福感、安全感强不强，是衡量丰收节成功与否最重要的标准。今年丰收节着眼农民群众需求，将推出一系列惠农政策举措，开展义诊活动周、《民法典》（全称《中华人民共和国民法典》）和《乡村振兴促进法》普法宣传等活动，让农业农村农民真正得实惠。**三是突出城乡共庆。**丰收节是农民的节日、市民的盛会，将始终坚持农民主体、城乡共庆、全民共享，将组织开展一系列现代农业展示、乡村美食品鉴、民俗文化表演、农民体育竞赛等接地气、有生气、聚人气的群众性特色活动，充分激发广大农民和市民群众的积极性和参与感。**四是突出文化底蕴。**农耕文明是丰收节深入人心、扎根城乡的底蕴、底气所在。今年的丰收节将继续融合农耕文化、聚焦农时农事，充分展示地方和民族特色文化资源，开展农民歌会、乡村摄影书画、丰收诗歌朗诵以及"古村落里的丰收中国"等文化气息浓厚的活动，让丰收节既有乡土气息，又有文化韵味。**五是突出市场导向。**丰收节既要丰收，也要增收。近日，农业农村部将联合商务部、中央广播电视总台、中华全国供销合作总社共同发起"中国农民丰收节金秋消费季"活动，组织多领域、多层次、多元化的产销对接和促消费活动，连接中秋、国庆假日市场，活跃城乡消费。在此，欢迎广大市场主体积极参与。

媒体朋友们，再过22天，我们就将迎来第4个中国农民丰收节。组委会诚挚希望大家深入丰收节，带着感情、带着温度推出一批高质量、有感染力的宣传报道，全面展示科技强农新成果、产业发展新成就、乡村振兴新面貌，讲好丰收的故事、农民的故事、乡村的故事，为建党百年再献一份厚礼，我们也将为大家的采访工作提供便利和服务。

下面，我愿意和我的同事一同回答大家的提问。谢谢大家。

魏百刚：

感谢马部长。下面请媒体朋友们围绕今天发布会农民丰收节这一主题进行提问。提问前请先通报一下所来自的新闻单位。

中央广播电视总台央视记者：

我们都知道今年是一个特别的年份，在今年办好中国农民丰收节有什么特殊的意义？谢谢。

马有祥：

谢谢你的提问。今年是建党100周年，我们全面建成了小康社会，历史性地解决了绝对贫困问题，三农工作重心历史性转向全面推进乡村振兴。丰收节是一件大事、喜事、要事、好事，我们必须办好，体现特殊性、时代性。

第一，这是一件大事。3年来，习近平总书记每年都通过视频讲话或贺信的方式祝贺节日，充分体现了习近平总书记心系三农、关爱农民的深厚情怀。胡春华副总理多次对丰收节作出部署，每年都与农民群众一起过节。《乡村振兴促进法》以法律的形式将中国农民丰收节固定下来。这些充分体现了总书记和党中央对办好丰收节的高度重视和殷切期望。

第二，这是一件喜事。今年是中国共产党的百年华诞，办好丰收节能够充分展示党重视解决三农问题走过的百年历程、取得的辉煌成就，让农民群众以节日为媒，释放情感，进一步增强认同感、幸福感、自豪感，坚定不移听党话、感党恩、跟党走，进一步密切与农民群众的血肉联系。

第三，这是一件要事。当前，三农工作重心已经发生历史性转移，全面推进乡村振兴的深度、广度、难度都不亚于脱贫攻坚。习近平总书记指出，要以更有力的举措、汇聚更强大的力量来推进。办好丰收节，将会进一步激发农民群众奔向美好生活的干劲，汇聚全党全社会推进乡村振兴的强大合力。

第四，这是一件好事。今年夏粮、早稻喜获丰收，秋粮也很有基础，我们有信心夺取全年粮食丰收。农谚讲"八月十五定收成"，到那时，全国人民带着丰收喜悦欢庆节日，释放国家安定团结、经济平稳健康发展的积极信号，进一步增强全社会战胜风险挑战、意气风发向第二个百年奋斗目标迈进的信心决心。我就回答这些，谢谢。

经济日报社记者：

去年，我们在黄河流域的山西运城举办的主场活动，今年选择在长江流域是基于什么样的考虑？谢谢。

马有祥：

谢谢您的提问。丰收节是全民的节日，应广泛发动、重在基层。去年，我们围绕黄河流域，将主场活动放在山西运城，组织黄河流域9省份参与，获得了非常好的效果。今年，主场活动将聚焦长江流域。长江和黄河一样是我们的母亲河，孕育了灿烂厚重的农耕文明，是中华民族的代表性符号和中华文明的标志性象征。长江流域是我国生态优先、绿色发展主战场、畅通国内、国际双循环主动脉，引领经济高质量发展主力军。举办主场活动，呼应了长江经济带发展和长江大保护战略，有利于全面推进乡村振兴，带动各地办好丰收节。

选择浙江嘉兴、湖南长沙、四川德阳代表长江流域承办主场活动，主要考虑：第一，浙江是改革开放先行地，承担着"高质量发展建设共同富裕示范区"的重任，嘉兴是百年大党起航地，具有鲜明的典型性、代表性，将组织开展"1+7"的系列活动，着力呈现农民群众奋发昂扬的精神面貌，充分展现乡村振兴的光明前景。第二，湖南水稻面积全国第一，稻作文化深厚，红色资源丰富，长沙是我国首批历史文化名城，也是重要的粮食生产基地，杂交水稻育种成果丰硕，将组织开展粮食安全与稻作文化论坛、全国农民文化艺术展演等活动，充分展示扛稳粮食安全大旗的坚定决心、农村同步小康的巨大变化。第三，四川是农业大省，深化农业农村改革走在全国前列，德阳是三星堆文化遗址所在地，将组织开展乡村绿色发展研讨会、中国农民诗歌大会等特色活动，充分体现长江上游古蜀文明与当代全面推进乡村振兴的有机结合，展现中华文明多元一体的格局，展示乡村发展显著成就。

相信3个主场会为大家带来新的节日感受和体验，刚才百刚同志也提到，3个主场活动承办地正在同步举办新闻发布会，也请大家多多关注。谢谢。

中国农村杂志社记者：

在畅通国内大循环的背景下，农民丰收节将是一次培育节庆市场的良好机会。我的问题是，今年的农民丰收节将如何更好地做好节庆市场，打响金秋消费季，从而让农民既丰收又增收呢？谢谢。

■ 唐珂：

谢谢。刚才马部长讲了丰收节的"5个突出"特点，其中一个突出就是突出市场导向。现代节日的一个重要功能就是要活跃消费市场，在节庆活动当中促进城乡消费，丰收节更是如此。3年来，我们充分发挥丰收节的节庆效应，持续举办金秋消费季活动，组织多领域、多层次、多元化的产销对接和促消费活动，帮助农民既丰收又增收。在各大电商、龙头企业、行业协会等踊跃参与、大力支持和各地各部门积极组织、共同推进下，金秋消费季已经成为农民丰收节的响亮品牌。

今年9月7日，也就是农历"白露"节气，农业农村部、商务部、中央广播电视总台、中华全国供销合作总社将在北京市大兴区"爱情海"玫瑰园共同发起2021年中国农民丰收节金秋消费季活动，随后我们还会在浙江嘉兴、广东深圳等地组织系列活动。学习强国、阿里巴巴、京东、抖音等平台已经积极响应起来，将推出一系列实打实的促消费举措，金秋消费季将延续3个月时间。这里我们诚挚地邀请广大电商平台、新媒体平台、商超企业、批发市场共同参与，统一使用丰收节及金秋消费季的标识形象，开展多种形式的农产品营销促销活动，共同打造丰收节庆品牌。

一是营销助农。消费季期间，鼓励各类市场主体开展展示展销、直播带货、专场推介等各类营销促销活动，让农产品走出大山，出村进城，走进寻常百姓家。

二是消费惠农。鼓励各类市场主体通过发放消费券、打折让利、流量倾斜等方式，吸引广大城乡居民购物过节。

三是品牌强农。鼓励各类市场主体在市场中发掘、培育一批优质农产品品牌，强化品牌营销，讲好品牌故事，提升品牌溢价，让品牌产品成为节庆消费的主角。

希望广大消费者在金秋消费季期间，多购买一些绿色、优质、特色的农产品，让农民卖得好、实惠多，让消费者买得好、乐趣多。谢谢。

我们都知道，丰收节经过了3年多的发展，各地的活动内容和形式都越来越丰富了。组委会在组织各地办好今年丰收节方面有哪些考虑？谢谢。

马有祥：

如何办好丰收节是我们一个持久的话题，今后若干年也是需要我们花费很大精力去研究的问题，每年都要办出特色。今年是第四届，我们花费了很大精力，一直在研究和探索。我相信，时代在进步，每年都会有每年的特点，我们努力让丰收节成风化俗、深入人心。

今年总的考虑是实现"四个做"：**一是做实**。丰收节是第一个在国家层面为农民设立的节日，不同于一般的农事节庆，不仅需要敲锣打鼓、热热闹闹，营造氛围，更重要的是安排一些实实在在的活动，让农民得实惠，比如，举行金秋消费季，同时揭晓"全国十佳农民""全国十佳农技推广标兵"，开展《乡村振兴促进法》普法宣传等活动，让农民的节日惠农民，农民的节日农民乐。

二是做活。我们鼓励各地立足实际，勇于开拓，多组织农民群众喜闻乐见的活动，不搞千篇一律，做到天南地北、南腔北调、精彩纷呈，体现地方特色。今年专门推动每个县要重点培育一项特色鲜明、内涵丰富、贴近农民生产生活的节庆活动，就是要把丰收节办成亿万农民共庆、社会各界共话、全民参与分享的丰收节日。

三是做深。十里不同风，百里不同俗，我国各地民俗文化、产业发展各具特色，我们要用好丰收节这个载体和平台，传承、弘扬优秀中华传统文化。今年丰收节将进一步突出地方特色，结合农耕文化、聚焦农时农事，组织开展农耕文化研学基地遴选、"丰收中国万里行"、乡村文化产业创新发展大会等活动，让丰收节的内涵向纵深发展。

四是做新。丰收节促进了传统文化与现代文明的有机融合，在复兴传统文化的基础上，实现了与时俱进，满足了城乡居民的多样化需求。丰收节期间，我们将围绕智慧农业、数字乡村等方面，多角度展示农业现代化的成果和前景，举办"希望之种"接力、"作物种质资源科普开放日"等活动，抓住两个要害，也就是耕地和种子，把中国人的饭碗牢牢端在自己手上。今年的丰收节"干货"很多，希望媒体朋友们密切关注，多多报道。谢谢。

📷 **中国农业电影电视中心中国三农发布记者：**
我们看到今年极端天气多发，作为粮食生产第二大省的河南发生了严重洪涝灾害，西部一些地方还出现了旱情。请问这对秋粮生产有何影响？全国秋粮能丰收吗？谢谢。

魏百刚：

秋粮占我国粮食生产的大头，您的关注也代表了很多人。今年我国极端天气多发频发，局部地区灾情确实很重，但我国地域辽阔，灾害年年有、季季有。我们研判灾害对全局的影响，需要弄清灾害的影响面和影响程度。这里有几组数据，给大家通报一下。

一是重灾区占秋粮面积比较小。灾情较重的河南秋粮受灾面积1 100万亩，占河南全省秋粮面积的14%，占全国秋粮面积不到1%。目前，河南绝收的525万亩地块一半左右已完成改种、补种，受灾田块基本开展了一遍施肥打药作业，未受灾田块长势好于常年，可弥补一部分损失。山西、陕西、甘肃、宁夏等地因旱受灾1 930多万亩，仅占全国的1.5%，而且杂粮、杂豆等低产作物占比较大。

二是全国农业灾情与往年比总体偏轻。6月以来，全国农作物累计受灾7 200多万亩，比去年同期少3 950多万亩，减少近1/3，绝收930万亩、少430万亩。受灾、成灾和绝收面积均是近5年同期最低。水稻"两迁"害虫、稻瘟病、草地贪夜蛾等病虫害的防控现在看也是到位的。

通过上面的数据可以看出，今年的灾害是局部的、阶段性的，全国面上农业灾情总体还是偏轻的，今年秋粮丰收的基本面仍然较好。**一是面积增加。**今年是实行粮食安全党政同责的第一年，各地高度重视，层层压实责任，下大力气整治"非农化""非粮化"，复垦撂荒地，千方百计挖掘粮食面积潜力，秋粮面积有所增加，特别是高产作物玉米面积增加较

多。**二是长势总体较好。**目前全国大部地区秋粮作物生育进程正常，土壤墒情适宜，病虫防控到位，作物长势良好。13个粮食主产省份中，除河南部分重灾区长势较差外，其他地区秋粮作物长势较好，特别是东北地区玉米、水稻已进入灌浆乳熟至蜡熟期，长势好于上年和常年，增产趋势明显。

刚才马部长也讲，"八月十五定收成"，现在距离秋粮大面积收获也就1个月了。下一步我们还要在南方稻作区防范"寒露风"，在东北以及内蒙古这些地区还要防范早霜，以及台风的袭击，对这些灾害我们绝不能掉以轻心。农业农村部已经会同有关部门坚持逐个区域、逐个品种、逐个环节地安排部署，各地也都提前做好了防范这些灾害的准备工作，我们有信心夺取今年秋粮丰收。谢谢。

东方卫视记者：
刚才马部长介绍道，今年的农民丰收节将会开展乡村振兴的普法宣传活动，请问这是出于什么考虑？谢谢。

唐珂：

今年6月1日，《乡村振兴促进法》正式颁布施行，这是三农领域的一部根本大法，也是全面推进乡村振兴的一件标志性大事。这部法的出台，为全面实施乡村振兴战略提供了有力的法治保障，对促进农业全面升级、农村全面进步、农民全面发展，乃至对全面建设社会主义现代化强国、实现中华民族伟大复兴的中国梦，都具有重大意义。在丰收节上宣传《乡村振兴促进法》，就是要向全社会宣传这部法的精神实质和主要内容，使党中央为乡村振兴擘画的蓝图深入人心，在全社会营造依法推进乡村全面振兴的良好氛围。

《乡村振兴促进法》首次以法律形式确定每年农历秋分日为中国农民丰收节，充分体现了国家对三农工作的高度重视，对广大农民的深切关怀。《乡村振兴促进法》彰显了以人民为中心的立法思想，将维护农民主体地位、尊重农民意愿、保障农民权益，作为贯穿法律始终的一条主线和根本原则，并且引导农民群众积极参与到乡村振兴这项伟大事业，成为乡村振兴的参与者、支持者和受益者。

丰收节是一个为农民群众进行普法宣传的好机会，我们将组织开展"乡村振兴 法治先行"普法宣传活动，在多个平台展播农业农村法治文艺节目，在金秋消费季启动仪式、3个主场活动上也将组织《乡村振兴促进法》普法宣传展，并且直播专家讲法，目的就是充分调动广大农民的积极性、主动性和创造性，为全面推进乡村振兴、加快农业农村现代化贡献智慧和力量。欢迎大家多多关注。谢谢。

农民日报社中国农网记者：

中秋、国庆"两节"即将来临，请问我国粮食等重要农产品市场运行情况如何，农业农村部将怎样确保重点地区农产品供给？谢谢。

马有祥：

谢谢你的提问。今年洪涝等自然灾害多发，给农业生产带来一定影响。河南是我国小麦和玉米主产区，经历了历史罕见的极端天气，各方对粮食市场运行非常关注，我们也进一步加强了监测分析。从调度情况看，我国粮食总体价格继续保持基本稳定，市场没有出现大涨大跌的情况。7月份农业农村部监测的稻谷、小麦、玉米3种粮食集贸市场月均价为每百斤129.22元，与上个月基本持平，比去年同期高5.5%。由于暴雨灾害对河南部分地区玉米、花生、大豆生产影响较大，这3个品种的价格波动大家也很关注。7月份这3个品种的全国均价都呈稳中有跌的走势，从监测情况看，受河南暴雨灾害的影响有限。目前，南方早籼稻收获上市，产量增长、品质提升、市场购销两旺，价格有所上涨；小麦收购旺季逐步接近尾声，贸易商售粮加快，价格较前期稳中略有回落，河南等主产区收购价在每斤1.25元左右。我国粮食市场能保持平稳运行，关键还是供需基本面牢固。

随着中秋、国庆"两节"临近，农产品消费将迎来传统旺季。一般这个时候农副产品价格都会有所上涨，这是一个规律。除了粮油外，今年猪肉、蔬菜、水果等"菜篮子"产品生产供给形势也不错。特别是生猪产能完全恢复，7月末全国能繁母猪和生猪存栏量分别恢复到2017年年末的101.6%、100.2%，提前半年实现恢复目标。因此，节日期间我国农产品市场供给是有保障的，尤其是猪肉，在座的各位可能知道，近期下跌非常快，也希望大家趁这个机会多吃猪肉、多买猪肉。

针对前期局部地区新冠肺炎疫情点状发生的情况，8月6日，中央农办、农业农村部、国家乡村振兴局印发紧急通知，对做好农村地区新冠肺炎疫情防控和农产品稳产保供工作作出部署。一是落实"菜篮子"市长负责制，抓好秋季蔬菜生产，切实保障"菜篮子"产品生产供给。二是做好重大动植物疫情防控和灾害性天气预防应对，完善补贴、保险等政策，避免突发因素对农产品生产供应产生重大冲击。三是会同有关部门，落实好鲜活农产品运输"绿色通道"政策，推进农产品仓储保鲜冷链物流设施建设工程，实施"互联网+"农产品出村进城工程，提升农产品产销衔接效率。四是加强农产品市场监测预警和信息发布，前置引导市场供需平衡。五是推动完善储备、进出口等市场调控制度，保持农产品价格波动在合理范围。我就回答这些，谢谢大家。

魏百刚：

感谢马有祥副部长、唐珂司长，感谢各位媒体朋友，欢迎媒体朋友们届时赴嘉兴、长沙、德阳现场采访，一起分享农民丰收的喜悦，共同感受新农村的变化，我们将为大家采访报道提供便利和服务。今天的发布会到此结束，谢谢大家。

17. 第四届全球水产养殖大会情况新闻发布会

一、基本情况

第四届全球水产养殖
大会情况新闻发布会

时　间	2021年9月17日（星期五）上午10时	
地　点	农业农村部新闻发布厅	
主　题	第四届全球水产养殖大会相关情况	
发布人	农业农村部渔业渔政管理局局长	刘新中
	农业农村部渔业渔政管理局副局长	江开勇
	上海海洋大学党委书记	王宏舟
主持人	农业农村部新闻发言人、办公厅副主任	刘均勇

二、现场实录

刘均勇：

　　女士们、先生们、媒体朋友们，大家上午好！欢迎出席农业农村部新闻办公室举行的新闻发布会。9月22—25日，第四届全球水产养殖大会将在上海举办。今天发布会的主题就是介绍第四届全球水产养殖大会有关情况，我们邀请到了农业农村部渔业渔政管理局局长刘新中先生、副局长江开勇先生、上海海洋大学党委书记王宏舟先生，为我们介绍有关情况，并回答大家的提问。下面，首先请刘新中先生介绍有关情况。

刘新中：

　　各位媒体朋友们，上午好！首先向关心、支持第四届全球水产养殖大会的新闻媒体和社会各界表示衷心的感谢！下面，我就第四届全球水产养殖大会有关情况向大家作一个简单的介绍。

　　全球水产养殖大会是由联合国粮农组织发起，每10年举办1次，此前已举办3届，原来叫"千年养殖大会"，2000年、2010年举行，本来应该是2020年举行。此次会议在中国举办是第一次，我国是水产养殖第一大国，应联合国粮农组织邀请，经国务院批准，农业农村部与联合国粮农组织和亚太区域水产养殖中心网将于今年9月22—25日，在上海举办第四届全球水产养殖大会，由上海市农业农村委员会、上海海洋大学等单位承办。本次大会既是新千年以来农业农村部与联合国粮农组织共同主办的层次最高、规模最大的国际性渔业会议，也是全方位展现全球水产养殖成果和中国水产养殖发展经验、共商今后全球水产养殖发展大计的重要平台。

　　当前人类社会发展面临挑战。至21世纪中叶，全球人口将达到百亿。不仅要养活人口、提供生计，还要应对气候变化和环境退化对资源环境造成的严重影响。粮食和农业是实现《联合国2030年可持续发展议程》目标的关键，其中水产养殖发挥着重要作用。本次大会将面向2030年的可持续水产养殖提出发展方向和应对方案。因此，本次大会以"面向食物供给和可持续发展的水产养殖"为主题，旨在全面总结近10年全球水产养殖发展成就，分析全球水产养殖发展的机遇、问题和挑战，提出未来10年水产养殖发展方向和主要措施，并发布《促进全球水产养殖业可持续发展的上海宣言》（简称《上海宣言》）。

大会的举办得到了各有关国际组织和全球各国的广泛支持和关注。在今年2月初召开的联合国粮农组织渔业委员会第34届会议通过的报告中，专门提出"欢迎在中国上海举行第四届全球水产养殖大会，鼓励所有成员参与此次大会"。也就是这次大会在中国举办，是得到了全球的认可。目前，报名参加本次大会的共有2 700余人，线上参会2 200余人，来自120个国家、地区和经济体及有关国际和区域组织。现场参会控制在500人以内，包括中央和国家机关有关部门负责同志、有关院士专家、各省渔业主管部门、有关科研教学单位和知名涉渔企业代表，21个国家和经济体驻华使节现场参加大会。

大会日程初步安排如下：9月23日下午举办开幕式，邀请相关领导致辞，联合国粮农组织、亚太区域水产养殖中心网及相关国家（经济体）代表发言。9月23日晚上举行主论坛，围绕中国水产养殖贡献、全球水产养殖状况和《上海宣言》策划3场主旨报告和水产养殖领域投资、多营养层级综合养殖、非洲水产养殖等3场特别报告。9月23日晚上和9月24日下午将召开分论坛，全球专家和从业者还将围绕水产养殖系统、水产养殖饲料、水产养殖政策、水产养殖创新、水生生物安全、水产养殖产品价值链和市场等9个方面的议题进行充分交流和讨论。9月24日晚上，将组织青年学者优秀海报评选，讨论并通过《上海宣言》。大会以线上线下同步方式举行，并由联合国粮农组织全球直播。

会议期间，为响应联合国粮农组织"手拉手"倡议，促进水产养殖国际合作，农业农村部将于9月24日主办"促进可持续水产养殖发展的南南和三方合作高端圆桌会议"。这次会议是21世纪以来首次就水产养殖举行的南南和三方合作高端圆桌会。会议旨在促进发展中国家和发达国家在可持续水产养殖领域的合作，发展伙伴关系，促进知识分享和技术转移，并共同研讨进一步加强合作的行动计划。16个国家和经济体代表，其中部长级代表12人，联合国粮农组织、国际农业发展基金代表参加高端圆桌会。也就是说，这次在上海举办的活动，实际上是全球水产养殖大会其中套开了一个由农业农村部主办的南南合作的三方圆桌会议。

目前距大会开幕还有5天，各项筹备工作基本就绪。我们将在社会各界，特别是媒体朋友的支持下，尽全力全方位、多角度展示大会盛况及中国水产养殖业高质量发展的成就，深化与各国交流，为促进全球水产养殖可持续发展、保障粮食安全和减贫增收、构建人类命运共同体作出贡献。

我先就有关情况介绍到这里，谢谢。下面我和我的同事愿意就有关问题回答大家的提问。

📷 **刘均勇：**

　　谢谢刘新中先生的介绍，下面请大家围绕今天发布会的主题进行提问，提问之前先通报所代表的新闻机构。

📷 **新华社记者：**

　　全球水产养殖大会已经举办了3届，这是第一次在中国举办。请问我国在水产养殖发展方面有哪些进步和成效？我国举办这次大会有哪些意义？谢谢。

🖌 **刘新中：**

　　谢谢你的提问，应该说这个问题是我们举办这次水产养殖大会的初衷和想法。水产养殖是全世界增长最快的食品生产领域之一，不但为全球人类提供大量的优质蛋白质，成为保障世界粮食安全的重要补充，就是保供、提供优质食品。而且，在降低水生生物资源的利用强度、消除贫困、促进增收、繁荣经济等方面，也是作出了突出的贡献，这是联合国粮农组织和全世界都认可的。改革开放以来，中国水产养殖业快速发展，1985年，中国明确提出了渔业发展"以养为主"的方针，由此拉开了产业结构调整的序幕，彻底改变了中国渔业产业发展的格局，短短几年解决了中国人吃鱼难的问题。

　　1988年，中国水产养殖产量首次超过了捕捞产量，这是标志意义非常大的事。1989年，中国水产品产量跃居世界第一位。此后30多年中，始终保持着"以养为主"的生产格局。2020年，中国水产品总产量达到6 549万吨，养殖产品占比达到了79.8%，也就是接近了80%。中国养殖水产品占世界水产品养殖总产量的60%以上，就是中国国内的水产品，80%来自养殖，全球的养殖水产品里面，60%来自中国。

中国水产养殖业快速发展，不但改善了中国人民的食物营养结构，繁荣了农村经济，也为保障食物安全、减少贫困人口、保护生态环境发挥了重要作用。

一是保证食物供给。2020年，中国水产养殖种类达到300种以上，养殖水产品人均年有量37公斤，是世界平均水平的2倍。据专家测算，中国国民的动物蛋白消费约1/4来源于养殖水产品，而且正在持续增长。

二是助力脱贫攻坚、脱贫增收。中国水产养殖业的发展已成为一些农村地区的重要经济增长点和农渔民收入的来源，特别是在广大老少边穷地区助力打赢脱贫攻坚战方面发挥了重要作用。渔业产值占农业产值比重从1978年的1.6%提高到2020年的9.27%。2020年，专业从事水产养殖的人口达到457.5万人，是1978年的8.8倍，2020年，中国渔民人均纯收入达到21 837元，是1985年的35倍。

三是养护生态环境。中国水产养殖业的发展从根本上改变了依靠捕捞天然水产品的历史，极大缓解了天然渔业资源保护利用的压力，国内海洋捕捞产量已由2011年的1 241.94万吨控制到2020年的947.41万吨，减少了23.7%。这是什么概念呢？自然资源的捕捞产量在降低，但市场的水产品供给还是充足的，主要得益于水产养殖业的发展。

另外，水产养殖还推动形成了渔业的碳汇，对实现碳中和、碳达峰目标发挥了重要作用。上星期，我们在威海召开了渔业养殖碳汇论坛，不知道有没有在座的媒体去。我国举办的全球水产养殖大会，一是有助于展示我国水产养殖业在保障食物供给、消除饥饿贫困、促进经济发展和落实联合国2030年可持续发展议程等方面取得的巨大成就，分享成功经验、成熟模式和先进技术，展现负责任大国形象。二是有助于我国专家学者参与国际交流，了解全球水产养殖发展趋势和未来方向，为水产养殖可持续发展提供有力的科学支撑。三是有助于深化水产养殖的南南和三方务实合作，携手推进后疫情时代全球水产养殖业发展迈向更高的水平。谢谢。

中央广播电视总台央视记者：
刚才刘局长提到大会离开幕还有5天的时间，能否请您介绍一下大会目前的筹备情况。谢谢。

刘新中：

谢谢你的问题，这个问题确实很关键，是这次发布会的一个重要内容，请我的同事江开勇副局长来回答这个问题。

江开勇：

第四届全球水产养殖大会是由农业农村部和联合国粮农组织、亚太水产养殖中心网联合举办的，这是全球水产养殖界的一次盛会，各个主办方对这次大会的筹备工作都给予了高度重视，目前筹备工作也在顺利推进。下面我向大家简要介绍一下筹备情况。

一是精心策划。农业农村部和联合国粮农组织密切合作，协同推进大会的各项准备工作。一方面，要重点体现全球的参与。联合国粮农组织牵头成立了大会的国际组委会，由亚洲、欧洲、非洲、北美洲、南美洲10多个国家，包括中国，资深管理人员、行业专家和企业代表组成，同时还选择了世界上各地20多个机构，在通过大会成果《上海宣言》的环节发言，体现全球共同参与、共同支持、共同推进水产养殖务实合作的决心。另一方面，充分发挥中方的作用。中方的专家将在主论坛环节作主旨报告和嘉宾报告，大会共9个论坛，除了线上主持人以外，中方的专家都参与主持和作报告，保证了中方专家的充分参与，为大会各项成果的形成贡献中方的力量。

二是加大宣传。我们组织制作了"中国水产养殖发展成就"宣传片和水产养殖成果展，这个宣传片和成果展将在联合国粮农组织官网和大会现场播放及展示，传播水产养殖中的中国声音，凝练世界水产养殖中的中国经验，挖掘与会专家的典型事例，报道中国水产养殖领域的重大突破和代表人物的突出贡献，为大会的召开提前预热。我们积极邀请中央主流媒体参加报道，同时充分利用微博、微信等新媒体平台以及户外广告屏等多种形式开展宣传。会议期间，还将设线上直播间，增加大会的宣传效果。

三是保障会务。为了保障大会筹备工作的顺利推进，农业农村部组织成立了大会中方组委会，加强与国际组委会和技术委员会的沟通协调，统筹做好大会的现场安排、新冠肺炎疫情防控和安全保障。上海海洋大学还专门招募了志愿者师生230余人参与大会现场各项保障工作。我就介绍这些，谢谢。

🎞 **刘新中：**

　　我来回答这个问题。举办一次活动，召开一次会议，成果十分重要。这次举办第四届全球水产养殖大会，我们预期会有很多成果在大会上呈现。突出的是两个方面。

　　第一项成果，是发布促进全球水产养殖业可持续发展的《上海宣言》。《上海宣言》由联合国粮农组织起草，在征求包括中国在内的国际社会意见后，将在大会上发布，旨在分析全球水产养殖业发展的机遇、问题和挑战，包括新冠肺炎疫情对水产养殖业造成的影响，提出未来10年水产养殖业发展方向和主要措施。作为大会的重要成果文件，《上海宣言》将全面响应联合国2030年可持续发展议程提出的消除饥饿、实现粮食安全、改善营养状况和促进可持续农业等发展目标，系统回答水产养殖如何为可持续发展目标做出贡献、水产养殖在未来10年走向如何，我们如何才能做到水产养殖可持续发展等关键性的时代性很强的问题，对促进全球水产养殖业可持续发展具有重要意义。

　　《上海宣言》分为序言、愿景承诺、战略重点、行动计划等4个部分，其中承诺包括5个方面，促进负责任水产养殖发展、促进良好治理和增强伙伴关系、分享知识和技术、加强水产养殖创新和科研投入、搭建可持续发展水产养殖的公共交流平台。战略重点包括10项内容：提高水产养殖对可持续粮食系统的贡献，推动水产养殖与其他行业和部门的协同发展，增加生态系统服务功能，改善生物多样性和降低碳足迹，促进体面工作、两性平等、青年参与、土著参与、响应全球性问题，加强数据分析和监测等。

　　第二项成果，是发布关于促进南南和三方水产养殖可持续发展合作的倡议。南南、三方合作被认为是落实联合国2030年可持续发展议程的有效机制。2019年9月，联合国粮农组织发起"手拉手"倡议，促成捐助方和受援方结对子，以支持最不发达内陆国家、小岛屿发展中国家和受粮食危机影响国家的发展，倡议由农业农村部与联合国粮农组织共同提出，主要包括4个方面内容。一是支持绿色、低碳、循环的发展理念，统筹水产养殖发展过程中，经济发展和生态环境保护的关系，指出全球水产养殖发展应是以绿色发展为导向的高质量发展。二是鼓励水产养殖技术先进国家和利益相关者通过南南和三方合作，向广大发展中国家和地区提供技术支持，促进水产养殖可持续发展。三是倡议在南南和三方合作的基础上，充分发挥每个合作伙伴的比较优势，加强区域性水产养殖培养和能力建设的合作，推动利益相关方共享知识与经验。四是呼吁国际社会积极行动起来，增强全球水产养殖发展在面临气候变化、极端天气和自然灾害等影响时的抵御力，推动灾后、疫后水产养殖可持续发展与经济复苏。

在这个过程中，我们作为主场国家的主办单位和承办单位，都积极参与这些重大成果的形成和优化。谢谢。

中央广播电视总台央广记者：
刚才发布人也提到，大会期间农业农村部将同期主办促进可持续水产养殖发展的南南和三方合作高端圆桌会议，请问中国在促进全球水产养殖南南合作和三方合作方面有什么亮点？谢谢。

江开勇：
去年来，中国积极响应联合国粮农组织"手拉手"倡议，深度参与水产养殖南南与三方合作，为消除全球的贫困和饥饿、提供优质动物蛋白、促进当地经济社会发展，作出了自己的贡献。

一是加大支持力度。自2009年起，中国陆续向联合国粮农组织南南合作信托基金进行了三期捐资，并支持发展中国家利用联合国南南合作机制，实施以水产养殖为重点内容的南南合作项目，有效地改善了部分国家水产养殖基础设施条件。中国与联合国粮农组织、欧盟、荷兰以三方合作的形式，帮助非洲国家提高水产养殖技术水平，取得了很好的成效。

二是强化人才培养。目前中国已经建成海水和淡水2个国际水产养殖技术培训基地，其中中国水产科学研究院淡水渔业研究中心是联合国粮农组织水产养殖及内陆渔业研究培训的参考中心。据不完全统计，"十三五"期间，中国已经为50多个国家和地区培训了2 000多名水产养殖技术人员和管理人才，将苗种繁育技术、配合饲料的技术、生态健康养殖技术等传播到广大的发展中国家，积极开展水产养殖留学生学历教育。"十三五"期间，我们先后招收30多个国家近300名留学生攻读硕士、博士学位。

三是共享技术模式。中国积极派遣水产养殖专家深入广大发展中国家，提供一线的技术指导、示范和咨询服务。据不完全统计，2010年以来，中国先后派出了近200名专家赴40多个国家和地区担任水产养殖的技术和顾问，指导当地水产养殖技术发展。大家知道，稻渔综合种养是非常经典的减贫模式，而且是很重要的养殖模式。中国组织东南亚、南亚国家代表实地考察哈尼梯田的稻渔共作模式，与联合国粮农组织共同举办国际研讨会，分享经验和案例，目前稻渔综合种养已经在东南亚、南亚、非洲、拉丁美洲落地生根，并且推广到这些地区的广大农村。此外，我们还向周边国家捐赠鱼苗，在东盟推广水产养殖技术，在非洲推动"罗非鱼回故乡"等系列活动，都取得了圆满成功。这次大会期间，中方发挥主办方作用，召开圆桌会议，也是为了进一步促进可持续水产养殖业发展的南南和三方合作。谢谢。

中国县域经济报社记者：

上海海洋大学作为本届大会的承办单位之一，请问在水产养殖国际合作方面开展了哪些工作？下一步还有哪些考虑？谢谢。

王宏舟：

谢谢您的提问，非常荣幸能够参加这次农业农村部新闻发布会。作为承办单位之一，我们上海海洋大学原来叫上海水产学院，最早也是农业农村部的部属院校，是渔业水产养殖技术方面的专业院校之一。我们水产学科是首批进入国家双一流建设学科名单的学科，我们这个学校也是双一流建设高校，水产养殖是我们学校的特色和特长。特别是在推进国际合作方面，我们这两年在农业农村部的带领下，主要做了以下3个方面的工作。

第一，进一步加强我们在水产领域，特别是水产养殖领域和相关国际组织、科教机构的紧密国际合作。我们回顾了一下这么多年学校的办学历程，我们和35个国家和地区的139所高校和科研机构都有相关的、专门的合作协议，我们和联合国粮农组织、亚洲水产学会有着经常性的学术交流和合作。特别是我们学校还是亚洲水产学会的发起成立单位之一，我们有2位教授曾经先后担任过亚洲水产学会的主席，这跟我们国家在水产养殖领域的地位是分不开的。我们和亚洲水产学会共同主办了第九届亚洲渔业和水产养殖论坛。刚才江开勇局长讲的罗非鱼返乡计划主导的专家李思发教授，获得了世界水产养殖协会的终身成就奖、全球水产养殖联盟的终身成就奖。这些奖项的获得，体现了中国在水产养殖领域的专业地位、影响力和号召力。

第二，广泛开展水产养殖技术科研国际合作。上海海洋大学从新中国成立以后，积极在国家的战略布局下，和苏联、日本等国家都开展水产的科技合作。近年来，我们学校持续开展中国和东盟的海水养殖技术联合研究和推广，也颇有成效。特别是这两年，我们学校向澜沧江－湄公河流域国家传授稻渔综合种养技术，来促进水产养殖的国际减贫，我们做了大量工作。我们学校的澜湄国家稻渔种养技术合作和水产养殖减贫项目，也获得了我国外交部亚洲合作资金项目资助。

第三，大力推动国际水产养殖领域的人才培养，发挥学校的优势。近年来，我们积极探索中国—东盟学生国际化的培养模式，开展来华的全日制专业学位研究生的培养，我们在马来西亚还建立了水产养殖的海外实习基地，举办了中国和东盟的水产教育方面的院长论坛，还有水产高等院校、研究所研究生的学术研讨会等，我们为东盟等20多个国家培养各类水产科技人才。特别是刚才谈到的罗非鱼返乡项目计划，获批教育部的中非合作专项，成为非洲水产人才技术培养的专项培训项目。

这次全球水产养殖大会的召开，作为承办方，我们学校也非常想利用这样一次契机，进一步推动我们学校在水产养殖领域的国际合作和国际拓展，特别是我们学校现在又身处中国（上海）自由贸易试验区临港新片区这样的区位优势，进一步扩大国家在水产养殖领域的国际合作，主动对接"一带一路"倡议，积极参与构建区域全面经济伙伴关系协定成员国的水产养殖国际合作的网络，助力共建"一带一路"的国际合作，携手构建更加紧密的，比如澜湄、中国—东盟，中非命运共同体等，为全面提升我们国家的水产养殖的影响力和引领力，作出我们高等院校特别是专业院校的贡献。谢谢。

现在全球疫情肆虐，对经济发展和产业发展造成很大的影响，水产养殖业也不能幸免。请问在此背景下，全球水产养殖面临的挑战有哪些？在后疫情时代，中国对全球水产养殖的可持续发展作出了哪些贡献？谢谢。

江开勇：

正如刚才这位记者所提到的，全球新冠肺炎疫情的蔓延，确实对水产养殖业的发展造成了很大的影响。根据联合国粮农组织渔业委员会第34届会议发布的《2019冠状病毒病对渔业和水产养殖粮食体系的影响》，2020年鱼类消费、贸易、供应都有所下降，全球水产养殖产量预计下降了1.3%，应该说是该产业数年来首次出现下降。这种影响主要是体现在以下几个方面。一是水产养殖的供应链环节不同程度地受到了破坏，对进出口贸易造成严重影响。二是水产品消费需求的疲软、产品滞销，提高了饲料成本和养殖产品死亡的风险。三是水产养殖业仍然是以中小规模的养殖户为主，生产和管理都较为分散，抵御风险能力差，相对于其他行业来说，受到的冲击还是非常严重的。

新冠肺炎疫情发生以后，农业农村部通过采取加强监测调度、推进产销对接、恢复苗种生产供应、强化生产指导、加强水生动物疫情防控和水产品质量安全的监管等措施，在全球范围内，比较早地实现了水产养殖的稳定发展和有效恢复生产。2020年，全国水产养殖总产量还是实现了增长，比2019年增长了2.86%，这些都非常有效地保障了国内水产品市场的供给。

作为一个负责任的渔业大国，在后疫情时代，我国也将继续深化与所有国家特别是发展中国家的水产养殖合作，携手推动后疫情时代全球水产养殖业迈向更高的发展水平。一是支持在发展中国家建设水产养殖技术交流与示范培训基地，加强水产养殖人力资源培训和国际合作，提升全球水产养殖人才培养的能力。二是向广大发展中国家和地区提供技术支持，进一步推广池塘的生态养殖、稻渔综合种养、工厂化循环水质养殖、盐碱水渔农综合利用多营养层次综合养殖等生态养殖模式，促进全球水产养殖业可持续发展。三是推动后疫情时代区域和全球水产养殖的生产、加工、贸易环节的转型升级和国际合作，积极推进水产养殖检验检疫标准和追溯制度的国际互认，构建互利共赢的产业链、供应链合作体系。四是呼吁国际社会积极行动起来，重视发挥青年作用，鼓励和支持妇女创业就业。在通过水产养殖减轻贫困与饥饿的同时，有效地创造就业，保障传统渔民的生计。谢谢。

中国农村杂志社记者：

中国是世界渔业大国，也是水产养殖第一大国。大家都期待了解中国水产养殖业的发展经验，请介绍一下中国水产养殖有哪些好的经验与模式，下一步将如何推进水产养殖业的绿色发展？谢谢。

刘新中：

这次全球水产养殖大会在中国上海召开，很重要的目的就是展示成果。我这里简单作一个回应。确实，中国是个发展中国家，新中国成立以后，特别是改革开放以后，发展水产养殖业，而且速度很快，取得了举世瞩目的成就，这在过去有很多方面的报道和阐述。要说发展经验，我这里不一定概括得很全：

第一，也是最核心、最重要的一条，就是党和国家政策的引导。政策里面最主要的，一个是我们形成了中国渔业发展的"以养为主"的发展道路理念。应该说，历史上，人类索取水产品主要从自然江河湖海，从自然资源获得。中国政府作为负责任的政府，我们看到了水产品需求的重要性，产品提供的重要性，也充分认识到自然资源不可能完全满足包括中国在内的人类对水产品的需求，所以我们早在20世纪80年代就十分明确地提出"以养为主"的发展方针。这样几十年下来，我们就是在"以养为主"的发展方针的指引下，走出了一条渔业可持续发展的道路、模式。就是刚才说的，我们的养殖产量占总产量的80%，我们在全球养殖产量占到世界养殖产量的60%，这不是一句空话，这是经过一代代人努力打拼出来的，我想这是一个最重要的政策。另外，我们很早就放开了水产品市场，用市场来调节产业发展，这也是这个政策的重大支撑之一。

第二，中国养殖业的发展，一路以来都是科技支撑走在前面。因为养殖业，人工养殖有很多很多复杂的技术条件，用什么种，在哪养，用什么方式养，这个鱼投什么料，病害怎么防治，质量安全怎么保障，每一个环节上都需要科技进行强有力的支撑。刚刚上海海洋大学的王书记也介绍了上海海洋大学，实际我们中国在养殖领域孕育了一大批水产养殖方面的科学家，好多都已经是院士了。我们刚刚说了南南和三方合作，我们很多发展中国家甚至不发达国家，包括非洲，他们发展水产养殖业的愿望非常强烈，很多时候受制于没有技术，中国和菲律宾的合作，也是我们渔业走在前面的，我们给他提供苗种，提供技术，这也是很重要的方面。刚才江开勇局长介绍我们的合作，很多的合作，一方面是为了培养人，另一方面为了贡献技术，甚至派人到有关国家，帮助他们发展水产养殖。所以科技这一块，是助推我们水产养殖业发展的非常重要的一个基础性支撑。

第三，我们一路下来秉持了可持续发展的道路。中国在"绿水青山就是金山银山"的指导下，大力推动水产养殖业绿色发展，集成创新生态健康养殖模式，强化养殖尾水的综合治理，严格落实养殖水域滩涂规划，全面调优水产养殖布局，全面促进人与自然的和谐相处。养殖业和生态环境协调共生，这是养殖业发展这么多年很重要的，我们正在全力以赴。

第四，开放合作，"引进来"和"走出去"相结合，深化国际产能合作，推动建立更加公平自由的水产品贸易和投资体系，开放水产品市场。我们有几个情况，一方面，中国水产品出口量是全球第一，出口产品里面主要是养殖产品的出口。包括美国在内的西方国家，对我们的出口产品要求非常严格，官方监管体系很重要的考核就是质量，所以他对养殖产品这块是非常欢迎的，因为他认为养殖产品是可控的，所以出口到欧盟、到日本、到美国，绝大多数都是养殖产品。这一块在国际合作上，首先我们不但解决了中国人的吃鱼问题，助力解决了世界人民的吃鱼问题。另一方面，我们在水产养殖发展过程当中，在早期的时候，我们是依赖或者说借助了国外的先进经验，比如说挪威，很多国家，包括我们周边的邻居，在前期的时候，都给我们做过指导。但是我们渐渐发展起来以后，我们具备了优势以后，又不断和相关地区和国家进行合作，把我们的技术和他们进行分享，在助力"一带一路"等方面，都做了大量的工作，这应该是值得一提的贡献。

中国水产养殖发展模式进入了新的发展阶段，渔业工作者通过技术模式集成组装、新型技术模式熟化提升，传统技术模式升级改造，一二三产业融合发展和新型经营主体培育等措施，打造了一批可复制、可推广的现代化水产养殖新模式，创新集成了循环水养殖、深远海网箱养殖、多营养层次综合养殖、鱼菜共生生态养殖、稻渔综合种养、养殖尾水综合处理、配合饲料替代幼杂鱼等一批生态健康养殖的新技术、新模式，形成了像查干湖、千岛湖净水鱼及大水面增殖渔业，福建的鲤鱼溪，"塞上河套"的休闲渔业、甘肃景泰、山东东营的盐碱水绿色渔业，湖北潜江、云南哈尼稻渔综合种养一批生态绿色融合发展的渔业发展模式。比如说小龙虾大家都爱吃，产业做得很大，通过稻田养小龙虾，既保证了稻子的生长规模和产能，还给大家提供优质产品，让农民有增收，潜江小龙虾是一个典型案例。哈尼梯田有个标志性的说法，如果没有稻渔综合种养，这个梯田不一定保得住，因为效益不高。如果不能持续有水，这个梯田是要损害的，要干裂的，当地人找到这么一条，通过稻田养鱼来保证它的效益，让农民有持续生产的积极性。

下一步，农业农村部将立足新发展阶段，贯彻新发展理念，以实施乡村振兴战略为引领，以满足人民对优质水产品和优美水域生态环境的需求为目标，以推进供给侧结构性改革为主线，加快构建水产养殖业绿色发展的空间格局、产业结构和生产方式，推动我国由水产养殖业大国向水产养殖业强国转变。

一是加强科学布局，加快落实养殖水域滩涂规划制度，优化养殖生产布局，积极拓展养殖空间，就是"三区"的划定，明确养殖的禁养区、限养区和可养区，让养殖生产和生态环境协调起来。

二是转变养殖方式，大力发展生态健康养殖，提高养殖设施和装备水平，完善养殖生产经营体系。

三是改善养殖环境，推进养殖尾水治理，加强养殖废弃物治理，发挥水产养殖生态修复功能。

四是强化生产监督，推进水产种业振兴，加强疫病防控，强化投入品监管和质量安全监管。

五是推进一二三产业融合发展，延长产业链，提升价值链。

谢谢各位媒体朋友，也谢谢主持人。

📷 **刘均勇**：

　　刚才刘新中局长也介绍了，在大会期间会全面展示中国水产养殖的经验、成就，以及世界各国的水产养殖发展情况，也欢迎各位媒体朋友继续关注第四届全球水产养殖大会。感谢各位媒体朋友的大力支持，也感谢刘新中先生、江开勇先生、王宏舟先生出席今天的发布会，发布会到此结束。

18. 乡村治理创新典型相关情况新闻发布会

一、基本情况

乡村治理创新典型相关情况新闻发布会

时 间	2021年10月28日（星期四）上午10时	
地 点	农业农村部新闻发布厅	
主 题	乡村治理创新典型相关情况	
发布人	农业农村部总畜牧师、农村合作经济指导司司长	张天佐
	农村合作经济指导司副司长、一级巡视员	毛德智
	北京市怀柔区副区长	于家明
	重庆市渝北区副区长	颜其勇
主持人	农业农村部新闻发言人、办公厅副主任	刘均勇

二、现场实录

刘均勇：

　　女士们、先生们，媒体朋友们，大家上午好。欢迎出席农业农村部新闻办公室举行的新闻发布会。今天发布会的主题是介绍乡村治理创新典型做法，并推介第二批全国乡村治理示范村镇，发布第三批全国乡村治理典型案例。今天我们邀请到了农业农村部总畜牧师、农村合作经济指导司司长张天佐先生，农村合作经济指导司副司长、一级巡视员毛德智先生，北京市怀柔区副区长于家明先生，重庆市渝北区副区长颜其勇先生，他们将为我们介绍有关情况并回答大家的提问。下面，首先请张天佐总畜牧师介绍有关情况。

张天佐：

　　女士们、先生们、新闻界的朋友们。大家好！乡村治理是乡村振兴的重要内容，是实现国家治理体系和治理能力现代化的重要方面。党中央、国务院高度重视乡村治理体系建设。习近平总书记强调，要加强和创新乡村治理，健全自治、法治、德治相结合的乡村治理体系，让农村社会既充满活力又和谐有序。党的十九大和十九届二中、三中、四中、五中全会都对此作出了重要部署。中央农办、农业农村部认真贯彻落实中央决策部署，履行中央赋予的统筹推动乡村治理的职能，做好乡村治理牵头抓总、顶层设计、统筹部署、试点示范等工作，提升乡村治理体系和治理能力现代化水平。各地按照中央要求，加强乡村治理体系建设，创新乡村治理方式，提升乡村治理能力，好经验、好做法不断涌现。我们在工作中注重总结推广这些好的做法经验，不断实化工作抓手和载体平台。其中，开展乡村治理示范村镇创建、遴选推介乡村治理典型案例就是两个具体抓手。

　　2019年，中央农办、农业农村部会同中宣部、民政部、司法部共同开展了全国乡村治理示范村镇"百乡千村"创建，99个乡（镇）、998个村创建成第一批示范村镇，让各地有了一批可学习、可借鉴的身边榜样，在镇村一级发挥了很好的示范引领作用。为了进一步发挥示范村镇的带动作用，今

年中央农办、农业农村部又会同中宣部、民政部、司法部、国家乡村振兴局等6个部门创建了第二批全国乡村治理示范村镇，包括北京市门头沟区清水镇等100个乡（镇）、北京市朝阳区黑庄户乡小鲁店村等994个村，今天予以发布。

同时，中央农办、农业农村部从2019年起，每年推介一批全国乡村治理典型案例，今年还会同国家乡村振兴局，3家一起推介，3年来推介3批共92个案例。其中，今年在各省份推荐的基础上，择优精选了38个典型案例，今天予以发布。我们专门邀请了北京市怀柔区、重庆市渝北区两个案例地区的副区长作为代表，参加今天的新闻发布会。这些案例切合实际、各有特色、务实管用、操作性强，涉及地市、县（区）、乡（镇）、村等不同层次，覆盖东、中、西部不同区域，具有很好的代表性，也充分展现了近年来全国乡村治理工作的实践成果、创新经验，为各地树立了学习借鉴的样板。

近期我们还在总结地方实践经验的基础上，深入分析乡村治理中运用积分制、清单制，以及整治高价彩礼、大操大办等典型做法的内在规律、关键环节，分别归纳提炼形成了3张图，第一个是"在乡村治理中运用'积分制'一张图"，第二个是"在乡村治理中运用'清单制'一张图"，第三个是"农村高价彩礼、大操大办等不良风气整治一张图"，供各地借鉴、使用。

当前我国乡村的社会结构、经济结构和农民思想观念仍处于深刻变化之中，乡村治理面临不少新形势、新挑战，我们将深入研究乡村治理的规律，进一步探索符合国情、农情和时代特点的乡村治理方法，推动治理重心下沉，充分调动基层和农民群众的积极性、主动性、创造性，不断总结和推荐更多好经验、好模式，以此示范引领全国乡村治理能力和水平持续提高。

下面，我和我的同事愿意回答大家的提问。

刘均勇：

谢谢张天佐总畜牧师的介绍。下面，我们进入提问环节，请大家围绕今天发布会的主题进行提问，提问前请先通报一下所代表的新闻机构。

中国农村杂志社记者：

农业农村部连续3年推出乡村治理典型案例，请问今年案例推介主要集中在哪些方面？案例推介的目的是什么？谢谢。

张天佐：

谢谢您的提问。我们在选择案例的时候，重点考虑做法、经验的实用性、创新性、可操作性，考虑是否可复制可推广。我们今年是第3年推介案例，从今年的38个案例来看，大致上可以归纳为4种典型的做法。一是像重庆市的渝北区、湖南省涟源市等10个案例，介绍了他们运用"清单制"创新乡村治理方式、减轻村级组织负担、规范小微权力这些方面的一些做法。二是吉林省长春市双阳区、浙江省武义县等10个案例，介绍了他们通过强化农村基层党组织建设、发挥党员先锋模范作用、完善现代乡村治理体制的一些做法。三是广东省的蕉岭县、甘肃省高台县等10个案例，介绍了他们通过探索自治、法治、德治融合路径，健全乡村治理体系的做法。四是像北京市怀柔区、辽宁省新宾县等8个案例，介绍了他们通过保障民生服务、强化治理支撑、提升治理能力的做法。我们今年38个案例主要是围绕这4个方面推介的。

开展案例推介，主要有两个目的。**一是树立一批典型。**典型引领是我们推进工作的一种重要方法。经过连续3年的推介，我们打造了全国乡村治理典型案例的"金字招牌"，建立了典型案例库，营造了"比学赶超"的良好氛围，为各地因地制宜探索形成符合当地实际的乡村治理方法、模式提供了有益的借鉴。这是第一个目的，我们树立了一批典型，大家可学可借鉴。

二是总结工作规律。在工作的实践中，我们深刻地体会到每一个成功案例的背后，都蕴含着对事物发展规律的深刻把握。案例梳理的过程就是我们调查研究、深入思考、认识规律的一个过程，我们就是通过梳理总结大量的案例，找到了背后的具有普遍性、规律性的一些机制和方法。今天介绍的"积分制""清单制"等务实管用、具有普遍推广价值的方法，都是我们在总结案例的过程中不断地提炼、总结出来的。所以，这是总结工作规律、把握工作方法的一种方式，这是第二个目的。谢谢大家。

新华社记者：

我们看到今天公布了第二批全国乡村治理示范村镇，请问一下这些示范村镇如何创建的，接下来还有哪些考虑？谢谢。

毛德智：

您的这个问题非常好，因为示范村镇的创建是一个不断提升治理能力和治理水平的过程，要想成为示范村镇是非常不容易的。2019年我们开展第一批全国乡村治理示范村镇创建以来，示范村镇在各地成了乡村治理工作中大家学习的身边榜样，为推动全国面上的乡村治理工作发挥了很好的引领、带动作用。

在这个基础上，我们今年又开展了第二批全国乡村治理示范村镇创建。在创建过程中，我们强调要必须牢牢把握3个坚持。

一是坚持部门联合创建。第一批示范村镇是5个部门联合创建的，就是中央农办、农业农村部、中宣部、民政部、司法部。第二批创建又增加了国家乡村振兴局，一共6个部门共同创建。这项工作开展以来，各部门都高度重视，充分发动各地乡镇和村参与创建。

二是坚持严格创建标准。我们结合乡村治理工作任务和治理成效，确定了综合性的创建标准，严格按照标准开展创建。其中，示范乡镇明确了4条

标准：一，乡村治理工作机制健全；二，基层管理服务便捷高效；三，农村的公共事务监督有效；四，乡村社会治理成效明显。示范村我们明确了6条标准：一，村党组织领导有力；二，村民自治依法规范；三，法治理念深入人心；四，文化道德形成新风；五，乡村发展充满活力；六，农村社会安定有序。

三是坚持程序规范。各地对照创建标准和加强乡村治理体系建设与治理能力建设的要求，坚持优中选优，层层推介，遴选治理水平高、治理效果好的乡镇和村上报。在这个过程中，各级农业农村部门、党委农办、国家乡村振兴部门和宣传部门、民政部门、司法部门都给予了很多指导。为了保证公平，在创建过程中省级上报之前还进行了公示，我们对各地推介的示范村镇也进行了反复审核和评审，最后进行了公示。在各部门取得一致意见的基础上最终确定了这些示范村镇，保证了示范村镇的公信力。

下一步，我们将会同相关部门继续深入推进创建工作，也鼓励各级各地开展示范创建。同时，要加强对示范村镇的指导，进一步提升他们的治理能力和水平，更好地发挥示范作用。谢谢。

　　我们注意到在乡村治理中，一直是把对不良风气的治理作为一项重点工作在抓，对于一些地方出现的红白喜事、天价彩礼等乡村治理中的痛点、难点问题形成了一些比较好的经验。请问下一步要如何形成长效机制进行推广呢？谢谢。

📢 **毛德智：**

　　谢谢您的提问，您的这个问题也是社会反响十分强烈的问题。当前确实一些农村地区高价彩礼、婚丧大操大办、厚葬薄养等陈规陋习盛行，广大农民群众反映强烈。中央农办、农业农村部认真贯彻落实中央的决策部署，发挥牵头协调作用，牵头制定工作计划，会同有关部门积极推动农村移风易俗和乡风文明建设取得新进展，重点是以下3个方面。一是着力发挥村民自治作用，指导各地在基本实现村规民约全覆盖的基础上，针对突出问题提出抵制和约束性内容。二是加强道德宣传教育，选树村级文明乡风建设典型案例，引导农民群众树立文明观念。三是开展丰富多彩的文化活动，比如农业农村部举办了"县乡长说唱移风易俗"活动，形式新颖，受到了大家的热烈欢迎。各地在中央有关部门的指导下，也把整治不良风气、推动移风易俗作为工作重点。比如河北省邯郸市肥乡区就通过抓组织领导、村民自治、宣传教育、公益服务、政策引导和常态巡查，探索出了一条行之有效的治理路径。从肥乡区的情况来看，经过治理，村民的红白事操办的支出大幅下降，比如办理红事的支出降幅高达70%～80%，办理白事的支出也不到之前的1/6，应该说效果还是比较明显的。盲目攀比、大操大办和高价彩礼的现象也得到了有效遏制。

　　下一步，我们还将坚持这些有效做法，形成更好的机制，有些地方有些好的做法，我们还可以进行推广，从而形成一些制度化的做法。当然，我们也看到一些不良风气、陈规陋习的产生也有很复杂的成因，也不可能毕其功于一役，它是个持久工作。我们强调一定要做实、做细这种"绣花工夫"，采取针对性的措施，既要出重拳，更要重引导，坚持久久为功、常抓不懈。我们坚决反对搞"一阵风""雨过地皮湿"、形式主义走过场的做法。谢谢。

📷 **中央广播电视总台央视记者：**

现在的村干部每天都忙于应付上级要的各种材料和一些临时任务，没有时间和精力谋划村庄的发展，以及做好我们的服务群众的工作。请问颜区长，在这方面我们有什么好的经验和做法可以分享？谢谢。

颜其勇：

感谢这位记者的提问。刚才，你提到的现象，确实是我们基层干部群众反映比较强烈的一个问题，我们渝北区面对这种情况开出了4张清单。

第一张清单，"自治清单"。 主要任务就是明确主业。村级组织究竟主业是什么，该干什么，我们根据法律法规各方面进行梳理，明确了23项村级组织应该做、必须做好的一些事情。

第二张清单，"协助清单"。 我们叫明确副业，就是把主业干好之后可以协助地方党委、政府和相关职能部门的协助事项。据了解，这是增加基层负担最多的一个板块，这块清理下来减少了340项事项，明确了27项可以协助村里办的一些事。

第三张清单，"负面清单"。 这就是红线了，村里不能干的那些事都明确了，比如说行政执法、征地拆迁、拆违、安全生产等7个方面明确村里不要做，这也给我们基层干部大大减少了负担。

第四张清单，"证明清单"。 农村有很多离谱的，需要村级组织证明的事项，要盖章的，就是"万能公章"的问题。以前什么事都要村里盖章，比如证明这个人健在不健在、门牌号证明等，我们都删减掉了，保留依法出具证明事项7项，同时明确了办事指南、表单样本，规范办理流程，畅通办理渠道。这4张清单运行下来，确实让村干部职能边界更清晰了，更加明确该做什么、不该做什么，把精力集中到为民服务、为农服务，集中到乡村振兴上来。谢谢。

毛德智：

我再简单补充一下。近年来，中央高度重视整治形式主义，为基层减负，多次作出部署，持续推进这项工作。中央农办、农业农村部对减轻村级组织负担高度重视，2019年我们对这个问题开展了深入研究，近年来按照中央的部署安排，深入推进为村级组织减负的工作。这个过程中，我们发现有些地方为解决基层组织负担重、村级权力运行不规范、为民服务不到位等问题，将"清单制"引入了乡村治理，探索出了村级小微权力清单、承担事项清单、公共服务清单等一些做法。这些做法切合实际，在乡村治理中发挥了很好的作用。

刚才，渝北区颜区长也介绍了他们的具体做法。为了贯彻落实中央农村工作会议精神和中央关于整治形式主义为基层减负的部署安排，进一步总结、推广典型案例和创新手段，提升乡村治理效能，我们从全国遴选了10个运用"清单制"提升乡村治理效能的好做法和好经验，这些案例也在今天发布的第三批案例中。下一步，我们将推动把"清单制"作为重要的工作方式，进一步坚持党建引领、依法规范、问题导向、因地制宜的原则，切实减轻村级组织负担，进一步提升乡村治理效能。我就补充这一点。谢谢。

农民日报社中国农网记者：

我们注意到最近新冠肺炎疫情反复，农村地区基础条件差，人口聚集，群体活动比较频繁，容易成为疫情防控的薄弱点，请问如何发挥村级组织作用，做好农村地区的疫情防控？谢谢。

毛德智：

感谢您的提问。新冠肺炎疫情是我们全社会都非常关注的一个重大问题，农村地区疫情防控也是我们农业农村部门必须全力配合协助做好的一项重要工作。今年国内一些地方出现了新冠肺炎疫情，特别是近期我们也看到一些地方的疫情出现反复，呈多点散发的态势。应该说，疫情防控形势复杂，丝毫不能懈怠。正如您刚才所说，农村地区医疗条件较差，不少地区的农民群众防疫能力和意识相对不足，是我们疫情防控的薄弱点。对此，各级农业农村部门在当地党委和政府领导下，积极协助和配合有关部门疫情防控工作，很重要的一条，就是发挥村级组织的作用，动员广大农村的群众来参与群防群控。

一是强化组织领导，进一步建立健全疫情防控机制和网格化工作体系，夯实农村基层党组织责任，保障防控工作人员物资的充分充足。

二是村干部要深入村屯，点对点联系到户，紧盯重点人群，排查中、高风险区来返人员以及密接者、次密接人员。同时要突出重点工作，对重点人群、人员聚集的重点场所及时进行动态摸排，消除隐患。

三是加强疫情监测。乡镇卫生院、药店、诊所等要充分发挥"哨所"作用，争取及时发现发热、干咳、咽痛等症状的人员，做到第一时间上报。要动员农村基层群众共同防控，左邻右舍形成自发防控网。

四是大力营造浓厚的疫情防控氛围。我们坚持以往一些好的做法，充分利用村屯大喇叭，依托广播、电视、新媒体等多种形式，让疫情防控宣传深入人心，引导村民充分认识到疫情防控的严峻形势，真正减少聚集，落实好疫情防控的各项要求和措施。谢谢。

人民日报社记者：

在采访中了解到，现在有不少地方农民办理各项事务仍然存在一些堵点，比如有的办事距离远，时间和交通成本比较高，有的不会用电脑或者不会填表格，造成了多次往返跑路的情况。请问于区长，在打通政务服务"最后一公里"方面有没有什么经验可以分享？谢谢。

于家明：

谢谢这位记者的提问。怀柔区位于北京市的东北部，我们山区面积占到了89%，所以以往也确实存在着您说的这些痛点。为了打通政务服务的"最后一公里"，从2018年12月份开始，我们借助北京市"放管服"改革的有效契机，通过建清单、建队伍、建机制这三步走，最大限度地方便群众办事，降低群众办事的成本。

一是建清单。我们围绕群众特别关心的，与他们直接利益相关的社保、民政、优抚、农机这些民生事项，多个部门多次会商，并且研讨法律流程，最终确定了101个高频的可以义务代办的事项，实现了权限的下放和办理窗口的前移。

二是建队伍。我们依托区级、镇级和村级三级政务服务体系和骨干人员的力量，打造了覆盖全区16个镇（乡、街道）和318个村（社区）的代办队伍。目前全区三级服务队伍一共有代办员1 508个、网办员896个，这些人员通过线上、电话、上门等多种多样的方式，及时响应群众的办理需求，提供24小时不打烊的服务。

三是建机制。我们打造了"三棒"接力办事流程。"第一棒"是村级政务服务代办员，他们主要是帮助村民办理一些材料提交、信息采集和申请提交事项，完成村级和镇级的交接。"第二棒"是镇级的政务服务中心办事员，他们对于村级代办员提交的事项快速进行响应，如果需要和上级部门沟通的办理事项，由他们去代办相关的手续。"第三棒"是区级政务服务中心办事员，他们对于能够及时办理的事项，即接即办，对于承诺办理的事项要压缩时限办。同时办完以后，也要做好和"第二棒"，就是镇级政务服务中心人员的反馈和交接。同时，怀柔区还建立了例外事项特批机制、容缺后补机制、第三方暗访检查机制和区级督查考核机制。通过多种多样的方式，确保我们"足不出村"的政务服务落到实处，延伸到每村每户，真正打通服务群众的"最后一公里"。谢谢。

📷 **中国农业电影电视中心中国三农发布记者：**

最近我们注意到，农业农村部发布了乡村治理典型方式工作指南，文件形式非常新颖，里面有3张图，请问为什么要做3张图？希望通过3张图解决什么问题？有什么背景和意义？谢谢。

🎙 **张天佐：**

你提了一个非常好的问题，感谢你的提问，我来回答这个问题。我们认为加强乡村治理体系建设，实现乡村善治，不仅需要系统的制度框架和政策体系，还需要务实、管用的一些工作方法。面对千家万户的老百姓，我们开展治理，方法非常重要。针对这种认识，农业农村部围绕着乡村治理的难点和堵点问题，在乡村治理中推广运用"积分制""清单制"，总结移风易俗的典型经验，取得了良好的成效。在工作中，我们感觉到虽然各地做法不同，方式各异，但是凡是取得明显成效的地方，他们都把握了其中的一些工作要领。这个事我们跟唐仁健部长报告，唐部长要求我们把这些核心环节、关键步骤归纳提炼出来，总结成一张图，通过这张简单明了的图，大家易看、易学、易推广。所以，按照唐部长的要求，我们在原来工作基础上，进一步深入地分析和提炼，分析其内在的规律、关键的环节，最后归纳、提炼出了3张图。前面我给大家介绍了3张图，今天也发给了大家。每一张图的后面，我们又附了一个工作过程中的注意事项，实际上对这几张图做了一个诠释，形成了一个工作指南，印发到各地，希望通过这个指南，帮助大家在工作中把握要领，掌握关键环节，掌握方法核心，结合本地实际，灵活运用，最后取得很好成效。

例如我们今天发给大家的"清单制一张图"，我们列举了农村小微权力管控的3个关键环节。**一是要依法明确清单。**对村级权力事项依法进行系统梳理，罗列出来。比如今天案例中的浙江宁海县小微权力清单36条，其中17项涉及小微权力，19项是为农服务事项。这17项+19项加起来是36项，把这36项权力清单梳理出来，实际上就是让权力有了边界。这是第一步。**二是要编制运行流程。**对每一个权力事项的权力主体、权力内容、运行规则、决策方式乃至责任追究等细节进行明确。这个目的是让权力运行有规则。**三是核心环节，就是要加强监督和检查。**充分发挥上级党委政府、村务监督委员会、农民群众、社会各界的监督作用，并配套相关的违规处理办法，这就是要让权力在监督下去运行。

所以，这3个核心步骤，第一个要有清单，第二个是要有运行规则，第三个是要在阳光下接受监督去运行。这是3个关键环节。还以宁海县为例，它列出了36个事项，然后围绕这36个事项编制了45张运行流程规则，然后公开。用这种图形化的、可视化的方式，将相对模糊、笼统的一些治理理念和要求，我们转化成了目标清晰明确、运行有章可循、监督评价科学合理的工作规则，大家好理解、易学习，便推广。

有了权力清单制度以后，在实施过程中群众按流程办事，干部按规则履职，把权力关进了制度的笼子，解决了村级权力运行不规范、小微权力腐败这样一些"老大难"问题。这个问题解决以后，方便了群众办事，密切了干群关系，维护了农民权益。工作中我们感到，方法制度的创新可以起到事半功倍的作用，是解决一些问题的治本之策。所以，我们从开始研究乡村治理的工作，到逐步地寻找一些有效的方法，再到把这些方法提炼归纳出简单、易学、易懂、易推广的简单的一张图，工作经历了这么3个层次。我们的研究还需要进一步深入，核心目的是想通过这些方法的不断创新，真正解决乡村治理中的一些问题。谢谢大家。

今年的中央一号文件提出，要持续推进农村移风易俗，推广"积分制"、道德评议会、红白理事会等做法，加大高价彩礼、人情攀比、厚葬薄养、铺张浪费、封建迷信等不良风气治理力度，请问这些方面取得了怎样的成效？谢谢。

毛德智：

谢谢您的提问。确实，刚才封面新闻记者也关注这些问题，农村的陈规陋习、不良风气确实是牵动了每个人的关注。在农村的基层也成了广大农民群众很沉重的负担，我们讲人人厌恶，但人人又难以摆脱，因为是生活在农村这个环境里。所以，这些年我们对农村的不良风气治理确实下了很大的功夫，在具体的推进过程中间，重点做了3个方面的工作，我刚刚已经介绍过了。从实际效果来看，这些工作取得了比较好的阶段性成效，比如我刚才举例谈到河北邯郸肥乡区的做法，他们的婚丧支出大幅下降。在很多地方社会风气得到了明显好转，一些不良风气蔓延势头得到有效遏制，成效比较明显。

当然，我们也看到农村的不良风气整治确实是一个长期的过程，要坚持长期的工作思路，要针对目前突出的问题采取有效的措施，形成浓厚的社会氛围。同时，我们还要针对这些问题，这些不良风气产生的历史原因、社会因素，包括当地的人文风情等特点，采取有针对性的措施，进一步深化整治。在具体工作中，我们将继续坚持有效做法，在相关文件、会议中进行部署和安排。同时，还要会同相关部门积极推进这项工作，推广一些好的做法特别是基层的创新实践，有效地化解、破解这些难题。

近期，中央农办、农业农村部还要召开专门的会议，针对农村不良风气的治理、移风易俗等工作，作出专门部署。我们也欢迎媒体朋友们更多地关注，一起来参与形成正能量的社会氛围，共同推进农村的移风易俗，推进农村不良风气的整治。谢谢。

张天佐：

我作一个补充。这个问题社会各界非常关注，在座的媒体记者也十分关注，我觉得这是我们现阶段农村面临的一个非常突出的问题。这个问题首先是一种社会现象，属于精神文明、道德文化层面的事。比如婚丧嫁娶大操大办、厚葬薄养的事情，在农村中实际上是人人厌恶，特别是彩礼的问题、大操大办的问题。刚才毛司长说了，人人又无法摆脱，它是一种文化，一种不良的文化，靠一家一户去摆脱，摆脱不出来，要一个整体文化的重塑，一种风气的根本扭转。所以，在治理这件事的时候，我们在不断地推动一些地区进行探索、进行实践。2019年起，中央农办、农业农村部、中组部、中宣部、民政部、司法部6个部门在全国选择了115个县（市、区）开展乡村治理体系建设试点示范，把乡风文明建设、对农村不良风气的治理作为其中很重要的一项试点任务，鼓励试点地区积极推进。通过几年的试点探索，各地都探索出了一批行之有效的、非常管用的方法。概括起来说，以治理婚丧嫁娶大操大办的问题为例，核心是以下几点。

一是必须在地方党委、政府的领导下进行专项治理。离开了党委、政府的领导和专项治理的方式，这件事情在农村的微观层面是解决不了的，这是非常关键的。

二是依靠村民自治的方式和力量实现治理。我说了，这个事情是一个风气问题，政府不能搞强制，只能倡导、推动，最后要通过村民自治的方式，通过民主协商，大家形成红白事相关的规则和标准，老百姓共同制定、共同遵守。所以，在地方党委、政府的领导下，主要依靠村民自治的方式和力量来做。

三是农村的党员干部要带头。"村看村、户看户、农民看干部"，农村的很多事情，党员干部只要带了头就好办。党员干部如果不遵照规定，带头违反村规民约，我们可以用党纪、政纪约束和处理。

四是在全社会营造良好氛围，提供很多公共服务。比如婚事新办、丧事简办的公共服务，提倡集体婚礼，评选出一些文明家庭等，形成一个良好的社会风气，进行正向引导。

五是地方政府出台了一些激励性和约束性的措施。比如，如果按照村规民约的规定去婚丧嫁娶新办的话，地方政府会有很多优待性的政策，如果不按照这个办，村规民约里有很多约束性的措施予以制约。当然这些措施必须合法合规，不能侵害农民的合法权益。

所以，辅之以这些政策措施的跟进，一鼓作气，一个地方的不良风气就能得到一个根本性的改变。这件事情要治理，治理的过程中关键是要掌握方法。以前有的地方政府用红头文件的形式来治理这么一些现象，一是于法无据，二是成了一种强制性的方式，最后效果都不尽如人意。从我们的实践探索来看，在地方党委、政府的领导下，依靠群众性自治组织的力量和方式来推进，效果比较好。谢谢大家。

刘均勇：

我们今天的发布会就到此结束，感谢各位媒体朋友的大力支持，也感谢张天佐总畜牧师、毛德智副司长、于家明副区长、颜其勇副区长的出席。今天的发布会到此结束。谢谢大家。

19. 今冬明春重要农产品生产保供情况新闻发布会

一、基本情况

今冬明春重要农产品生产保供情况新闻发布会

时 间	2021年11月4日（星期四）下午2时
地 点	农业农村部新闻发布厅
主 题	今冬明春重要农产品生产保供情况
发布人	农业农村部市场与信息化司司长 ……………………………… 唐 珂
	农业农村部种植业管理司副司长 ……………………………… 刘莉华
	农业农村部畜牧兽医局副局长 ………………………………… 陈光华
	农业农村部渔业渔政管理局一级巡视员 ……………………… 李书民
主持人	农业农村部新闻发言人、办公厅副主任 ……………………… 刘均勇

二、现场实录

📷 刘均勇：

女士们、先生们，媒体朋友们，大家下午好。欢迎出席农业农村部新闻办公室举行的新闻发布会。今天的发布会我们邀请到了农业农村部市场与信息化司司长唐珂先生，种植业管理司副司长刘莉华女士，畜牧兽医局副局长陈光华先生，渔业渔政管理局一级巡视员李书民先生，为大家介绍今冬明春重要农产品生产保供情况。下面，请媒体朋友围绕今天发布会的主题进行提问，提问之前，请先通报一下所代表的新闻机构。

📷 中央广播电视总台央视记者：

我的问题是，最近大家普遍感到蔬菜的价格涨幅较大，请问主要原因是什么？再一个，现在在田蔬菜生产情况怎么样，农业农村部将采取哪些措施保障老百姓的"菜篮子"？谢谢。

🎙 唐珂：

谢谢您的提问。各位媒体朋友，下午好。大家知道，蔬菜是重要的民生商品，受到各方面的关注。最近，全国蔬菜价格确实出现了普遍上涨，农业农村部监测的28种蔬菜10月份批发均价是每公斤5.25元，环比涨16.7%，同比涨11.7%，这个涨幅比常年同期都要大一些，尤其是菠菜、生菜这些叶类菜上涨更为明显。

据调度分析、多地反映，也包括许多记者朋友们采访了解，最近菜价上涨较多，主要有4个方面的原因。

一是灾害性天气导致上市量有所减少。9月以来，北方地区遭遇多年不遇，甚至是空前不遇的秋汛和洪涝灾害，一方面，造成农田过湿，部分田块出现积水，导致蔬菜受灾200多万亩；另一方面，持续低温、寡照，导致光合作用下降，蔬菜生长发育受阻，甚至落花落果。

二是农资价格上涨增加了生产成本。今年以来，化肥、农药等农资价格持续上涨，抬高了蔬菜的生产成本。以设施蔬菜为例，仅化肥价格上涨一项，每亩黄瓜的生产成本就增加了490元、每亩菠菜增加了210元，折算到每斤成本，黄瓜每斤增加了2毛钱，菠菜每斤增加了4毛钱。

三是运输流通成本明显增加。大家知道，我们许多"菜篮子"产品现在都是"买全国、卖全国"。由于北方蔬菜受灾导致茬口衔接不畅，部分品种跨区调运增多，运距拉长，再加上汽油、柴油价格上涨，带动了运输成本明显增加。山东寿光蔬菜集团反映，上半年运到浙江金华的蔬菜运费每车4 000元，下半年就涨到了6 000元，每一车运输成本增加了2 000元，涨幅高达50%。

四是一些北方设施蔬菜主产省电力供应不足，也影响了蔬菜集约化育苗和工厂化生产。此外，个别地区新冠肺炎疫情点状散发，也增加了产销衔接的难度。

但是，经过我们全面调度、深入分析并听取业内生产者、企业家及专家们的意见，可以明确地告诉大家的是，全年及当前包括往后"两节"期间，全国蔬菜生产总体是正常的，灾害影响是局部的、阶段性的，影响的只是部分品种，除菠菜、油菜、生菜、芹菜等叶类菜因灾略有减产外，其他主要品种面积和产量都略有增加，供应总量充足，消费者不用担心。

从全年看，预计全国蔬菜面积3.2亿亩，产量7.5亿吨，比上年增加1%左右。从当前看，在田蔬菜面积达1.03亿亩，同比还增加了400万亩，预计未来3个月后，也就是"两节"前后，蔬菜供应量能够达到2亿吨、增加700万吨。也就是说，可以为每人每天提供3斤菜。这是一个基本面，大家心里要有"数"。

从区域看，"南菜北运"的7个大省（自治区），就是广西、四川、贵州、云南、广东、福建、海南和北方设施蔬菜的6个大省，就是山东、辽宁、河北、河南、江苏、安徽，冬春蔬菜面积产量占到全国的八成以上，是保障冬春和"两节"市场供应的主力军。这13个省份在田蔬菜面积达到9 130万亩，同比也增加了350万亩，这些地区陆续进入蔬菜采收旺季，能有效增加和保障市场供应。

从品种看，黄瓜、西红柿、茄子等茄果类蔬菜和萝卜、洋葱等根茎类蔬菜面积目前也是增加的，10月份速生叶菜扩种了300多万亩，后期上市量将有所增加，有利于调剂余缺。实际上，从10月中下旬以来，北方地区多晴好天气，蔬菜生产已基本恢复正常，采收上市量会陆续增加，近日全国总体菜价的涨幅已经收窄，不少地区菠菜、生菜等绿叶菜价格开始明显回落，这就是供求关系在改善、在变化的反映。

下一步，农业农村部将坚决贯彻党中央、国务院决策部署，毫不放松抓好蔬菜生产，切实保障今冬明春特别是元旦、春节和冬奥会期间的蔬菜供应。重点是抓好5件事。

一是抓住重点地区。 抓好"南菜北运"基地和北方设施蔬菜生产，扩大市场供应量。北方设施蔬菜产区重点用好闲置的温室大棚，安排好茬口衔接。大中城市重点发展不耐储运的叶类蔬菜和地方特色蔬菜，稳定提高自给能力。

二是抓好主要品种。 指导各地合理安排品种结构和种植规模，聚焦市场需求大的28种主要蔬菜品种，积极引导种植大户、合作社等规模经营主体扩大种植。因地制宜发展速生叶菜、芽苗菜，尽可能增加蔬菜上市量。

三是抓好指导服务。 密切关注天气变化，加强监测预警，及时派出工作组，组织专家和农技人员深入田间地头，开展技术指导服务，督促前期受灾地区及时抢种抢收，稳定蔬菜生产，提高质量安全水平。

四是抓好产销衔接。 及时发布生产、流通、消费等信息，引导优势产区和大、中城市加强协作，建立稳定的供应渠道，落实好鲜活农产品绿色通道政策，也落实好疫情防控条件下的应急保供，形成产区产得出、运得走，销区调得进、供得上，不脱销、不断档的生产供应格局。

五是抓好责任落实。 严格落实"菜篮子"市长负责制，把应急保供的措施和落实情况纳入考核内容，督促指导地方政府特别是市级政府做好辖区内"菜篮子"产品保供稳价工作。谢谢。

📷 **每日经济新闻社记者：**

11月2日的国务院常务会议指出，要稳定粮食生产，粮食产量保持在1.3万亿斤以上，请问目前秋粮收获情况如何，前期连续阴雨天气对秋冬种有什么样的影响？另外，近日一些地区出现抢购粮油米面的情况，对此农业农村部有何回应？谢谢。

刘莉华：

谢谢您的提问，您的问题概括起来主要是两个方面。一是今年粮食生产的保供怎么样。二是明年粮食生产开局怎么样。

第一，关于今年粮食生产保供的情况。大家都知道，我们国家粮食是分为3季：夏粮、早稻、秋粮。据国家统计局公布，今年夏粮增产59.3亿斤，早稻增产14.5亿斤。目前，全国秋粮收获已过九成，从实打实收的情况来看，虽然河南、山西、陕西因严重的洪涝和干旱，秋粮是减产的，但其他主产区多数是增产的，尤其是东北地区增产比较多。还是那句话，全国有增有减，增的比减的多，算总账的话，全国秋粮增产已成定局。今年的粮食产量将创历史新高，连续7年稳定在1.3万亿斤以上。连年丰收，库存充裕，供给完全没有问题。我向大家再通报几个方面的情况。

一是水稻、小麦实现增产，口粮绝对有保障。我们国家水稻和小麦两大口粮作物连年增产，这几年基本上来说都是当年产大于需或者产需略有盈余，今年稻谷的产量将继续保持稳中有增，产量高于消费量，小麦的产量今年创了历史新高，产量高于食用消费量，加上两大口粮的库存充裕，还进口了一些调剂的品种，这样算下来，两大口粮供给绝对有保障。

二是玉米产量增加较多，能够有效增加市场供应。玉米是我们国家第一大粮食作物，它也是高产作物，是重要的饲料粮。今年玉米的面积是增加了2 000多万亩，东北主产区的光、温、水匹配较好，单产提高，全国玉米产量增加比较多，再加上进口和库存，能够满足国内消费的需要，供给偏紧的状况会有所改善。

三是当前粮食库存总量充裕，处于历史高位。昨天国家粮食和物资储备局粮食储备司司长也讲了，小麦和稻谷两大口粮品种占总库存超过70%，比如小麦库存可以满足一年半的消费需求。同时，我们国家粮油的加工能力也很强，一天加工出来的米面够全国人民吃2天。

总之，我们国家粮食是产量丰、库存足，即使在去年国内新冠肺炎疫情最为严重的时候，超市里面的粮食品种也是供应丰富，老百姓家里都是米面无忧，可以说想啥时候买就啥时候买，想买啥就能买到啥，保供稳价的基础十分牢固。

第二，关于明年粮食生产的开局。秋冬种是来年粮食生产的第一仗，刚才我也讲了，全年粮食分成3季，夏粮、早稻和秋粮，我们常说夏粮丰收，全年主动。秋冬种小麦播的好了，夏粮的丰收就有基础了。大家都知道，今年9月至10上旬的持续降雨造成了北方冬麦区部分地区土壤过湿，腾茬整地困难，小麦播种受阻。但10月中旬之后，冬麦区大部天气转晴，各地也采取了许多超常规的措施抢收秋熟作物，抢播冬小麦，播种进度明显加快。截至11月3日，全国小麦已经播了83%，进度比常年略慢3.4个百分点，但是偏慢幅度已经比前期最慢的时候收窄了25个百分点。其中，受秋雨影响比较大的河北、山东、河南、陕西、山西5个省，高峰期日播超过1 400万亩，目前小麦已经播种了94%，进入了秋播扫尾的阶段，进展好于我们此前的预期。

当前的主要问题是，今年的晚播麦比例比较大。但专家讲，冬小麦生育期比较长，全生育期有230多天，回旋余地比较大，过去也有播期推迟的时候，只要冬前播下去了，开春后管理措施跟上，加大水肥投入，加大病虫防控力度，夺取丰收还是有希望的。

下一步，农业农村部将按照党中央、国务院的决策部署，以背水一战的态度，以最大的决心和力度，环环紧扣，精准指导，毫不放松地抓好当前的小麦生产。重点是抓好3件事：一是抓好秋播扫尾，确保小麦面积稳定。二是抓好冬前田管，防范好低温冻害和病虫草害，确保小麦安全越冬。三是及早谋划明年早春的麦田管理，早施小麦返青分蘖肥，促进小麦弱苗转壮，夯实明年夏粮丰收的基础。谢谢。

📷 21世纪经济报道报社记者：

10月以来，我国生猪价格出现了止跌的现象，我的问题是目前我国猪肉供应的形势和趋势怎么样？11月、12月份猪价是否会出现大幅度的反弹，以及今冬明春我国肉蛋奶等畜产品的供应和价格是否会受到影响？谢谢。

📇 陈光华：

谢谢您的提问。在各方面的共同努力下，今年二季度，生猪生产已经完全恢复了，6—9月全国出栏肥猪平均价格一路下降，已降到了成本线以下。四季度进入猪肉消费旺季，市场价格有所回升，最近几天在震荡趋稳。根据农业农村部监测，11月3日，全国活猪平均价格每公斤16.04元，略高于养殖成本线，养殖亏损情况有所缓解。

根据我们分析，近期猪肉价格回升主要原因是消费拉动，市场供应相对宽松这个基本面并没有改变。9月份，全国规模以上屠宰企业屠宰的生猪是2 509万头，同比增长95.2%。10月份，屠宰生猪的数量就更多了，达到了3 023万头，同比增长111%。在养殖环节，根据农业农村部监测，3月份以来，全国规模猪场每个月新生仔猪数量都在3 000万头以上，并持续增长。这些仔猪6个月之后就可以出栏上市，预计今年四季度到明年的一季度，上市的肥猪同比还会明显增长，生猪供应相对过剩的局面还会持续一段时间。目前，全国能繁母猪存栏量仍比正常保有量多6%，预计到明年年初才能调整到合理的水平。希望大家多买猪肉、多吃猪肉，这样既增加营养，又可以缓解养殖经营困难。

下一步，农业农村部将按照生猪产能调控方案的要求，紧盯全国和各地的能繁母猪保有量变化情况，及时发布预警信息，落实分级调控责任，上下联动稳定生猪生产。各地要保持用地、环保、贷款和保险等政策连续性、稳定性，特别要防止抽贷、断贷，对经营出现严重困难的养殖场（户）要给予帮扶。利用这个机会，建议广大养殖场（户）要有序安排生猪出栏，不要因为当前猪价有所回升而盲目压栏，"赌"后市行情，更不要急于扩充产能，避免后期带来较大损失。

关于鸡蛋等其他畜禽产品供应情况。国庆节后，受消费需求增长、养殖成本上升等因素推动，鸡蛋价格出现一波上涨，全国鸡蛋出场价格从每斤4元涨到了10月下旬的5.2元，最近几天，又回到了5元以下。由于蛋鸡的繁殖率高，生产周期比较短，生产者能够根据市场信号快速地调节生产计划。随着近期新增蛋鸡开产，减少淘汰蛋鸡，鸡蛋产量将同步增加，后续市场供应是有保障的。

从畜牧业总体情况来看，今年以来，全国畜牧业生产稳定发展，主要畜产品市场供应都是比较充裕的。据国家统计局统计，前三个季度全国猪肉产量3 917万吨，同比增长38%；牛肉产量468万吨，同比增长3.9%；羊肉产量341万吨，同比增长5.3%；禽肉产量1 702万吨，同比增长3.8%；牛奶产量2 514万吨，同比增长8%。预计今年肉类和奶类产量有可能创历史新高，禽蛋产量保持稳定，保障元旦、春节期间市场供应有良好的生产基础。谢谢大家。

我们注意到，根据国家气候中心的预测，今年冬天将会形成拉尼娜事件，请问针对拉尼娜可能会带来的影响，在农业生产方面将会采取哪些防灾减灾的预案和措施，来应对和减轻低温、雨雪和大风天气的影响？谢谢。

刘莉华：

您问了一个十分专业的问题，拉尼娜是一个气候现象，它主要是赤道中东太平洋的海温持续异常的偏低，从判定标准来看，连续3个月偏低0.5摄氏度，就进入了拉尼娜状态，如果连续5个月偏低的话，就形成了一次拉尼娜事件，会对天气气候造成比较重要的影响。从历史上来看，拉尼娜年份，我国冬季偏冷的概率比较大，1951年以来一共发生了15次拉尼娜事件，其中有10个冬天我们国家是气温偏低的，有5个偏高，偏冷的概率大概是偏暖的2倍，比如2008年的中等强度的拉尼娜，就造成了南方罕见的雨雪冰冻灾害。

从气象监测的情况来看，目前我们国家已经形成了拉尼娜状态。预计到12月份将形成一次弱到中等强度的拉尼娜事件。近期，我们也和中国气象局就这次拉尼娜事件对农业生产的影响进行了会商，预计今冬气温整体出现一个前暖后冷的态势，冷暖波动幅度比较大。11—12月份会有阶段性的降温，但是大部地区气温还是总体正常，利于冬麦区抓住最后窗口期抢时播种冬小麦，抢抓冬前管理，促进小麦生长发育，保面积稳定、保安全越冬。天气条件也利于北方设施蔬菜和南方露地蔬菜的生产，预计蔬菜的上市量会有所增加，有助于平抑市场价格。

气象部门预计，后冬，也就是明年1月、2月份，冷空气会明显转强，可能会发生阶段性的极端寒潮天气。但专家分析，发生类似2008年那样的大范围的雨雪冰冻灾害的可能性还是比较小的。从冬小麦生产的情况来看，今年北方冬麦区的墒情是近年来最好的一年，能够有效地增加土壤的热容量，提高小麦的抗寒防冻能力，但部分长势偏弱的晚播麦可能会受到一些冻害的影响。

从蔬菜等"菜篮子"产品生产来看，强降雪可能会影响局部地区设施蔬菜的生产，气温偏低也会增大仔猪流行性腹泻等动物疫病发生传播风险，牧区的雪灾会加重饲草料应急保供的难度，给畜禽安全越冬带来压力。

针对拉尼娜对农业生产可能带来的影响，农业农村部将坚持问题导向、底线思维，从最坏处着眼，做最充分的准备，立足抗灾夺丰收，采取有力措施，切实减轻灾害的影响和损失，确保冬小麦安全越冬，蔬菜等"菜篮子"产品稳定供应。重点抓好4件事：一是密切关注天气变化，跟踪分析拉尼娜发展动态和对农业生产的影响，及时制定、落实应对预案，指导农民及早采取有针对性的措施，主动避灾，科学防灾。二是针对今年小麦苗情复杂的问题，分级分类做好冬小麦的苗情调查，组织农技人员深入一线，指导落实冬前田管措施，防范好低温冻害和病虫草害，确保小麦安全越冬。三是抓好蔬菜的生产指导服务，农业农村部已经制定了应对寒潮天气的技术指导意见，落实好防寒抗冻的措施，稳定蔬菜生产。四是做好冬季重大动物疫病的防控，指导牧区提早落实好畜禽圈舍的防寒保暖、越冬饲草料的储备等措施，最大限度地减轻寒潮影响，确保畜禽安全越冬、正常生产。谢谢。

📷 刘均勇：
时间关系，最后一个问题。

📷 中央广播电视总台央广记者：
水产品是优质蛋白，老百姓对水产品的需求也是越来越多的。目前，我们国家水产品供应情况如何？另外，我们中国人也是"无鱼不成席"，"两节"临近，水产品的价格会不会上涨？谢谢。

🎤 李书民：
谢谢您的提问。确实像您所说，随着人民生活水平的提高和健康饮食理念的逐步推广，水产品的消费量是在不断增加的。现在不少水产品已经由过去的区域性、季节性的消费转为全民消费、常年消费，水产品人均占有量从2000年的29.2公斤增加到2020年的46.4公斤，增长了59%。我国是世界最大的水产品生产国和贸易国，水产品产量连续32年稳居世界第一，出口量长

期位居世界首位，水产品生产能力是稳定的。

农业农村部监测调度结果显示，今年前三季度全国水产品产量稳步增长，市场价格自8月起呈温和下降趋势，水产品供应还是有保障的。从生产方面来看，产量同比增长。据我们统计，前三季度国内水产品产量4 347万吨，同比增长3.8%。其中养殖业是产量增长的主力军，海水养殖产量1 550万吨，同比增长4.3%，淡水养殖产量2 114万吨，同比增长4.9%。从交易的情况来看，市场购销两旺。据对45家水产品批发市场的成交情况监测，今年前三季度市场成交量567万吨、成交额1 565亿元，同比分别增长10.5%和14.6%。从价格情况看，近期趋稳回落。据对80家水产品批发市场成交价格监测，前三季度全国水产品综合平均价格每公斤25.4元，同比上涨9.1%，但已从8月份开始逐月回落。主要是年初以来水产品价格逐步走高，激发了养殖户生产的积极性，春季投苗量明显增长，促进了产能的增长。大家关心的淡水鱼价格月环比涨幅在5月份达到最高以后逐步收窄，从8月份开始价格就出现了环比下跌。随着近期淡水鱼陆续出塘上市，以及各地休渔期的陆续结束，水产品已经迎来季节性集中上市的时期，预计水产品价格还将进一步回落。两节期间，国内水产品市场供给，我们认为是有保障的，淡水鱼等水产品价格有望保持稳定。

下一步，农业农村部将继续做好水产品稳产保供工作。一是加强水产品生产、市场、贸易、流通供应等监测调度，密切监测重点地区、重点品种、关键时段养殖生产情况。二是推进绿色健康养殖，加强水生生物疫病防控，强化生产指导，稳定冬季渔业生产。三是督促各地落实好"菜篮子"市长负责制，畅通鲜活水产品运输"绿色通道"，防止出现"卖难"和断供。谢谢。

刘均勇：

　　感谢各位媒体朋友的大力支持，也感谢唐珂先生、刘莉华女士、陈光华先生和李书民先生的出席。今天的发布会到此结束。谢谢大家。

刘均勇　　　　钱　前　　　　　孙好勤　　　　李书民　　　　时建忠

20. 全国农业优异种质资源及资源普查
进展情况新闻发布会

一、基本情况

全国农业优异种质
资源及资源普查进
展情况新闻发布会

时　间	2021年11月23日（星期二）上午10时	
地　点	农业农村部新闻发布厅	
主　题	发布全国农业优异种质资源，通报资源普查进展情况	
发布人	农业农村部种业管理司副司长	孙好勤
	农业农村部渔业渔政管理局一级巡视员	李书民
	中国科学院院士、中国农业科学院作物科学研究所所长	钱　前
	国家畜禽遗传资源委员会办公室主任、全国畜牧总站党委书记	时建忠
主持人	农业农村部新闻发言人、办公厅副主任	刘均勇

二、现场实录

📷 刘均勇：

女士们、先生们，媒体朋友们，大家上午好，欢迎出席农业农村部新闻办公室举行的新闻发布会。今天发布会的主题是发布全国农业优异种质资源，通报农业种质资源普查进展情况。我们邀请到了农业农村部种业管理司副司长孙好勤先生，渔业渔政管理局一级巡视员李书民先生，中国科学院院士、中国农业科学院作物科学研究所所长钱前先生，国家畜禽遗传资源委员会办公室主任、全国畜牧总站党委书记时建忠先生。他们将为我们介绍有关情况，并回答大家的提问。下面，首先请孙好勤先生通报有关情况。

🎙 孙好勤：

女士们、先生们，媒体朋友们，上午好。首先，感谢大家对种业工作的关注和支持。今年3月，我们启动了新中国历史上规模最大的农业种质资源普查，8个月来，各地各有关方面高度重视、精心组织、扎实推进，目前取得了阶段性进展，一些濒临灭绝的资源又重获发现。

大家知道，农业种质资源是国家战略性资源，事关种业振兴全局。没有种质资源作基础，再先进的育种技术和保障条件，也不能凭空育出新的品种来。新中国成立以来，我们先后组织过2次全国农作物和畜禽种质资源征集调查，但距今已分别过去了30多年和10余年，水产种质资源迄今还没有开展过全国性调查。事实上，农业种质资源无论在种类数量和区域分布上，都始终处于动态变化中，特别是工业化、城镇化和气候变化加剧了资源消失的风险。新形势下开展全国性的农业种质资源普查，加快摸清资源家底、实施抢救性收集保护、发掘一批优异新资源，已成为实现种业科技自立自强、种源自主可控的一项紧迫任务，对打好种业翻身仗、推进种业振兴意义重大。

党中央、国务院高度重视种质资源工作。今年中央一号文件和《政府工作报告》明确把加强种质资源保护利用列为重点工作。3月23日，全国农业种质资源普查电视电话会议召开，会议指出，做好农业种质资源普查和保护是打好种业翻身仗的第一仗。7月9日，习近平总书记主持中央深改委第二十次会议，强调要打牢种质资源基础，做好资源普查收集、鉴定评价工作，切实保护好、利用好。中央印发的《种业振兴行动方案》将农业种质资源保护列为首要行动，把种质资源普查作为种业振兴"一年开好头、三年打基础"的首要任务。

农业农村部认真贯彻落实党中央、国务院决策部署，在有关部门的大力支持下，在全国启动了农作物、畜禽和水产种质资源普查，组织规模之大、覆盖范围之广、技术要求之高、参与人员之多，都是历史上没有过的。我们重点从四个方面入手：**一是强化统一部署。**农业农村部印发了《全国农业种质资源普查总体方案（2021—2023年）》，从今年起，利用3年时间，全面完成农作物、畜禽和水产资源普查，摸清资源的种类、数量、分布和性状等家底，抢救性收集、保护一批珍稀、濒危、特有资源，实现应收尽收、应保尽保。**二是强化上下联动。**部里成立了资源普查工作领导小组，分别设立农作物、畜禽、水产普查工作办公室和技术专家组。各省份也成立了相应的组织。县级进一步加强力量配备，确保全国一盘棋部署、一体化推进。**三是强化科技支撑。**这次普查专业性、技术性都很强，全国自上而下组织了多种形式的技术培训，累计培训超过300万人次。充分运用信息化手段，开通了普查网站，研发了信息系统PC端和手机App，有效提高普查效率和精准性。**四是强化调度指导。**建立了月调度制度，及时通报普查工作进展。部领导带队赴黑龙江、海南、西藏、青海等地方开展调研指导，中国工程院刘旭院士带领专家组，先后赴吉林、甘肃、云南等10省（自治区、直辖市）巡回指导。各地也加大督促力度，推动普查落实落地。

截至目前，农作物种质资源方面已全部完成共2 323个县的普查与征集，畜禽方面行政村普查覆盖率达到97.6%，水产方面普查覆盖率超过95%，普查工作取得了阶段性成效。**一是发现了一大批新资源。**新收集农作物种质资源2.08万份，新发现鉴定畜禽遗传资源18个，新收集水产养殖种质资源3万余份。这些资源有的年代久远，有的珍稀濒危，有的承载了农耕文明和传统文化，特别是填补了青藏高原畜禽遗传资源普查的空白。水产普查也发现了一批地方特色资源。**二是抢救、保护了一批珍稀资**

源。新采集猪、马、牛、羊、鹿、骆驼6大畜种的遗传材料5万份。中山麻鸭、上海水牛等濒临灭绝品种，在这次普查中重新发现并得到妥善保护，这进一步坚定了我们做好普查工作的信心和决心，也是这次普查中重大的收获。值得高兴的是，从今年开始，中央财政新增资金用于保护159个国家级畜禽遗传资源，这些资源"国宝"从此也有稳定的口粮了。各地也加大了普查保护投入力度。**三是国家级种质资源库建设取得重要进展。**目前，国家农作物种质资源库已于9月份完成建设并投入试运行，国家畜禽种质资源库7月份已批准立项，国家海洋渔业生物种质资源库10月份已正式投入运行。此外，国家农业微生物种质资源库升级改造有关工作也开始启动。这些都是我国农业种质资源长期战略保存的重要设施，是"国之重器"。

近期，我们组织专家分别遴选出十大农作物、十大畜禽、十大水产优异资源，今天予以发布。农作物十大优异种质资源有庄红贡米、濮阳莛子麦、珍珠玉米、海萝卜、芹菜、维西糯山药、芮枣、大果型野生猕猴桃、达川乌梅、永兴棉花；畜禽十大优异种质资源有查吾拉牦牛、帕米尔牦牛、凉山黑绵羊、玛格绵羊、岗巴绵羊、霍尔巴绵羊、多玛绵羊、苏格绵羊、泽库羊、阿克鸡；水产十大优异种质资源有长江刀鱼、鲦浪白鱼、中华鳑鲏、黑斑原鮡、黄唇鱼、黄鳍金枪鱼、锦绣龙虾、中华圆田螺、中华鲎、红毛菜。

农业种质资源普查保护时间紧迫、责任重大。普查工作在各级党委、政府、有关部门、相关单位、普查队员的共同努力下，在广大农牧民的积极参与下，克服新冠肺炎疫情、自然灾害等不利因素，取得了积极进展，并为下步工作打下良好基础，新闻媒体朋友对这项工作也给予了非常多的关心、关注和支持，在此表示衷心感谢！

下面，我和我的同事愿意回答大家的提问。

刘均勇：

谢谢孙司长的介绍。下面进入提问环节。请大家围绕今天发布会的主题进行提问，提问之前请先通报一下所代表的新闻机构。

📷 人民网记者：

众所周知，我国的青藏高原是个充满神秘的地方，我们注意到青藏高原也有种质资源的发现，请问这些资源是怎么发现的，现在都有哪些资源？在开展普查过程中存在哪些困难？为什么这次要在青藏高原开展普查工作？谢谢。

🎙 时建忠：

谢谢记者的提问。就像您所说，青藏高原充满着神秘的色彩，气候独特，资源丰富，条件也相对艰苦。受当时条件制约，20世纪80年代和21世纪初开展的2次畜禽遗传资源调查都没有完全覆盖到这些区域。今年是第三次全国畜禽资源普查的第一年，在全国面上普查的基础上，我们将青藏高原作为重点，提前开展系统调查鉴定，抢救性收集一批珍稀资源，填补了前两次资源调查的空白。这次在高原区域搞普查，面临着气候条件恶劣、工作基础薄弱、技术力量不足等多个方面的严峻挑战，只有付出百倍的努力，下更大力气，才能抓好抓实。4月27日，我们在青海西宁召开了青藏高原畜禽遗传资源重点调查的启动会，进行了专门的安排部署。**一是任务到专家**。成立了重点调查专家组，按照畜种将任务落实到每一位专家，要求专家与各相关的省份农业农村部门做好一一对接，全程参与，手把手提供支撑服务。**二是目标到基层**。通过线上线下相结合的方式，培训当地基层的人员30多万人次，明确了目标、任务和实施方式，把普查工作落实到每一个县、每一个乡、每一个村、每一个牧户。**三是信息到场户**。我们制作了第三次畜禽遗传资源普查的数据库，将现有的948个品种制作成了图片、视频和文字，方便农牧民通过手机快速查询，对比是不是一个新的资源。

这次普查，国家层面派出了200多位专家深入青藏高原区域，东起秦岭山脉，西到帕米尔高原，南到喜马拉雅山脉的南麓，北到昆仑山北缘，克服了高原反应和山高路远等重重困难，怀着对党负责、对历史负责、对事业负责的精神，按照发现的线索开展现场查验，对每一个新发现的资源，起码做到把好两道关：**一是现场审核的验收关**。通过查阅相关资料和了解文化历史、详细审核系谱、开展体型外貌比对和生产性能的测定，初步判定是否为新的资源。**二是实验室比对确认关。**对初步判定的新资源再进行DNA的比对分析，从基因上再次进行最后的判定。经过层层把关，10月18日，国家畜禽遗传资源委员会鉴定通过了在青藏高原新发现的畜禽遗传资源。我们从中遴选出了新发现的十大优异畜禽遗传资源，今天已正式发布。概括起来讲就是"2头牛、7只羊和1只鸡"。下面，我按照畜种类型分别做一简要介绍。

一是独特的牦牛资源。重点介绍一下帕米尔牦牛，这个牦牛分布在新疆帕米尔高原海拔超过4 000米的荒漠草场，对极度干旱适应性强，善爬陡峭山路，是当地塔吉克族人民乳、肉、毛等生活资料的重要来源。帕米尔牦牛还有一个特殊的功能，是高海拔地区边境巡逻的重要交通工具。被誉为"爱国戍边的帕米尔雄鹰"的拉齐尼·巴依卡，就是骑着这种牦牛与暴恐势力进行斗争，守卫我们的家园。

二是地域特色突出的绵羊资源。青藏地区的绵羊资源十分丰富，具有适应高海拔、耐粗饲、抗病力强、体格健壮等特点。新发现的多玛绵羊分布在西藏安多县海拔5 000多米的草场，羊毛色泽美丽、毛绒厚密整齐，是藏族群众制作手工毯的优质原料。在大家的印象中，青藏高原是蓝蓝的天空、绿色的草原、洁白的绵羊，这次我们在四川凉山州的布拖县新发现了一种珍贵稀缺的黑色绵羊，叫凉山黑绵羊。这个羊被彝族牧民称作"黑色精灵"，全身被毛黑色，尾部披着裙帘，具有浓郁的民族风情。

三是阿克鸡。俗称裸颈鸡，也就是脖子上裸露无毛，在中国独一无二，发现于云南的怒江州，不仅肉质鲜嫩美味，还极具观赏性。当地以裸颈为品种标识，正在推动打造舌尖上的美食"漆油鸡"，产业化开发前景广阔。谢谢。

📷 中国证券报社记者：

　　我的问题是，目前种质资源库的建设，企业参与的程度高吗？能不能介绍一下目前种质资源建设的相关情况？谢谢。

孙好勤：

　　看来大家对资源保存都非常关心。去年12月份，中央经济工作会议强调要加强种质资源保护和利用，加强种质库建设。今年中央一号文件对农作物、畜禽、海洋渔业三大库的建设进行了部署，国家种质资源库是确保我国农业种质资源长期战略保存的重要设施，对于应对各类自然风险，保障国家粮食安全、维护中华民族永续发展具有不可替代的作用，是"国之重器"。刚才我已经讲了。随着有关项目的投入运行，我们也将通过组织开放日、线上活动等方式，逐步向公众开放。这里我介绍一下具体情况。

国家农作物种质资源库建在中国农科院作物科学研究所。在习近平总书记亲自关怀下，新库2019年2月开工建设，今年9月份建成并投入试运行。新库有3个特点：**一是容量大。**总容量达到150万份，保存能力从目前来讲位居世界第一，可以满足今后50年全国农作物种质资源安全保存、鉴定挖掘和新品种培育等重大需求。**二是保存方式完备。**基本实现了种子的低温、超低温保存，还可以保存试管苗和DNA，覆盖了世界上所有植物种质资源保存方式。**三是技术先进。**保存技术达到或者优于联合国粮农组织标准，保存全过程实现了智能化、信息化，种子贮藏寿命可以达到50年，超过欧美等发达国家。应该说，在目前来讲，我们的种子贮藏寿命在全球是最长的。目前，国家农作物种质资源保存体系涵盖了1个长期库、1个复份库、10个中期库和43个种质圃。我刚才讲的长期库就是我们已经建成的国家农作物种质资源新库，主要负责长期战略保存的任务，是整个种子贮藏体系的核心。复份库建在青海，承担着备份保存任务。中期库分布在北京、黑龙江、河南等8个省份，负责对外分发共享，以及向长期库、复份库输送资源。还有种质圃，布局在全国38个科研院所和高校，主要是解决果树等无性繁殖作物种质资源保存问题。

国家畜禽种质资源库已经正式批准立项，明年将在位于北京的中国农科院畜牧兽医研究所开工建设，总建筑面积1.4万平方米，保存容量可突破2 500个品种，超低温保存精液、胚胎、细胞等遗传材料可以超过3 300万份，届时也将位居世界首位。在国家层面，我们着力通过打造3道屏障，健全畜禽遗传资源保护体系。第一道屏障，要在159个国家级保护品种的原产地建立活体保种场或者保护区；第二道屏障，是在重点省份建设9个区域性的基因库；第三道屏障，是在国家家畜基因库的基础上，加快建设国家畜禽种质资源库，就是我刚才说的，实现对畜禽遗传材料的长期战略保存。

国家海洋渔业生物种质资源库建设在美丽的海滨城市青岛，由中国水产科学研究院黄海水产研究所承建，2018年3月份开工，今年10月28日已经正式投入运行，是迄今为止国际上投资规模最大、种类最丰富、设施最先进的海洋渔业种质资源库，保存能力达到35万份，可以基本保存世界上所有的海洋渔业资源。目前已经保存资源10万份。

这里需要说明的是，2019年国务院办公厅印发了《关于加强农业种质资源保护与利用的意见》，明确提出要"坚持保护优先，高效利用，政府主导，多元参与"的原则，要实施国家和省级两级管理，建立国家统筹、分级负责、有机衔接的保护机制，鼓励企业和社会组织承担农业种质资源保护任务。以畜禽为例，除国家承担的长期战略保存任务外，目前我们159个国家级地方品种资源中，88%以上的都是由企业来承担的，也充分彰显了企业在资源保护和利用中的重要作用。谢谢。

> **科技日报社记者：**
> 刚才孙司长提到，今年咱们开展的新中国历史上规模最大的农业种质资源普查在科技方面进行了有力的支撑。我想请问一下，咱们在科技方面应用了哪些具体的手段，进行了哪些方面的支撑，目前取得了哪些方面的成果？谢谢。

孙好勤：

谢谢您的提问，这次农业种质资源普查工作，专业性强，技术要求高，不仅需要专业的技术人才队伍，而且需要借助现代信息技术和生物技术等手段，确保资源普查结果更高效、更可靠、更精准。概括起来有3个方面。

一是强化专业人才支撑。 我们集中了种质资源、植物分类、生物育种、信息化等多领域一大批专业技术人才，研究制定了普查技术路线和专业技术规范，确保资源普查的科学性。

二是推进信息技术应用。 充分利用信息化手段，构建了资源普查信息系统和数据库，研发了信息系统PC端和手机App，能够实现在线逐级填报、逐级审核，让信息多跑路、基层少跑腿，做到普查数据即查即报，实现实时动态监测和监督，大大提高了普查的效率。

三是促进多项技术融合。 利用生态环境技术，明确优异种质资源的地理生态分布，比如盐碱地收集的资源，具有抗逆、耐瘠薄等优良特性。利用生理和遗传技术，实现对新收集资源的活力检测和比对查重，保障了资源的有效性和遗传的多样性。科技手段的应用，实实在在地为普查工作提供了有力的支撑，作出了贡献。谢谢。

📷 **经济日报社记者：**

我们了解到，今年是第一次开展水产养殖种质资源普查，请问在普查中发现的水产种质资源具有哪些优点和潜在的应用价值？谢谢。

📋 李书民：

谢谢您的提问。正如您提到的，我国今年是首次开展水产养殖种质资源普查。几十年来，地方水产品种质资源消失的风险在不断增加，特别是由于江河建设一些水电设施，阻断了河流水生生物的恢复通道，所以品种资源消失的风险在增加。今年我们开展水产种质资源普查工作非常及时，可以加快摸清水产种质资源的家底和发展变化的趋势，开展抢救性地收集保护，发掘一批优异的新的资源。截至目前，我们发现了一批具有地方特色的优异水产种质资源。经过专家遴选，我们从中选出了10个有代表性的种质资源，这些种质资源有的具有突出性状和优异基因，主要用于科研和育种，有的可以作为观赏鱼，这对下一步产业发展非常有用。下面我重点介绍一下其中的几个代表性的品种。

一是特色和名贵鱼类，这方面的品种非常多。我着重介绍一下其中的3种特色鱼类资源。第一种是大家都听到过长江刀鱼，学名叫刀鲚，被誉为"长江三鲜"之一，"长江三鲜"有河豚、刀鲚、鲥鱼，鲥鱼已经灭绝了，刀鲚过度捕捞，近年来资源严重衰退，曾经卖到每斤8 000～10 000元，也能侧面说明数量已经十分稀少。从2020年起，长江干流和重要支流实行了十年禁捕，为长江刀鲚种群的保护和恢复创造了很好的条件。目前，我们已经实现了刀鲚的人工繁殖和成鱼的养殖，当然数量还比较少。第二种有特色的鱼类是在青藏高原发现的黑斑原鮡。黑斑原鮡是在青藏高原地区的一种特有的冷水性鱼类，分布在海拔2 800～4 200米，我们现在发现主要在雅鲁藏布江中上游区域。黑斑原鮡肉质鲜美，刺少，具有较高的营养价值，在藏医药里面认为具有药用价值，所以大家喜欢吃这个鱼。黑斑原鮡在西藏地区是一个重要的经济鱼类，但生长缓慢，数量少，市场价格曾经一度高达每公斤上千元，这么高的价格也侧面说明它的数量已经非常少了。近年来野生黑斑原鮡的种群持续下降，已被列为国家二级保护动物。黑斑原鮡人工繁殖十分困难，过去我们研究了很多年，有的专家研究了一生都没有突破它的人工繁殖，近年我们集中进行攻关，黑斑原鮡的人工繁殖基本上成功了。但是大规模的苗种繁育还正在研究当中。人工繁殖成功将为下一步养殖和增殖创造非常好的条件，这是一种非常好的种质资源。第三种是比较大型的石首科鱼类，叫黄唇鱼，在我们国家南方，主要在福建、广东这一带分布的，特有的近海暖水性底层鱼类。它和大黄鱼是一类的，体长能长到1米多，体重最高可以达到100公斤。黄唇鱼的贵重，主要是体现它的鱼鳔，它的鱼鳔晒干以后叫"金钱鳘"，也叫鱼胶，"金钱鳘"的价格比黄金还贵，所以具有非常独特的利用价值，自古以来，被当作上等的补品。历史上黄唇鱼还是比较丰富的，但是近年来资源严重衰退，濒临灭绝，今年被国家列为一级保护动物。通过本次普查，为今后相关人工驯养、繁殖提供条件。这条鱼目前已经保护下来了，人工繁殖已经成功，为下一步的增殖放流和养殖创造了条件。

二是其他稀有水生生物资源，这方面也很多。我重点介绍其中2种。第一种是虾蟹类，叫锦绣龙虾，是我们在普查当中发现的极具养殖开发潜力的优质的种质资源。锦绣龙虾主要分布于我国东南沿海和南海区域，锦绣龙虾肉味鲜美，营养丰富，生长速度快，个头和澳洲龙虾差不多，三四斤1个，最大的有60多厘米，被誉为"虾中之王"。这个虾因为外表非常艳丽漂亮所以叫锦绣龙虾。由于过度捕捞，锦绣龙虾的资源日渐枯竭，已经被列入国家二级保护动物名录。开展锦绣龙虾的人工繁育和养殖研究，这对于促进野生资源的保护、满足消费者对高品质海产品的需求具有重要的意义。第二种特殊的动物叫中华鲎，是一种非常古老的海洋节肢动物，有2亿多年历史，被称为"海洋的活化石"。主要分布在中国的福建、广东、广西、海南等我国东南沿海区域。鲎生长当中多次蜕皮，性成熟需要十几年，成体可以达到60厘米，它的血液是蓝色的，其中已发现它的血液当中有50多种生物活性物质，其中有一种叫变形细胞，能与极微量的细菌内毒素产生凝集反应，被广泛用于医药、食品生产和使用过程中的细菌快速检测，需求量很大。此外，鲎特有的神经系统构造是仿生学研究的宝贵模型。近年来鲎的野生资源，因为过度捕捞，不合理的使用，衰退比较严重，已被列为国家二级保护动物。目前，广西水产研究所等单位已经开展了鲎的人工繁殖方面的研究，已经成功，为下一步人工增殖放流、恢复种群和全人工养殖奠定了基础。

我先介绍这么多，谢谢。

刚才介绍在种质资源普查过程中收集了一批优异种质资源，请问种质资源怎样转化为好品种？谢谢。

钱前：

谢谢您的提问。种质资源是种业创新的基础，有了好的资源才会有好的品种。从农作物种质资源看，好资源到好品种，有几个步骤，讲步骤可能非常长，但是我可以讲一个例子。20世纪70年代初，我们国家袁隆平团队在海南岛野生稻里发现的1株不育株，经过持续的共同攻关努力，成功选育出杂交水稻，为国家粮食安全提供了保障。从种质资源到品种，目前主要有以下几个步骤：首先，是对种质资源进行精准鉴定，明确它的高产优质、抗病性强、抗旱、耐盐碱性好、营养高效、株型优良便于机械化作业等优良特性，根据这些特性，找到这些特性对应的基因，为新品种培育打好基础。其次，

是基因杂交，我们发现了优良基因后，通过杂交组配、辅助选择等手段，将优异的性状结合在一起。对玉米、水稻等作物，可以通过培育优良的父、母本，利用杂种优势，形成杂交玉米、杂交稻这样更优良的种子。对于小麦这样多倍体作物，还可找到它的具有抗病、多花特性的偃麦草、冰草等野生亲戚，通过远缘杂交的方式，将优良基因导入其中，形成突破性新品种。优异的性状到优异的品种，过程还是非常艰辛的，驯化过程、人工辅助育种过程时间非常长。此外，目前还可利用最新的生物育种技术，利用种质资源所蕴藏的优异基因，开展分子设计育种，快速定向进行种质改良和品种创新，实现新品种培育的目标。通俗地说，就是需要什么样的优异性状，就用什么样的基因来组合。

种质资源的魅力就是在不同的时期、不同历史阶段，展现不同的长处。"十四五"期间，我们会进一步加大种质资源精准鉴定力度，高效发掘优异基因资源，开展新品种培育，为实现种业振兴提供支撑保障。所有的种质资源工作都是功在当代、利在千秋的大事。谢谢大家。

📷 **南方都市报社记者：**

这次发现的优异的种质资源下一步如何推广利用？中国其实并不缺乏优异种质资源，但在市场化、产业化上存在一定不足，下一步如何推进这项工作？谢谢。

🎙 **孙好勤：**

谢谢您的提问，这个问题我来回答。目前的普查进展也只是面上的，也是打基础的，后面的任务更艰巨，技术要求更高。当前，我们正在加快开展普查数据的汇总、整理、分析，接下来要突出抓好3个方面的工作。一是继续深入推进新收集的农作物种质资源农艺性状鉴定，加快开展畜禽和水产种质资源的生产性能测定，不同作物、不同物种后续的工作要求是不一样的，也就是要把资源的特色优异性状摸清楚。钱院士也讲了，先把特色优异性状摸清楚。二是完成新收集的农作物种质资源编目入库工作，对畜禽和水产种质资源实施一品一策的保护策略，要把每一份种质资源保护好。三是普查结束后，我们还将向全社会发布农业种质资源状况报告。

普查收集是种质资源保护利用工作的第一步，最终的目的还是要再利用，要把资源优势转化为创新优势和产业优势。下一步，我们将深入贯彻落实中央种业振兴行动的有关部署，重点做好3件事：**一是要把优异种质资源性状挖掘出来**。这次普查对新收集的种质资源，从高产优质、抗虫抗病等特征特性进行了基本农艺性状鉴定，后期还要有针对性地开展精准鉴定，把全生长周期的表型性状搞清楚，明确育种可利用的优异基因，为新品种选育提供素材。**二是要把优异种质资源共享起来**。优异的种质资源只有流动起来、共享起来，才能发挥应有的作用。目前我们正在推进资源登记工作，推动发布可供利用的种质资源目录，通过构建资源信息系统，实现种质资源共享的数字化、信息化，让科研单位、企业和育种家知道种质资源有哪些、在哪里、怎么用。**三是要把优异的种质资源开发出来**。组织开展优异资源的展示、推介，讲好种质资源故事，鼓励地方品种申请地理标志产品和重要农业文化遗产。充分调动科研机构和企业，特别是产业化龙头企业参与地方特色种质资源开发利用的积极性，加大开发利用的力度，加快培育一批高产高效、绿色优质、节水节粮、宜机宜饲、专用特用突破性新品种，为筑牢实现农业农村现代化和满足人民美好生活需要的种质根基提供有力的支撑。谢谢。

📷 中央广播电视总台央视记者：

我们关注到第三次全国农作物种质资源普查发现了一批新资源，刚才讲了十大优异资源，能否讲讲发现新资源的故事，谢谢。

🔖 钱前：

我觉得这是一个非常好的问题。其实我也希望今天在座的记者能真正知道种质资源是怎么收集来的，能把背后的故事讲好。种质资源收集是非常艰辛的，我希望记者能到农作物种质资源普查体系里面来进行调查。第三次全国农作物种质资源普查启动以来，在全国各地新发现收集了一大批资源，这些资源有的具有重大产业发展前景，有的蕴藏优异基因并具有潜在育种价值，有的地域特色明显，而且蕴含传统民族文化。

最近我们组织专家在普查获得的众多优异种质资源中，遴选出来十大优异的农作物种质资源，这次主要涉及粮、棉、果、菜等作物类型，对于促进种业创新、保障粮食和重要农产品有效供给、满足人民美好生活具有重要意义。

我首先讲第一类，丰富"米袋子"的主粮作物种质资源，有3个。第一个是安徽颍上县发现的庄红贡米，庄红贡米是在安徽省颍上县发现的一个水稻品种，种植历史可以追溯到南北朝时期，它颜色非常红润，风味独特，品质上乘，明朝时就作为贡品，当地老百姓称之为庄红贡米。检测发现，营养价值非常高，铁和锌等微量元素含量是普通大米的8～15倍，这是反复验证过的。可用于选育功能性大米新品种，产业化开发前景广阔。第二个是珍珠玉米，在山西省翼城县一个偏远的山村，从县城走过去要三四十里的山路，能够保留下来是非常小概率的事件。据农户讲这个品种是祖传的，他们知道至少有100年历史，只有1户人家种植，这是一个珍贵的地方品种。专门用作做爆米花，我们经过现场鉴定，爆米花率达到99%以上，粒粒都能爆开，爆粒体积大，花瓣洁白，颜色大小一致，品相优于当前主流品种，极具开发价值。

第二类是充实"菜篮子""果盘子"的经济作物，有6个。最具有代表性的就是维西糯山药，在云南省维西县发现的地方品种，种植历史悠久，软糯细腻，香甜可口，具有健脾养胃、补肾益肺等功效，当地傈僳族群众用其制作了多样化的美食产品，与此同时它蕴藏着丰富的传统民族文化。我觉得它也是食药同源，不但可以吃饱，同时又健脾养胃，非常好。再就是大果型的野生猕猴桃，大果型野生猕猴桃发现于陕西秦巴山区，果肉呈绿色，味道酸甜适中，酸中有甜，甜中有酸。自然野生条件下平均单果重150克左右，也就是1个果有3两*重，远远优于市面上的大多数栽培品种，是培育超大个猕猴桃的优异资源，现在许多做猕猴桃的专家都在集中进行性状鉴定。

第三类是对研究作物驯化历史具有重要价值的棉花资源。在我们国家最南端，美丽的西沙群岛三沙市永兴岛发现了一种棉花，多年生，半野生种，是陆地棉，专家暂命名为"永兴168964棉花"。我们初步研究判定，可追溯到数百年前地理大发现时代，它的基因组，染色体构成与美洲地方种、现代栽培种均有较大的遗传分化，是不相同的、对深入了解陆地棉的驯化历史和

---

* 两为非法定计量单位，1两＝0.05千克。——编者注

拓展遗传多样性具有重要意义。棉花有海岛棉，有陆地棉，在我们国家发现了多年生半野生种，这是一个非常重大的发现。

这十大资源只是众多新发现优异资源中的极少一部分，我相信，只要我们持续不断地努力，一定会发现更多优异种质资源，为人民的美好生活提供更优良的种子。谢谢大家。

农民日报社中国农网记者：

我们知道，前段时间农业农村部发布了国家级畜禽遗传资源保护名录，请介绍一下目前这些资源保护情况，谢谢。

时建忠：

谢谢记者提问，感谢您对我们畜禽遗传资源保护的关心。《畜牧法》规定，国务院农业农村部门制定并公布国家级畜禽遗传资源保护名录，对原产我国的珍贵、稀有、濒危的畜禽遗传资源实行重点保护。农业农村部依据《畜牧法》公布了159个国家级的畜禽遗传资源保护品种，可以说，这些品种个个都是"国宝"，为保护好它们，我们主要做了以下3方面工作。

一是建设保种场、保护区和基因库，强化保护基础设施建设。今年8月份，农业农村部发布了第453号公告，共确定国家畜禽遗传资源保护场区库205个，其中保种场173个，保护区24个，基因库8个，涵盖了国家级畜禽遗传资源保护品种147个，保护率达到了92.4%，剩余12个国家级畜禽保护品种也将在3年内完成保种单位的确定工作。

二是积极争取财政经费，实现资源的有效保护。过去我们主要是通过农业农村部的部门预算资金予以支持，但总量远远不够。从今年开始，在财政部的大力支持下，我们通过中央财政转移支付资金加大支持，资金总量是原来的7倍，并且按畜种实行最低定额的补助，用于必要的饲草料和生物安全防护支出。

三是签订保种协议书，落实保护责任。我们推动签订了"国家级畜禽遗传资源保护三方协议书"，明确了甲方，也就是省级农业农村部门的管理责任，乙方市（县）政府的属地责任和丙方保护场区库的主体责任。我就回答这些，谢谢。

我们刚才也都提到了，水产养殖种质资源普查也是首次开展，因为这个资源都在水下，看不见、摸不着，我们想问的是如何保障普查的顺利开展？谢谢。

李书民：

谢谢您的提问。跟您所说的一样，水产养殖种质资源是第一次普查，并且在水里，看不见、摸不着，淡水鱼类就有800多种，海洋鱼类有2 000多种，还有虾蟹类、藻类，以及鱼、虾、贝、藻以外的其他部分，像海参、海肠等等，种类很多。对我们来说，要完成资源普查任务还是十分艰巨的。为了完成好这项工作，我们主要有3方面的措施。

第一，要加强组织领导。根据农业农村部农业种质资源普查工作领导小组统一部署，农业农村部渔业渔政管理局设立了第一次全国水产养殖种质资源普查工作办公室，成立了技术专家组，我们办公室由渔业渔政管理局和全国水产技术推广总站，还有中国水产科学研究院3家共同组成，有20人的专家组，还有19个分组，每个组大概10个人，这样我们有200多人的专家队伍。全国水产技术推广总站，中国水产科学研究院有一个明确的分工，全国水产技术推广总站负责基本情况普查工作，中国水产科学研究院重点负责系统调查，包括种质资源的鉴定。另外，各省农业农村部门也都成立了省级的水产养殖种质资源普查办公室和技术专家组，主要是在各省的推广站，由他们为主组成。定期调度各地普查进度、加强督导、推动普查顺利进行，这方面我们已经举行了好几次培训班，编制了线上申报的App，指导他们开展种质资源普查登记的工作。

第二，加强协调配合。各地在省级农业种质资源普查工作领导小组统一领导下，指定相应的技术支撑单位负责水产养殖种质资源普查工作的具体组织实施。县级农业农村部门承担本行政区域内的水产养殖种质资源普查工作，成立了专业的普查队伍，充分发挥基层水产技术推广机构、村级防疫员作用，广泛动员和组织社会力量完成普查工作，按时上报相关数据，配合做好普查相关工作。我们要求在县里的技术推广部门的统一组织下，各个养殖主体，包括养殖场、养殖企业、原良种场、遗传育种中心等共同参与，提供相关的数据情况，自下而上，由县级汇总，逐级上报的工作体系。

第三，强化专业支撑。充分发挥技术专家组的作用，根据工作需要，国家和省级技术专家组设立了鱼、虾、贝、藻等专业组，由全国水产技术推广总站组织开展国家技术专家组的普查培训，解读实施方案及普查提纲。各省选派专家，对普查队开展培训、现场指导和咨询工作，确保普查方法统一、规范，调查数据全面、真实、可靠。充分发挥国家和省级现代农业产业技术体系作用，加大对种质资源普查工作的支持力度。我们有六大产业技术体系，包括海水鱼类、海水贝类、海水虾蟹类、大宗淡水鱼类、特色淡水鱼类和藻类，这六大产业技术体系，我们都有育种方面的岗位专家，由这些专家来共同参与普查和下一步的鉴定等研究方面的工作。我就介绍这么多，谢谢您的提问。

> 📷 **刘均勇：**
>
> 今天发布会大家问题比较多，时间比较长，感谢大家的支持，尤其是后排一直站立的摄像记者们，辛苦你们了，也感谢孙好勤先生、李书民先生、钱前院士和时建忠书记的出席，今天的发布会到此结束。

图书在版编目（CIP）数据

聚光灯下话三农：农业农村部新闻发布会实录.
2021/农业农村部新闻办公室编.—北京：中国农业
出版社，2023.2
ISBN 978-7-109-30440-6

Ⅰ.①聚… Ⅱ.①农… Ⅲ.①三农问题-新闻公报-
中国 Ⅳ.①F32

中国国家版本馆CIP数据核字（2023）第031600号

中国农业出版社出版
地址：北京市朝阳区麦子店街18号楼
邮编：100125
责任编辑：刁乾超 李昕昱 文字编辑：孙蕴琪
版式设计：王 怡 责任校对：吴丽婷 责任印制：王 宏
印刷：北京通州皇家印刷厂
版次：2023年2月第1版
印次：2023年2月北京第1次印刷
发行：新华书店北京发行所
开本：700mm×1000mm 1/16
印张：18.75
字数：310千字
定价：88.00元
